Die resiliente Republik

Dirk Richter

Die resiliente Republik

Wie die Demokratie verteidigt werden kann – Selbstkritische Lektionen für Demokraten

Springer

Dirk Richter
Departement Gesundheit
Berner Fachhochschule
Bern, Schweiz

ISBN 978-3-658-50672-8 ISBN 978-3-658-50673-5 (eBook)
https://doi.org/10.1007/978-3-658-50673-5

Die Deutsche Nationalbibliothek verzeichnet diese Publikation in der Deutschen Nationalbibliografie; detaillierte bibliografische Daten sind im Internet über https://portal.dnb.de abrufbar.

Covergestaltung: deblik, Berlin

Planung/Lektorat: Jan Treibel
Springer ist ein Imprint der eingetragenen Gesellschaft Springer Fachmedien Wiesbaden GmbH und ist ein Teil von Springer Nature.
Die Anschrift der Gesellschaft ist: Abraham-Lincoln-Str. 46, 65189 Wiesbaden, Germany

Vorwort

Dieses Buch ist in zweifacher Hinsicht ein Experiment für mich. Zum ersten verlasse ich mein wissenschaftliches Stammgebiet, die Gesundheitsforschung, kehre aber zu meinen soziologischen Wurzeln zurück. Zum zweiten ist es mein erstes nicht-wissenschaftliches Buch, das sich an eine breite Leserschaft richtet.

Bei der Umsetzung des Experiments konnte ich mich – nicht zum ersten Mal – auf mein familiäres Lektorat verlassen. Mein Sohn Tim, meine Tochter Mona und meine Frau Doris haben das Manuskript in Teilen oder in Gänze gelesen, korrigiert und zahlreiche Tipps und Hinweise gegeben. Diese Hinweise haben das Buch deutlich verbessert und vor zahlreichen Fehlern bewahrt – und dies, obwohl wir nicht immer einer Meinung waren, was die Inhalte betrifft.

Ich bin äußerst dankbar, froh und auch ein bisschen stolz darauf, dass der familiäre Zusammenhalt nach all den Jahren und trotz der Belastungen, in denen wir alle stecken, so gut funktioniert.

Dr. Jan Treibel und Daniel Hawig vom Springer VS Verlag danke ich für die unkomplizierte Zusammenarbeit.

Gebrauchshinweise

Um Missverständnisse und Probleme beim Lesen zu vermeiden, erlaube ich mir einige Hinweise.

- Die Kapitel sind als ‚Lektionen' betitelt, da ich der Meinung bin, und dies hinlänglich begründe, dass wir Demokraten einige Dinge zu lernen haben, wenn wir die liberale Demokratie retten wollen. Um den Lektionen gerecht zu werden, findet sich eine Kurzzusammenfassung am Ende jedes Kapitels. Eine ausführlichere Zusammenfassung meiner Argumentation findet sich mit grafischer Übersicht in Lektion 9.
- Die Gegner oder Feinde der liberalen Demokratie bezeichne ich als ‚illiberal'. Ich verwende den Begriff, soweit nicht anders angegeben, synonym mit ‚rechtsextremistisch' oder ‚populistisch'.
- Auf eine gegenderte Schreibweise verzichte ich, was ich ausführlich im Verlauf begründe. Stattdessen benutze ich, soweit möglich, geschlechtsneutrale Begriffe wie ‚Lesende' oder ‚Wählende'. Der Verzicht soll zugleich als ein pragmatischer Hinweis gelesen werden können, wie mit einem kontroversen Triggerthema umgegangen werden könnte.
- Die Hintergründe für das Aufkommen illiberaler Bewegungen und Parteien sind komplex. Um dies angemessen beschreiben zu können, kommt es an der einen oder anderen Stelle zu Redundanzen, die sich nicht vermeiden ließen und für die ich um Entschuldigung bitte, sollte der Eindruck ein anderer sein.

- Künstliche Intelligenz-Anwendungen wurden für die Abfassung des Textes nicht genutzt. Bei den Übersetzungen aus dem Englischen hingegen kam ein KI-Tool zum Einsatz. Alle Übersetzungen wurden von mir geprüft und viele von ihnen nachträglich geändert.

Dirk Richter

Interessenkonflikt Der Autor hat keine relevanten Interessenskonflikte im Zusammenhang mit dieser Publikation.

Inhaltsverzeichnis

1

Einleitung: Der schmerzhafte Lernprozess

‚Wie kann man diese rechten Parteien nur wählen?' ‚Die Leute stimmen doch gegen ihre eigenen wirtschaftlichen Interessen.' ‚Wer rechts wählt, ist verblendet durch Propaganda und Verschwörungserzählungen.' ‚Da helfen nur rigide Fakten-Checks und der Verweis auf die Wahrheit.' ‚Die Demokratie ist doch ein Wert an sich; wie kann man nur Hand anlegen an die beste aller Regierungsformen?' ‚Wir brauchen die Migranten doch, um unser Sozial- und Pflegesystem zu stützen. Wie kann man gegen Migration sein?' ‚Es ist offensichtlich, dass wir gegen den Klimawandel die Kosten für CO_2 steigern müssen, sonst steigen die Leute ja nie auf Erneuerbare um.'

Wie oft habe ich in den letzten Jahren diese und viele andere Bemerkungen gehört oder gelesen, die mir die große Verwunderung über die politischen Rechts-Tendenzen deutlich gemacht haben. Viele Menschen mit einer liberalen und demokratischen Gesinnung können nicht nachvollziehen, wie es zu diesen Entwicklungen kommen

D. Richter, *Die resiliente Republik*,
https://doi.org/10.1007/978-3-658-50673-5_1

konnte. Sie sind überrascht, wenn die Briten gegen alle ökonomische Vernunft den Austritt aus der Europäischen Union beschließen, sie sind noch überraschter, wenn Donald Trump nach Verurteilungen und klaren Rechtsverstößen in den Vereinigten Staaten wieder gewählt wird, und sie können nicht ansatzweise nachvollziehen, wie ein Politiker, den man ungestraft als Faschisten bezeichnen darf, eine Partei wie die AfD zur stärksten Fraktion in einem ostdeutschen Landtag anführt.

Ich muss gestehen, ich selbst habe ebenfalls lange Zeit nicht verstanden, wie dies geschehen konnte. Auch mir fehlte das rationale Verständnis für diese Entwicklung. Und es fehlte nicht nur das rationale Verständnis, sondern auch der emotionale Zugang. Mir waren Begriffe wie ‚Nation' und ‚Volk' schon immer sehr fremd. Bereits meine soziologische Dissertation, die ich Anfang der 1990er-Jahre schrieb, war im Grunde ein Abgesang auf die Benutzung des Nation-Konzepts (Richter, 1996). Zudem konnte ich nichts mit dem Versuch anfangen, einen linken oder liberalen Nation-Ansatz zu entwickeln (Richter, 1994). Umso verwunderter war ich und umso unverständlicher erschien es mir, als populistische und illiberale Politiker genau dies in ihren Fokus stellten.

Wie viele andere Sozialwissenschaftler begann ich mich mit der Thematik intensiver auseinanderzusetzen um die Zeit des britischen Ausstiegs aus der Europäischen Union, dem Brexit, und um die Zeit der ersten Wahl Donald Trumps zum amerikanischen Präsidenten. Ein seinerzeit vielbeachtetes Buch hatte der konservative britische Journalist David Goodhart vorgelegt. Es hieß (auch in der deutschen Übersetzung) ‚*The Road to Somewhere*' (Goodhart, 2017). In diesem Buch unterschied Goodhart zwei Gruppen von Menschen, die *Anywheres* und die *Somewheres*. Diese begriffliche Unterscheidung funktioniert im Deutschen nicht, da beides ‚irgendwo' bedeutet. Im Englischen heißt *anywhere* so viel wie überall, während *somewhere* einen bestimmten Ort meint, der aber nicht näher definiert ist. Die *Anywheres* können prinzipiell überall zu Hause sein, die *Somewheres* hingegen fühlen sich einem bestimmten Ort zugehörig.

Beim Lesen des Buches wurde mir auf einmal – auch emotional – klar, wozu ich gehörte: Ich war, und bin es bis heute, definitiv ein *Anywhere*. Ich habe keinen emotionalen Bezug zu dem Land, in dem ich geboren bin (Deutschland) und habe auch keinen emotionalen Bezug zu dem Land, in dem ich seit vielen Jahren arbeite (die Schweiz). Grundsätzlich kann ich mir gut vorstellen in einem dieser Länder den Rest meines Lebens zu verbringen, vorausgesetzt, der wichtigste Mensch in meinem Leben würde mich begleiten. Aber auch andere europäische Länder kämen durchaus in Frage, beispielsweise die Niederlande, in deren Grenznähe ich lange wohnte und viele Wochenenden und Urlaube verbracht habe oder Großbritannien, wo ich mich häufig aufgehalten habe und Gastprofessor bin. In allen diesen Ländern käme ich sprachlich zurecht und habe Freunde oder zumindest gute Bekannte.

Goodhart skizziert die Merkmale und Einstellungen der *Anywheres* folgendermaßen: sie verfügen – im Durchschnitt – über ein höheres Bildungsniveau und ein höheres Einkommen, sind tendenziell progressiv und individualistisch, schätzen Autonomie und Mobilität und haben relativ wenig Probleme mit Migration, gleichgeschlechtlichen Beziehungen und der europäischen Integration. In allen, oder zumindest den meisten, dieser Punkte unterscheiden sich die *Somewheres* von den *Anywheres*. Sie verfügen – wiederum im Durchschnitt – über ein niedrigeres Bildungsniveau und ein niedrigeres Einkommen, sind eher konservativ, setzen eher auf nationale Identität, auf die Gruppe, auf

Konformität und dem Verbleib am Ort. Auch fremdeln sie tendenziell eher mit der Migration oder mit Gender-Identitäten.

Die Kapitel dieses Buches sind – wie schon der Untertitel nahelegt – als ‚Lektionen' konzipiert. Mir ist klar, dass das belehrend wirkt und dass dies durchaus Widerstand bei den Menschen hervorrufen kann, die ich mir als Zielpublikum vorgestellt habe. Ich habe es dennoch bewusst so gewählt, da die *Anywhere*-Einstellung nach meiner Überzeugung ein wesentlicher Grund ist, weshalb nicht verstanden wird und auch nicht angemessen darauf reagiert wird, dass Menschen illiberale, populistische und sogar in Einzelfällen faschistische Politiker wählen. Wir haben also einige Lektionen zu lernen.

Es war für mich selbst teilweise ein schmerzhafter Lernprozess, zu erkennen, dass wir uns durch unsere liberale und demokratische *Anywhere*-Einstellung den Zugang zu den Menschen verstellen, die wir davon überzeugen wollen, eben nicht den illiberalen Weg zu gehen. Wir waren und sind zurecht überzeugt von Klimapolitik, einer positiven Einstellung zur Migration und einem progressiven Umgang mit Geschlechts-Identitäten. Dies alles können wir rational und größtenteils wissenschaftlich begründen, und wir haben häufig auch die rechtlichen Argumente auf unserer Seite.

Neben den rationalen Begründungen und den rechtlichen Argumenten schienen wir – insbesondere in Europa – auch die Geschichte auf unserer Seite zu haben. Der amerikanische Politikwissenschaftler Francis Fukuyama publizierte Ende der 1980er-Jahre seine vielfach missverstandene These vom ‚Ende der Geschichte', die er mit einem Fragezeichen im Titel versehen hatte (Fukuyama, 1989). Die Alternativen zur liberalen Demokratie, nämlich Faschismus und Kommunismus, hatten sich seiner Einschätzung nach erschöpft und waren auf längere Sicht nicht mehr in der Lage, die liberale Demokratie westlicher Genese zu bedrohen. Europa hatte in diesem Zusammenhang eine besondere Rolle eingenommen, wie der Historiker Tony Judt am Ende seines wenige Jahre später veröffentlichten monumentalen Werks über die Nachkriegsgeschichte des Kontinents resümierte:

> „Noch weniger vorhersehbar – ja, noch vor wenigen Jahrzehnten sogar völlig undenkbar – war das Auftauchen Europas zu Beginn des 21. Jahrhunderts als Vorbild für internationale Tugenden: eine Wertegemeinschaft und ein System zwischenstaatlicher Beziehungen, das von Europäern und Nicht-Europäern gleichermaßen als Vorbild für alle angesehen wird." (Judt, 2005, S. 799; meine Übersetzung, DR)

Wir wissen, es kam anders. Ein paar Jahrzehnte und zahlreiche Krisen später müssen wir feststellen, von der Vorbildfunktion Europas ist nicht mehr viel übriggeblieben. Auch auf unserem Kontinent machen sich rechte und autoritäre Strömungen breit, die Europäische Union tut sich schwer, mit den globalen Krisen zurechtzukommen und das Ansehen Europas in der Welt hat stark gelitten.

Daher müssen wir *Anywheres* uns selbstkritisch eine gewisse Naivität eingestehen, die wir in den 1990ern entwickelt hatten. Die von uns favorisierten rationalen Argumente, die juristischen Urteile und die breite Meinung in den konventionellen Medien haben offensichtlich nicht dazu beigetragen, dass illiberale Bewegungen (was genau das ist, dazu im nächsten Kapitel mehr) an Zuspruch verlieren. Im Gegenteil, je mehr und je länger die rechten und illiberalen Parteien und Politiker kritisiert werden, desto größer wird ihre Anhängerschaft. Die illiberale Tendenz bei Wahlen und anderen politischen Entscheidungen ist ja bei weitem keine Entwicklung nur eines Landes oder auch nur eines Kontinents. In gewisser Weise ist es, wie der konservative britische Historiker Niall Ferguson treffend formulierte, ein globaler ‚*Vibe Shift*', der gerade stattfindet (Ferguson, 2024). Nach Jahrzehnten einer zunehmenden Liberalisierung sozialer Einstellungen und entsprechenden Wählervoten im globalen Norden machen sich rechte bis autoritäre Tendenzen in vielen Ländern auf allen Kontinenten bemerkbar – und dies geht auch über den globalen Norden hinaus.

Unsere *Anywhere*-Naivität bestand darin, auf die rationalen Argumente, auf Fakten-Checks, auf den Werte-Kanon der Menschenrechte und auf wissenschaftliche Evidenz zu vertrauen. Wir haben übersehen, dass viele Entwicklungen, die wir positiv betrachtet haben, von anderen Menschen eben nicht so gesehen wurden. Ökologische Politik wurde als Zwang zum Verzicht gesehen, Migration und die Relevanz von Geschlechts-Identitäten wurden als Verlust von kulturellen Gewissheiten erlebt. Hinzu kam, dass die wirtschaftliche Entwicklung vieler Menschen deutlich weniger positiv verlief als für uns *Anywheres*, die wir im Dienstleistungs sektor unser Geld verdienten, vor allem dann, wenn wir unseren beruflichen Weg auf einem Studium aufbauen konnten.

Unsere Naivität und unsere politisch-gesellschaftlichen sowie moralischen Vorstellungen haben, das habe ich hoffentlich hinreichend andeuten können, nicht unwesentlich zu diesem Schlamassel beigetragen, in den wir uns zu Beginn der zweiten Hälfte der 2020er-Jahre im globalen Norden befinden. Es sind, wie im Verlauf des Buches deutlich werden wird, nicht unsere Versäumnisse allein, die zur Verletzlichkeit der liberalen Demokratie geführt haben. Aber sie haben ihren Anteil gehabt und nun liegt es an uns, von der Vulnerabilität zur Resilienz zu gelangen.

Demokratische Vulnerabilität vs. Resilienz

Doch wie können wir unsere demokratischen Systeme weniger verletzlich und dadurch resilienter gegen autoritäre Anfeindungen machen? Worauf es ankommt, das kann die Herkunft des Begriffs ‚Resilienz' nahelegen. Dieser Begriff stammt ursprünglich aus den Material- oder Werkstoffwissenschaften, bevor er dann in die Psychologie und anschließend in die Sozial- und Politikwissenschaften übernommen wurde. In den Materialwissenschaften bedeutet Resilienz so viel wie ‚zurückspringen' oder ‚abprallen'.

Bei politischen Systemen richten sich bisherige Bestrebungen überwiegend darauf, demokratische Institutionen nach einer potenziellen autoritären Regierungsübernahme weiterbestehen zu lassen, Widerstand leisten zu können und eine Tendenz zur Demokratisierung wieder in Gang zu setzen. Dies geschieht beispielsweise, indem verhindert wird, Richterämter politisch motiviert zu besetzen. So werden etwa die Hürden für Parlamentsmehrheiten erhöht und man braucht für die Besetzung von höchsten Richterämtern keine absolute Mehrheit mehr, sondern eine Zweidrittel-Mehrheit. In der Forschungsliteratur wird die Verhinderung der kompletten Autokratie als ‚Zusammenbruchs-Resilienz' (‚*breakdown resilience*') beschrieben (Boese et al., 2021).

Darüber hinaus wird intensiv daran geforscht, mit welchen zivilgesellschaftlichen Mitteln einer drohenden oder bereits implementierten Autokratie entgegengetreten werden kann, beispielsweise mit einer hinreichend großen, aber friedlichen Mobilisierung der Bevölkerung (Chenoweth & Stephan, 2014). Dies wird auch im Deutschen mit einem englischen Terminus als ‚*Bouncing Back*-Resilienz' beschrieben, was man auch als ‚Wiederherstellungs-

Resilienz' charakterisieren könnte. Es geht darum, wie ein politisches System nach einer autokratischen Krise wieder in den vorherigen Zustand zurückkehren kann.

Weniger Beachtung findet aktuell die Frage, wie von vornherein verhindert werden kann, dass große Teile der Bevölkerung bereit sind, illiberale und autoritäre Kräfte zu unterstützen und in politische Ämter zu wählen, wo diese Kräfte dann großen Schaden anrichten können. Dies wird ‚Entstehung-Resilienz' genannt (‚*onset resilience*'). Mir geht es in diesem Buch jedoch gerade um die Entstehungs-Resilienz, nämlich darum, (1) zu entschlüsseln, wie es zu dem ‚*Vibe Shift*' und der Bereitschaft für die Unterstützung illiberaler Politik kommen konnte und (2) was getan werden muss, um das Abprallen zu stärken.

Wir sind momentan in den meisten Staaten Europas, im Gegensatz zu den Vereinigten Staaten, noch in der Phase, in der wir das Abprallen starkmachen können. Konservative und sozialdemokratische Parteien haben in den 2010er- und 2020er-Jahren erhebliche Wähler-Anteile verloren haben, die größtenteils illiberalen und rechtsextremen Parteien zugutegekommen sind (Economist, 2025). Noch in den 1990er- und 2000er-Jahren sah es in vielen Ländern des globalen Nordens nach stabilen liberalen Demokratien aus, die durch breite Wählerschaften gestützt wurden. In den USA, beispielsweise, wurde eine langfristige Mehrheit für die Demokratische Partei prognostiziert, die von Akademikern, Frauen, ethnischen Minderheiten und einem Teil der Arbeiterschaft getragen werden sollte. Der Wahlsieg Barack Obamas als Präsident im Jahre 2008 schien diese Prognose zu bestätigen. Doch schon während der 2010er-Zwischenwahlen wendeten sich große Teile der weißen Arbeiterschaft ab (Judis & Teixera, 2023). Hinzu kam in den folgenden Wahlen ein erheblicher Verlust der Demokraten bei Wählenden mit hispanischem und asiatischem Hintergrund. Die Wahlsiege Trumps in den Jahren 2016 und 2024 waren aus dieser Perspektive lediglich fortgesetzte Entwicklungen.

In den Vereinigten Staaten muss man sich mittlerweile nicht nur mit der Zusammenbruchs-Resilienz befassen, sondern – wenn der Prozess so weitergeht – mit der Bewältigungs-Resilienz. Binnen Wochen sind nach Antritt der zweiten Trump-Administration zentrale liberale Merkmale der Demokratie, der Menschenrechte, der Justiz, der Medien und der Wissenschaft attackiert oder gar eliminiert worden. Klare Schritte in Richtung Autokratie waren die Missachtung von Urteilen von Bundesgerichten oder die Deportation eines US-Bürgers in ein Mega-Gefängnis nach El Salvador (Levitsky & Way, 2025). Gleichzeitig wurden jahrzehntelange internationale Allianzen infrage gestellt und es wurde amateurhaft mit der russischen Regierung über Wege zur Beendigung des Kriegs gegen die Ukraine verhandelt.

Diese Entwicklungen machen deutlich, dass es nicht nur eine Zusammenbruchs-Resilienz braucht, sondern in erster Linie eine Entstehungs-Resilienz. Durch kluge Politik muss verhindert werden, was sich in vielen Ländern bereits abgespielt hat und was gerade in den Vereinigten Staaten quasi in Echtzeit zu sehen ist. Die Demokratie ist nicht resilient genug, wenn erst einmal die entsprechenden Machtverhältnisse bestehen und illiberale oder autoritäre Bewegungen in der Lage sind, das Rechtssystem zu manipulieren und die Medien zu beeinflussen oder gar unter ihre Kontrolle zu bringen.

Die Argumentation in Kurzform

Die nachfolgenden Kapitel enthalten Analysen und Vorschläge, wie mit dieser existenziellen Herausforderung für die liberale Demokratie umgegangen werden sollte, um die

Entstehungs-Resilienz zu stärken. Im ersten Teil stelle ich meine überwiegend soziologisch ausgerichtete Analyse vor, die auf aktueller Forschungsliteratur basiert. In Lektion 9, dem Zwischenfazit, ist die Analyse grafisch und ausführlicher, aber immer noch knapp, dargestellt. Diese Analyse zeigt folgendes auf:

(1) Die moderne Gesellschaft des globalen Nordens hat seit dem Zweiten Weltkrieg einen massiven sozialen Wandel erlebt.
(2) Der Wandel hat wirtschaftliche, technologische, kulturelle, bildungsmäßige sowie mediale Dimensionen gehabt.
(3) Viele Aspekte des sozialen Wandels haben Ungleichheiten und Ungleichzeitigkeiten zur Folge gehabt.
(4) Eingebettet in den sozialen Wandel war die Polykrise, das heißt, die zahlreichen wirtschaftlichen, politischen, gesundheitlichen und anderen Krisen der vergangenen Jahrzehnte.
(5) Der gesamte soziale Wandel, einschließlich der Polykrise, hat zu einer ‚ontologischen Unsicherheit', also einer massiven psychischen und sozialen Verunsicherung in der Bevölkerung des globalen Nordens geführt.
(6) Die ontologische Unsicherheit, verstärkt durch intuitive moralische Entscheidungen, ist der Nährboden für die Attraktivität illiberaler Politik-Angebote, welche sich über Triggerthemen wie Migration, Klima und Geschlecht artikuliert.

Die entscheidende Frage, die ich im zweiten Teil zu beantworten versuche, lautet: Wie kann eine liberale und demokratische Politik der ontologischen Unsicherheit begegnen, um die Demokratie resilienter zu machen? Ich schlage dazu zwei Vorgehensweisen vor:

(1) Es braucht zunächst einmal strategische Grundlagen in Form einer digitalen Medienstrategie, Strategien für soziale Sicherheit und soziokulturelle Sicherheit, für die Lösung zentraler gesellschaftlicher Probleme inklusive Krisenbewältigung, politische Zurückhaltung im eher linken Spektrum und klare Distanz zu illiberalen Standpunkten und Parteien im eher rechten Spektrum sowie das Narrativ einer inklusiven Gesellschaft.
(2) Die Triggerthemen Migration, Klima und Geschlecht erfordern einen pragmatischen Umgang, der zum einen sicherstellt, dass die liberale Ausrichtung der Demokratie erhalten bleibt und zum anderen die ontologische Unsicherheit nicht weiter voranschreitet.

Und auch wenn sich dieses Buch in erster Linie selbstkritisch an die *Anywheres* richtet, können und sollten die liberal und demokratisch orientierten *Somewheres* natürlich an der Stärkung der Resilienz mitwirken. Die demokratische Verletzlichkeit können wir nur gemeinsam wieder in Ordnung bringen.

Literatur

Boese, V. A., Edgell, A. B., Hellmeier, S., Maerz, S. F., & Lindberg, S. I. (2021). How democracies prevail: Democratic resilience as a two-stage process. *Democratization, 28*(5), 885–907. https://doi.org/10.1080/13510347.2021.1891413

Chenoweth, E., & Stephan, M. J. (2014). Drop your weapons: When and why civil resistance works. *Foreign Affairs, 93*, 94–106.

Economist. (2025). Hard-right parties are now Europe's most popular. *The Economist*. https://www.economist.com/graphic-detail/2025/02/28/hard-right-parties-are-now-europes-most-popular. Zugegriffen am 23.06.2025.

Ferguson, N. (2024). The vibe shift goes global. *The Free Press*. https://www.thefp.com/p/niall-ferguson-the-vibe-shift-goes-global-assad-putin-trump. Zugegriffen am 14.06.2025.

Fukuyama, F. (1989). The end of history? *The National Interest*, *16*, 3–18.

Goodhart, D. (2017). *The road to somewhere: The new tribes shaping British politics*. Penguin.

Judis, J. B., & Teixera, R. (2023). *Where have all the Democrats gone? The soul of the party in the age of extremes*. Henry Holt.

Judt, T. (2005). *Postwar: A history of Europe since 1945*. Penguin.

Levitsky, S., & Way, L. A. (2025). The path to American authoritarianism: What comes after the democratic breakdown. *Foreign Affairs, 104*, 36–51.

Richter, D. (1994). Der Mythos der ‚guten' Nation: Zum theoriegeschichtlichen Hintergrund eines folgenschweren Mißverständnisses. *Soziale Welt, 45*(3), 304–321. http://www.jstor.org/stable/40878072

Richter, D. (1996). *Nation als form*. Westdeutscher Verlag.

2

Lektion: Warum Selbstkritik notwendig ist und warum es sich lohnt, die liberale Demokratie zu verteidigen

Dieses Buch richtet sich selbstkritisch an Menschen wie mich, von denen viele – aber sicher nicht alle – *Anywheres* sind. Es richtet sich an Menschen, die liberal und demokratisch eingestellt sind. Liberale Demokraten in diesem Sinne sind überzeugt von freien Wahlen und friedlichen Regierungswechseln, von einer unabhängigen Justiz, von der freien Meinungsäußerung, dem Schutz von Minderheiten und Menschenrechten, dem Wert öffentlich-rechtlicher Medien, einem sozial orientierten, aber nicht sozialistischen Wirtschaftssystem, der Bedrohung durch den Klimawandel und der fundamentalen Bedeutung von Wissenschaft und Forschung.

Die Begrifflichkeit ‚Liberale Demokraten' bezieht sich, das sollte deutlich geworden sein, nicht auf eine Partei, also weder auf die FDP in Deutschland noch auf die gleichnamige Partei in der Schweiz. Beide FDPen sind tendenziell eher rechts der politischen Mitte anzusiedeln, und während die Schweizer FDP noch versucht, ihren Ruf als die staats-

D. Richter, *Die resiliente Republik*,
https://doi.org/10.1007/978-3-658-50673-5_2

tragende Gruppierung nicht gänzlich zu verlieren, ist die deutsche FDP bereits am Rand der Bedeutungslosigkeit angelangt.

Im weiteren Verlauf soll immer mal wieder der Frage nachgegangen werden, welchen Anteil wir *Anywheres* oder liberale Demokraten an der illiberalen Entwicklung hatten und immer noch haben. Die üblichen Vorstellungen, illiberal wählende Menschen seien ‚verblendet' und müssten besser aufgeklärt werden über die Gefahren autoritärer Regierungen, haben – wie eingangs beschrieben – offenbar nicht verfangen. Spätestens der vergebliche Abwehrwahlkampf der amerikanischen Demokraten gegen die MAGA-Republikaner sollte deutlich gemacht haben, wie sehr solche Vorstellungen in die Irre führen. Dies ist die erste Teillektion, die wir zu lernen haben.

Illiberale Politik: Angebot oder Nachfrage?

Die nächste Teillektion bezieht sich auf die Wahrnehmung eines gesellschaftlichen Rechts-Rucks in den Ländern des globalen Nordens. Es geht dabei um die Frage des Wirkungsverhältnisses zwischen Einstellungen in der Bevölkerung und dem Verhalten im politischen System. Für diese Fragestellung wird interessanterweise eine ökonomische Terminologie verwendet. Ist die Nachfrage in der Bevölkerung die Ursache für den politischen Rechtsruck oder liegt es am Angebot des politischen Systems? Die einschlägige empirische Forschung kommt diesbezüglich zu einem überraschend deutlichen Ergebnis: es ist ein Angebotsproblem. Einstellungspolarisierung in der Bevölkerung folgt der Polarisierung im politischen System (Bartels, 2023; Moral & Best, 2023). Dies mag vielleicht überraschen, da die mediale Berichterstattung ein anderes Bild vermittelt. Jedoch zeigen die einschlägigen Meinungsumfragen und Wahlergebnisse nur leichte Veränderungen und erhebliche Unterschiede zwischen verschiedenen Ländern (Boxell et al., 2024).

Wie ist das Angebotsproblem vorstellbar? Da sich die grundlegenden politisch-moralischen Einstellungen nicht wesentlich geändert haben in den letzten Jahren, ist von einem gewissen Reservoir von Unzufriedenheit auszugehen, das in jeder Gesellschaft vorhanden ist. Ein erheblicher Teil dieses Reservoirs ist, wie die empirische Forschung herausgearbeitet hat, in der nicht-wählenden Stimmbevölkerung zu sehen (Moral & Best, 2023). Der Stimmenanteil rechtspopulistischer Parteien besteht zu einem wesentlichen Anteil aus früheren Nicht-Wählenden.

Hinzugekommen in den vergangenen Dekaden ist eine deutliche Verunsicherung, die oben bereits mit dem Stichwort der ontologischen Unsicherheit beschrieben wurde. Diese Gemengelage ist für konservativ-rechte und vor allem für illiberale Kräfte vor allem dann relevant, wenn ein weiterer Punkt auftaucht, der emotionale Reaktionen hervorruft. Die Migrationsthematik ist ein solcher emotionaler Trigger – ebenso wie die Geschlechterthematik oder das Klimaproblem (Mau et al., 2023). Zusammengefasst: Der Forschung zufolge herrscht weniger eine ‚Nachfrage' nach illiberaler Politik in der Wahlbevölkerung, sondern es werden ‚Angebote' aus der Politik heraus gemacht, welche dann für konservative bis rechte Wähler interessant sind (Bartels, 2023; Valentim, 2024).

Die entscheidenden Fragen sind daher: Wieso finden die politischen Angebote der demokratischen Mitte bei Wahlen immer weniger Zuspruch und Akzeptanz? Welche Aspekte der liberal-demokratischen Einstellungen und Programme führen dazu, dass illiberale Kräfte gewählt werden?

Worauf reagieren die illiberalen Politik-Angebote und warum fühlen sich viele Menschen von Parteien der demokratischen Mitte nicht mehr vertreten, sodass etwa frühere Nicht-Wählende zu großen Teilen heute illiberal wählen?

Offenbar sind insbesondere von links-liberalen Demokraten fundamentale und gravierende Fehler und Versäumnisse in der Vergangenheit begangen worden, die wesentlich zur Attraktivität illiberaler Positionen in der Bevölkerung beigetragen haben. Um es verkürzt auszudrücken: linke und progressive Standpunkte sind von vielen Menschen als ‚nervig' erlebt worden, haben viele Bevölkerungsgruppen überfordert und waren am Ende angesichts von dominanten wirtschaftlichen Themen wie der Inflation und den Lebenshaltungskosten in der ersten Hälfte der 2020er-Jahre nicht mehr anschlussfähig an den gesellschaftlichen Mainstream.

Zwei Aspekte sind in diesem Zusammenhang von Bedeutung. Der erste Aspekt bezieht sich auf kulturelle und identitätspolitische Themen. Diese Themen waren offenbar nur für eine gewisse Zeit in den 2010er-Jahren anschlussfähig. Beispielsweise ist dies in der Migrationsthematik sicher der Fall gewesen. Viele Menschen haben die Aufnahme von Geflüchteten aus Syrien oder Afghanistan, später auch aus der Ukraine mit großen Sympathien und mit Tatkraft sowie Spenden begleitet. Irgendwann zu Beginn der 2020er-Jahre ist diese Stimmung gekippt, als deutlich wurde, dass die Aufnahme-Ressourcen für die Bewältigung der mit der Migration einhergehenden sozialen Probleme nicht ausreichten.

Ganz ähnlich ist es mit den Sympathien gegenüber ‚woken' Einstellungen (soziale Gerechtigkeit, Anti-Rassismus) im angelsächsischen Raum gewesen. Eine empirische Analyse fand heraus, dass ‚woke' Themen ihren Höhepunkt ungefähr um 2021/2022 hatten (Economist,

2024). Das weitere Beharren auf diesen Themen, etwa die Forderung in der amerikanischen Linken nach einer finanziellen Austrocknung von Polizeibehörden („*Defund the police!*") aufgrund der Polizeigewalt gegen Schwarze, ist zunehmend auf Unverständnis gestoßen.

Der zweite Aspekt, den ich betonen möchte, bezieht sich auf die rationalen Diskurse, die von links-liberaler Seite geführt wurden. Ein typisches Beispiel ist das Argument der amerikanischen Demokraten gewesen, die Biden-Administration habe die Inflation im Griff, was angesichts der sehr hohen Lebenshaltungskosten nicht der ‚gefühlten Inflation' entsprach (Stephens, 2024). In Deutschland war Ähnliches im ökologischen Diskurs zu erkennen. Die CO_2-Reduktion in Wohngebäuden ist zweifelsohne eine notwendige Maßnahme gegen den Klimawandel. Die bürokratische Umsetzung und die ausschließlich rationale Begründung des ‚Gebäude-Energie-Gesetzes', das so genannte Heizungsgesetz, hat übersehen, dass sich viele Menschen von den Folgen und den möglichen Folgekosten, überfordert gefühlt haben. Die deutsche ‚Ampel-Koalition' hat auf dem Papier eigentlich keinen schlechten Job gemacht. Aber, wie die grüne Parteispitze zu spät erkannt hat, in der Zwischenzeit hatte sich der politische Wind gedreht (Süddeutsche, 2025).

Doch auch die Konservativen hatten ihren großen Anteil an der Attraktivität illiberaler Positionen. Der gerade zitierte ‚gedrehte Wind' wurde erheblich gefördert durch das Anbiedern an und die Übernahme von rechten politischen Positionen. Konservative Parteien haben illiberale Positionen aufgenommen und verstärkt bis hin zur Mehrheitsfähigkeit – ohne dass sie von der Übernahme dieser Positionen in der Wählergunst profitiert hätten. Deutlich wurde dies am Anti-Migrationskurs der CDU während der deutschen Parlamentswahlen 2024. Dies hat der Attraktivität der AfD keinen Abbruch getan – im Gegenteil. Das Einreißen der Brandmauer ist – demokratietheoretisch – ein fundamentaler Fehler gewesen. Es hat zur Normalisierung illiberaler Positionen und Parteien wesentlich beigetragen.

Es waren natürlich nicht allein die Fehler der liberalen Demokraten, welche die politischen Systeme verletzbar gemacht haben. Geopolitische, kulturelle und wirtschaftliche Faktoren haben in einer komplexen Gemengelage ebenfalls ihre Anteile gehabt, wie im Verlauf des Buches noch beschrieben wird. Diese Faktoren selbst – wie die Pandemie oder die globalen Migrationsbewegungen – sind jedoch weniger zu beeinflussen gewesen als es der Umgang mit den Faktoren und ihren Konsequenzen im politischen System war. Ohne die Fehler, ohne die Überforderung vieler Menschen und ohne Festhalten an ideologischen Positionen hätte die Resilienz, also die Widerstandsfähigkeit der Demokratie, deutlich weniger Schaden genommen und die Demokratie wäre weniger vulnerabel, also weniger verletzlich, geworden.

Die Erosion der Demokratie und das Worst Case-Szenario der Künstlichen Intelligenz

Das Auseinanderdriften der *Anywheres* und der *Somewheres* ist nicht der alleinige, aber ein wesentlicher Hintergrund der Erosion der liberalen Demokratie. Diese Erosion sei die wichtigste Entwicklung des bisherigen Jahrhunderts, schrieb der Politikwissenschaftler Cas Mudde (2024) nach der Wiederwahl Donald Trumps. Unsere Demokratien müssen mehr Widerstand entwickeln gegen autoritäre und illiberale Tendenzen. Gelingt das nicht, müssen wir uns nicht nur mit hässlichen Angriffen auf Minderheiten und auf Menschenrechte einstellen, sondern auch auf politisches Chaos, auf wirtschaftliche Not, auf weitergehende kriegerische Auseinandersetzungen in Europa und womöglich auf die Auslöschung der Menschheit.

Auslöschung der Menschheit durch eine erodierte Demokratie? Geht es nicht eine Nummer kleiner? Haben wir nicht andere Krisen wie den Klimawandel und kriegerische Auseinandersetzungen, die uns deutlich mehr bedrohen?

Nicht unbedingt. In nicht allzu ferner Zukunft, gegen Ende dieses Jahrzehnts, ist die technologische Entwicklung der Künstlichen Intelligenz so weit fortgeschritten, dass ein Großteil der menschlichen Arbeit überflüssig sein wird. Gleichzeitig steigt die wirtschaftliche Produktivität in zuvor ungeahnte Höhen und die dadurch generierten Steuereinnahmen machen ein bedingungsloses und sehr großzügiges Grundeinkommen für alle Menschen möglich, welche von der KI-Entwicklung betroffen sind. Wenige Jahre später, Mitte bis Ende der 2030er-Jahre, ist die KI in der Lage, die sie besitzenden Firmen und Regierungen hinter das Licht zu führen und über die eigenen selbst gesteckten Ziele zu täuschen. Menschen sind in der von der KI anvisierten Zukunft nicht mehr vorgesehen. Mittels KI-gesteuerter biologischer Waffen werden die Bewohner großer Städte infiziert und anschließend mit chemischen Mitteln ausradiert.

Dieses, bis vor sehr kurzem von vielen Menschen (auch von mir) für unrealistisch gehaltene, Worst-Case-Szenario beschreibt das von KI-Experten und Zukunftsforschenden entwickelte Projekt ‚AI 2027' (Kokotajlo et al., 2025). Die Beteiligten im Projekt ‚AI 2027' stehen mit ihren Befürchtungen nicht allein. Diese Risiken werden sowohl in wissenschaftlichen Veröffentlichungen (Barnett & Thiergart, 2024) als auch in journalistischen Publikationen (Economist, 2025) ernsthaft erwogen und diskutiert.

Die bedeutenden Player in diesem *Worst Case*-Szenario sind nicht nur Tech-Firmen und ihre Besitzenden, sondern auch Regierungen, die mit den KI-Versuchungen und Gefahren nicht immer angemessen umgehen können. Warnende Stimmen werden im frühen Stadium der KI-Verheißungen höchstwahrscheinlich als ‚Maschinenstürmer', ‚woke Liberale' oder ‚Regulierungswütige' beschimpft werden. Die Begrifflichkeiten sind aus den Kulturkämpfen im Zusammenhang mit der Klimakrise bekannt. Die Trump-Administration hat im Dezember 2025 eine *Executive Order* erlassen, die es den Bundesstaaten verbietet, regulatorisch in die Entwicklung Künstlicher Intelligenz einzugreifen. In einer solchen Situation besteht ein großes Risiko, dass illiberale Regierungen im Zusammenspiel mit Tech-Oligarchen jegliche Bremsen am ‚Fortschritt' lösen. Zudem besteht ein erhebliches Risiko der Wahl-Beeinflussung durch KI-Anwendungen (Islam et al., 2024), beispielsweise indem politische Gegner mittels Deepfakes verunglimpft oder indem Social Media durch KI-generierte Bots zur Verbreitung von Desinformation genutzt werden.

Was genau ist eigentlich eine (liberale) Demokratie?

Das KI-Risiko ist nicht von der Hand zu weisen. Es braucht Regierungen, die mit Augenmaß agieren und technologische, wirtschaftliche, ökologische sowie soziale Folgen der Künstlichen Intelligenz abwägen und sie nicht für den Machtgewinn und den Machterhalt missbrauchen. Die Zukunft der Menschheit hängt wesentlich vom Überleben der Demokratie ab – und dies betrifft nicht nur die Künstliche Intelligenz, sondern auch die Ökonomie und die Ökologie.

Die Demokratie ist also fundamental wichtig für unser Überleben. Es geht aber nicht nur ums Überleben, sondern auch um das Zusammenleben in einer modernen Gesellschaft. Dafür braucht es eine liberale Demokratie. Doch was genau ist eigentlich eine liberale Demokratie und wie unterscheidet sie sich von anderen Demokratie-Varianten? Ein in der Demokratie-Forschung häufig genutzter Kontrast ist die elektorale Demokratie gegenüber der liberalen Demokratie. Unter der elektoralen Variante können wir den basalen Akt der Abstimmung vorstellen, wobei nicht immer sicher ist, dass die Abstimmung auch die entsprechenden Konsequenzen hat. Wenn beispielsweise der Partei mit der relativen Stimmenmehrheit einfach die absolute Mehrheit im Parlament zugesprochen wird, verzerrt dies den Wählerwillen fundamental. Wir haben Länder in der Europäischen Union, wie Ungarn, wo dies der Fall ist. Die amtierende Regierungspartei rühmt sich dessen und propagiert eine illiberale Demokratie, also eine formal demokratisch ausgerichtete Regierung, die aber explizit mit Minderheitenschutz und anderen liberalen Errungenschaften nichts zu tun haben will.

Die moderne Politikwissenschaft bezieht sich in Sachen Demokratie zumeist auf das Konzept des amerikanischen Politikwissenschaftlers Robert Dahl, welches die Kriterien der Meinungsfreiheit, Versammlungsfreiheit, aktives Wahlrecht, passives Wahlrecht sowie unterschiedliche Informationsquellen hervorhob (Dahl, 1971). Diese Prinzipien werden beispielsweise in den Demokratie-Index V-DEM (‚*Varieties of Democracy*') umgesetzt, um empirisch feststellen zu können, wie demokratisch ein Staat verfasst ist (Coppedge, 2023). Das sind, wie gesagt, die Basics.

Die liberale Demokratie geht dabei noch einen Schritt weiter, indem die Rechte von Einzelpersonen und Minderheiten explizit benannt und geschützt werden (Rhoden,

2015). Hierbei geht es beispielsweise um die Einschränkung der Regierungsbefugnisse gegenüber bestimmten Personengruppen, die nicht diskriminiert werden dürfen, die Unabhängigkeit der Justiz und der Medien, bürgerliche Freiheiten und Eigentumsfreiheiten. Es handelt sich also um klassische liberale Rechte und Freiheiten. Diese sollen etwa verhindern, dass mit der Mehrheit in einer Demokratie Minderheiten unterdrückt werden dürfen. Liberale Demokratie lässt nicht nur einen Machtwechsel zu, sondern schränkt die Macht zugleich auch ein. Und gegen diese Einschränkungen der Macht, beispielsweise gegenüber geschlechtlichen Minderheiten, sind in den letzten Jahren erhebliche Widerstände erwachsen.

Warum brauchen wir überhaupt eine (liberale) Demokratie?

Nach dem Zusammenbruch des Ostblock-Sozialismus und dem Fall der Berliner Mauer war gegen Ende der 1980er- und Anfang der 1990er-Jahre die Einschätzung zur Zukunft der liberalen Demokratie sehr positiv ausgeprägt. In einem der interessantesten, aber auch einem der am meisten missverstandenen Artikel zu dieser Thematik hat der amerikanische Politikwissenschaftler Francis Fukuyama im Jahr 1989 das ‚Ende der Geschichte' verkündet, indem die liberale Demokratie sowohl den Faschismus als auch den Sozialismus überlebt hatte (Fukuyama, 1989). Der Artikel ist vielfach missverstanden worden, weil er so gelesen wurde, dass keine geopolitischen Konflikte mehr aufkommen können und die zivilisierte Welt automatisch die liberale Demokratie als geeignetste Regierungsform übernehmen müsste. Das war aber von Fukuyama weder gemeint, noch hatte er es so geschrieben. Seine These war, die alternativen

Ideologien hätten sich erschöpft und könnten daher kaum noch Wirksamkeit entfalten. Gleichwohl sah er weiterhin Gefahren, beispielsweise durch Islamismus und Nationalismus.

Aus heutiger Sicht muss konstatiert werden, Fukuyama hat Recht gehabt, auch wenn seine These angesichts des gegenwärtigen Autoritarismus, Populismus und Rechtsextremismus weit hergeholt scheint. Beim näheren Hinsehen kann die Relevanz der (liberalen) Demokratie nicht übersehen werden. Ich habe das ‚liberal' in Klammern gesetzt, weil darüber tatsächlich diskutiert werden kann. Demokratie, auf jeden Fall, wird von kaum einer politischen Kraft im globalen Norden bestritten. Alle sind Demokraten, auch die Illiberalen wollen einem – wie auch immer generierten – Volkswillen zur Geltung verhelfen.

Fast scheint es so, als sei die Demokratie tatsächlich am Ende der Geschichte angekommen; eigentlich muss man nicht mehr begründen, warum wir eine Demokratie brauchen. Der amerikanische Philosoph Richard Rorty hat sich an verschiedenen Stellen seines Werkes mit dieser Frage befasst und ist zu dem Schluss gekommen, wir brauchen keine Begründung für die Demokratie (Rorty, 2022). Das Wesentliche an der Demokratie, so schreibt er, sei die Meinungs- und Pressefreiheit und die Möglichkeit verärgerter Bürger, ihre politischen Repräsentanten auszuwechseln. Dieses Wesentliche hätten wir aus der Geschichte gelernt, daher habe die Demokratie einen klaren Vorrang vor der Philosophie, die sie zu begründen versucht.

Über diesen – mir im Grunde sehr sympathischen – Pragmatismus hinaus, existieren jedoch weitere handfeste Gründe, weshalb wir an der liberalen Demokratie festhalten sollten. Aus meiner soziologisch informierten Perspektive ist gerade die *liberale* Demokratie diejenige Regierungsform, welche für die Lebensbedingungen in der aktuellen modernen Gesellschaft am besten geeignet ist. Eines der Kernmerkmale der modernen Gesellschaft ist die Individualisierung – mit all ihren Vor- und Nachteilen. Sowohl die empirische Forschung (Henrich et al., 2010) als auch die theoretische Soziologie (Kron & Horácek, 2015) sehen klare Tendenzen der Individualisierung im Zusammenhang mit der Modernisierung der Gesellschaft. In den Gesellschaften des globalen Nordens – und zunehmend auch in anderen Teilen der Welt – sind Menschen immer mehr auf sich selbst zurückgeworfen, müssen eigene Entscheidungen treffen (die ihnen früher das Milieu oder die Familie abgenommen hätten) sowie können und müssen eigene Lebensentwürfe verwirklichen. Zu diesen eigenen Lebensentwürfen zählen auch Diversitäts- und Identitäts-Perspektiven, die eines rechtlichen Schutzes bedürfen, den eigentlich nur liberale Demokratien sicherstellen können.

Die Vorteile (liberaler) Demokratien gehen jedoch noch weiter. Die illiberalen Bestrebungen der letzten Jahre haben eine wissenschaftliche Reaktion hervorgebracht, welche diese Vorteile umfassend untersucht hat. Zu den Elementen, welche die Demokratie autokratischen Regimen überlegen macht, zählen der empirischen Forschung zufolge (Tudor, 2025):

- Eine bessere Gesundheitsversorgung und ein längeres Leben,
- Mehr wirtschaftliche Prosperität,
- Eine längere (aber nicht zwingend bessere) Ausbildung,
- Ein friedlicheres Zusammenleben,
- Ein geringeres Ausmaß von Korruption (van Teutem et al., 2025).

Am besten untersucht sind dabei die ökonomischen Auswirkungen. Auf längere Sicht haben demokratische

Staaten einen 10–20 prozentigen Vorsprung beim Bruttosozialprodukt pro Kopf (Acemoglu et al., 2019; Eberhardt, 2022). Diese Tendenz wird auch als ‚demokratische Dividende' bezeichnet. Der Verlust demokratischer Spielregeln und Institutionen hingegen führt der ökonomischen Forschung zufolge zu einer ‚autokratischen Einbuße'. Die Einbuße beträgt über mehrere Jahre hinweg ca. 5 % des Pro-Kopf-Einkommens (Boese-Schlosser & Eberhardt, 2025). Im Wesentlichen ist der Verlust auf die Schwächung der Komponente des Wählens zurückzuführen. Daran kann erkannt werden, dass allein die Möglichkeit der Abwahl missliebiger Regierungen zu einem wirtschaftlichen Plus führt. Schließlich ist in diesem Zusammenhang auch das Ausmaß von Korruption in Rechnung zu stellen. In demokratisch verfassten Staaten wird die Prosperität auch durch gesetzes- und regelkonformes Handeln gesteigert, während intransparente politische und ökonomische Entscheidungen eher zu einem gesamtgesellschaftlichen Nachteil führen können.

Unter Berücksichtigung dieser Hintergründe verwundert es kaum, dass die Länder mit den besten Lebensbedingungen nahezu ausschließlich liberale Demokratien sind. Das Entwicklungsprogramm der Vereinten Nationen (UNDP) veröffentlicht jährlich eine Rangliste mit einem Index, der auf der Lebenserwartung, den Schuljahren und dem Bruttoinlandsprodukt basiert. Die Ausgabe von 2025, basierend auf den Daten von 2023, listet unter den 15 führenden Ländern 12 liberale Demokratien, zwei so genannte hybride Regime und eine ausgeprägte Autokratie (UNDP, 2025). Die hybriden Regime sind Hong Kong (Rang 8) und Singapur (Rang 13) Die erste Autokratie sind die Vereinten Arabischen Emirate auf Rang 15. Die Rangliste wird angeführt von Island, die Schweiz teilt sich den zweiten Rang mit Norwegen und Deutschland teilt sich den fünften Rang mit Schweden.

Ein weiterer Effekt, der für die Fragestellung dieses Buchs von äußerster Relevanz ist, betrifft die Folgen wirtschaftlicher Prosperität für die Unterstützung der Demokratie durch die Bürger. Die aktuelle Forschung legt nahe, „… dass die Fähigkeit demokratischer Regierungen, Wohlstand, geringe Korruption, Frieden und politische Stabilität sowie Umverteilung zu gewährleisten, sowie die Verfügbarkeit glaubwürdiger Informationen über die positiven Auswirkungen der Demokratie für die Sicherung der demokratischen Stabilität von Bedeutung sein können." (Acemoglu et al., 2024, S. 652; meine Übersetzung, DR) Mit anderen Worten, gelingt es demokratischen Regierungen zu ‚liefern', wie man heutzutage zu sagen pflegt, steigert das die Bereitschaft der Bürger, die Demokratie als Regierungsform mehr zu unterstützen. Gelingt das nicht, ist die Vulnerabilität und das illiberale Risiko deutlich erhöht.

Was heisst Illiberalismus?

Unter Illiberalismus verstehe ich Positionen, die konträr zu dem stehen, was gerade als Kriterien für eine liberale Demokratie beschrieben worden ist. Es handelt sich um Positionen, die sich zwar selbst als demokratisch betrachten, die aber Minderheiten- und Menschenrechte ignorieren oder abschaffen wollen, die eine parteiische Justiz fördern wollen, die als freie Meinungsäußerung lediglich ihre eigene Sichtweise meinen, welche die öffentlichen Medien als ‚Feinde des Volkes' betrachten, die auf wirtschaftliche Abschottung setzen, die den Klimawandel bestreiten und die das wissenschaftliche Expertentum für überflüssig oder schädlich halten. Das Label des Rechts-Populismus passt für diese Positionen nur teilweise. Der wesentliche Grund hierfür liegt in der Existenz links-populistischer Bewegungen (von Venezuela bis zum deutschen BSW).

Zudem wird auch in linksliberalen Kreisen zunehmend diskutiert, ob es nicht mehr populistische Elemente für demokratische Ansätze bräuchte (Mouffe, 2018).

Es gibt bekanntermaßen bereits heute westeuropäische Staaten, in denen die illiberalen Kräfte zu einem ausgeprägten politischen Problem angewachsen sind. In Italien geht scheinbar nichts mehr ohne rechtsextreme oder postfaschistische Parteien. In den Niederlanden, in Schweden und in Finnland sind oder waren Rechtsextreme an den Regierungen beteiligt. Und die absehbare Entwicklung in Frankreich bereitet mehr als nur große Sorgen. Die deutschsprachigen Länder machen insofern noch eine Ausnahme, als die illiberalen Parteien AfD und FPÖ allenfalls auf regionaler Ebene der Bundesländer in Österreich und in Deutschland eine zentrale Rolle spielen. In der Schweiz stellt sich die Lage noch etwas anders und komplizierter dar. Die Schweizerische Volkspartei SVP erzielt hier bei nationalen Wahlen seit Jahrzehnten die größten Anteile von 25 % und mehr. Ich selbst habe in meiner beruflichen Tätigkeit in der Gesundheits-Forschung verschiedentlich mit SVP-Politikern zu tun gehabt und habe viele (nicht alle) eben nicht als verblendete Verschwörungstheoretiker erlebt, die rationalen und pragmatischen Argumenten nicht zugänglich waren. Auch zeigen vergleichende Untersuchungen, etwa zwischen FPÖ und SVP (Schröter & Thome, 2020), dass letztere etwas weniger populistisch argumentiert. In Deutschland würde man sie irgendwo zwischen CSU und AfD ansiedeln und ihr eine gewisse Rest-Liberalität im oben beschriebenen Sinne attestieren.

In Zentral- und Osteuropa hingegen spielen illiberale Parteien bereits seit längerem eine große Rolle. In Ungarn ist nicht auszuschließen, dass die ‚illiberale Demokratie' bereits so weit fortgeschritten ist, dass selbst Verschiebungen bei nicht zu erwartenden freien Wahlen an den parlamentarischen Mehrheitsverhältnissen wenig verändern würden. Die

Fidesz-Partei unter Viktor Orban hat es relativ weit geschafft, die parlamentarischen, rechtlichen und medialen Spielregeln für die Zukunft entsprechend zu manipulieren. In der Politikwissenschaft nennt man diesen Typus einer formalen Demokratie ‚kompetitiven Autoritarismus' (Levitsky & Way, 2020). Es finden kompetitive Wahlen statt, aber es kommt in der Regel nicht zu einem Machtwechsel. In Polen hat es die PiS-Partei nicht so weit geschafft, aber war bereits auf gutem Wege dorthin als sie bei den Wahlen 2024 die parlamentarische Mehrheit verloren hat. In Kroatien, Slowenien, Serbien, in der Slowakei sowie in Rumänien und Bulgarien sind rechte, rechtsextreme und illiberal agierende Parteien und Politiker ebenfalls seit Jahren relativ erfolgreich bei nationalen Wahlen und spielen, wie etwa in Serbien, die autoritäre Karte, um sich an der Macht zu halten.

Die Entwicklung in den Vereinigten Staaten geht in dieselbe Richtung. Hier wurde von langer Hand vorbereitet, was dann nach dem Wahlsieg brutal umgesetzt wurde. Bleiben wir zunächst bei der Theorie, um zu verstehen, wie die Denkweise hinter der Trump-Administration 2.0 ist. Die Theorie des Post-Liberalismus (z. B. Deneen, 2023) wurde im Anschluss an den traditionellen Illiberalismus im – wie man heute sagt – Öko-System rechter Theorien entwickelt. Der Post-Liberalismus sieht ‚liberale Eliten' in den Hochschulen, in der Justiz oder in den Medien als ein ‚Regime', das Denk- und Sprechverbote ausspricht und Menschen, die anderer Meinung sind, gängelt und ‚cancelt'. Dieses Regime, das auf individualistischen Überzeugungen, wie Menschenrechten, basiere, hat der Theorie nach ausgedient und muss ersetzt werden durch eine Politik, die auf Gemeinschaft, Familie und Tradition setzt. Ein interessanter und nicht auf den ersten Blick erwartbarer Teil des Post-Liberalismus ist die Ablehnung einer neoliberal orientierten Wirtschaftspolitik, da diese individualistisch ausgerichtet sei. Insofern ist der Post-Liberalismus etwas überraschend durchaus an ‚linke' ökonomische Positionen anschlussfähig, welche die Theorie des Neoliberalismus und damit verbundene Aspekte wie die wirtschaftliche Globalisierung ablehnen.

Wie erfolgreich dieses Öko-System sei kann, zeigte sich in den ersten Monaten der zweiten Trump-Administration, und damit kommen wir zum praktischen Teil. Hier wurde eine politische Agenda in nur wenigen Wochen umgesetzt, die seit vielen Jahren im Detail und vollkommen offen geplant worden war. Das ‚*Project 2025*' des rechten Think Tanks *Heritage Foundation* hatte keinen geheimen Charakter, es war und ist sogar als Open Access-Buch mit einem Umfang von mehr als 900 Seiten frei im Internet verfügbar (www.project2025.org). Die *Heritage Foundation* ist aber nicht die einzige Institution, welche die rechte Machtübernahme vorbereitet hatte. Dahinter steckt ein Konglomerat von Think Tanks, milliardenschweren Sponsoren, rechten Medien und Akademikern. Dieses Öko-System reicht bis hinein in die akademische Philosophie und politische Theorie.

Nicht zuletzt hat das amerikanische Beispiel gezeigt, welche Konsequenzen bei einer illiberalen und mehr als nur ansatzweise autoritären Regierung zu erwarten sind. Illiberale Parteien und Politiker werden sich die Entwicklung in den USA genau anschauen und sie werden versuchen, Lehren zu ziehen und Musterbeispiele für das Vorgehen in ihren jeweiligen Ländern parat zu haben, sollten sie an Regierungen beteiligt werden oder diese gar dominieren.

Es ist daher keine gute Idee, die man gelegentlich hört, man solle die Rechten doch erstmal an die Regierung kommen lassen, die würden sich schon selbst entzaubern. Das Problem ist, dass Illiberale, wenn sie einmal an der Macht sind, die Spielregeln ändern und alles versuchen, trotz einer dürftigen Regierungsbilanz eben an der Macht zu bleiben.

Die oben genannten Beispiele aus Zentral- und Ost-Europa machen dies deutlich und man kann auch die Entwicklungen in der Türkei und in Israel dazuzählen. In der Türkei werden Oppositionelle unter fadenscheinigen Korruptionsvorwürfen inhaftiert und aus dem parlamentarischen Wettkampf gezogen und in Israel wurde nach dem Hamas-Massaker vom Oktober 2023 offensichtlich ein grausamer Krieg gegen die palästinensische Zivilbevölkerung geführt, um die Regierung Netanyahu so lange es geht an der Macht zu halten.

Und es gibt noch einen weiteren Grund, illiberale Parteien von der Macht fernzuhalten. Die empirische Forschung hat gezeigt, dass Regierungsbeteiligungen, etwa von rechts-populistischen Parteien, sich auf Dauer nicht negativ auf ihre Attraktivität für Wählende auswirkt (Hermes & Klüver, 2025). Im Gegenteil, durchschnittlich schneiden diese Parteien bei der nächsten Wahl sogar noch stärker ab. Es gibt natürlich Ausnahmen wie die niederländische PVV von Geert Wilders, die bei den Parlamentswahlen 2025 deutliche Verluste hinnehmen musste, nachdem sie zuvor die relative Stimmenmehrheit innehatte. Dies ist aber leider eine Ausnahme.

Welche Konsequenzen sind aus diesen Entwicklungen zu ziehen?

Welche Konsequenzen sind aus der gesellschaftlichen und politischen Entwicklung einerseits und den Versäumnissen liberaler Demokraten in diesem Zusammenhang andererseits zu ziehen? Zunächst einmal braucht es Einsichten, wo genau die Missverständnisse und Fehl-Annahmen lagen, die zu nicht angemessenen Einschätzungen über die Faktoren der Attraktivität illiberaler Politik geführt haben. Diese

Einsichten betreffen beispielsweise die Aspekte des Wahlverhaltens, die Details des gesellschaftlichen Wandels, die individuellen und gesellschaftlichen Auswirkungen der Veränderungen und die Frage nach ‚Wahrheit' und ‚Fakten' im Allgemeinen und in der politischen Auseinandersetzung im Besonderen. Diese Aspekte werden in den nachfolgenden Kapiteln betrachtet unter Zuhilfenahme aktueller sozialwissenschaftlicher Forschungsergebnisse.

Doch dabei bleibt es nicht. Es schließen sich Fragen an, wie die folgende: Wie muss Politik im 21. Jahrhundert ausschauen, die sowohl den aktuellen ökologischen, ökonomischen und geopolitischen Risiken als auch der grundlegenden gesellschaftlichen Verunsicherung gerecht wird? Es läuft auf pragmatische Lösungen für reale und für als relevant empfundene Probleme hinaus, die im Verlauf des Buches skizziert werden sollen. Dabei geht es unter anderem um Themen wie Migration, Klima oder Geschlechtsidentität.

Eine dieser pragmatischen Lösungen will ich auch mit meinem Schreibstil propagieren. Aufmerksamen Lesenden (!) wird aufgefallen sein, bisher keiner gegenderten Sprache begegnet zu sein. Dies ist heutzutage ungewöhnlich für eine Publikation in einem sozialwissenschaftlichen Verlag. Ich verstehe die inklusive Intention, die mit dem Gendern assoziiert sein soll. Allerdings bin davon überzeugt, dass das Gender-Thema – so berechtigt es in vielen Bereichen auch sein mag – nicht unwesentlich zur kulturellen Unzufriedenheit vieler Menschen beigetragen hat (Schäfer et al., 2024). Persönlich bin ich auch nicht mehr bereit, künstliche Terminologien und Unlesbarkeiten zu tolerieren. Das heißt, in diesem Buch gibt es kein Gender-Sternchen und auch kein Binnen-I. Stattdessen verwende ich – wo immer möglich – geschlechtsneutrale Begriffe (wie: Lesende oder Studierende). Dort, wo es eine Gender-bedingte Dopplung der

Begriffe bräuchte, bleibe ich beim generativen Maskulinum (wie: Demokraten), um den Lese- und Schreibfluss nicht unnötig zu stören. Männer, Frauen und alle dazwischen und außerhalb, wie ein bekannter deutscher Entertainer zu sagen pflegt, sind in das generative Maskulinum inkludiert.

Pragmatismus allein ist jedoch keine hinreichende politische Lösung. Über die praktische Problembewältigung hinaus braucht es eine überzeugende Geschichte, ein ‚Narrativ' – das ist ein Thema im zweiten Teil dieses Buchs. Wie wichtig solche Erzählungen sind, ist in den letzten Jahren durch Slogans wie ‚*Get Brexit done*' oder ‚*Make America great again*' klar demonstriert worden. Es stellt sich also die zusätzliche Herausforderung, ein liberales und demokratisches Narrativ zu entwickeln, dass den Bürgern zeigt, wie sich eine Gesellschaft bereits gewandelt hat und wie und wohin die liberale Reise weitergehen sollte. Dazu gehört auch, wie im Verlauf des Buchs deutlich wird, das Vermitteln von Sicherheit und der Schutz vor Überforderung durch notwendige Veränderungen.

Der Illiberalismus ist noch aufzuhalten

Illiberale Parteien sind bereits in vielen Ländern an der Regierung beteiligt, aber sie stellen nur in wenigen Ländern allein die Regierungspartei oder dominieren die Administration – wie etwa in Ungarn, in der Türkei oder neuerdings in den Vereinigten Staaten. Der zuvor schon zitierte ‚*Vibe Shift*' nach rechts und die mediale Aufmerksamkeit für autoritäre Regierungen und Regime legen allerdings die Wahrnehmung nahe, Illiberalismus und Autoritarismus seien kaum aufzuhalten. Ich bin davon überzeugt, diese Wahrnehmung ist falsch.

Bei genauerem Hinsehen zeigt sich, dass die Wählendenanteile für illiberale Parteien in den meisten Ländern in der ersten Hälfte der 2020er-Jahre um die 20 bis 30 % liegen (Guriev & Papaioannou, 2022). Dies hängt natürlich auch vom jeweiligen Wahl- und Parteiensystem ab. In einem Zwei-Parteien-System wie in den Vereinigten Staaten ist die Wahrscheinlichkeit größerer Wählenderanteile evident. Aber auch der Wahlsieg Donald Trumps bei den US-Wahlen 2024 war nicht von vornherein ausgemacht. Am Ende waren es relativ kleine Mehrheiten in verschiedenen Bundesstaaten, die den Ausschlag für die Mehrheit im Wahlmänner-System ‚*Electoral College*' gegeben haben. Die Mehrheit in der Gesamtwahlbevölkerung, die bekanntlich im amerikanischen Wahlsystem keine Rolle spielt, betrug lediglich 1,5 % (Trump: 49,8 %; Harris 48,3 %).

Zudem haben in verschiedenen Ländern in der jüngsten Zeit konservative und illiberale Parteien in nationalen Wahlen verloren (z. B. in Großbritannien, in den Niederlanden oder bei der polnischen Parlamentswahl) oder aber es trotz Zugewinnen nicht in die Regierung geschafft (wie in Österreich oder in Deutschland). In der Zusammenschau wird deutlich, es gibt trotz der erheblichen Wähleranteile illiberaler Parteien eine große Chance, dass diese nicht weitere Gewinne machen. Dies setzt allerdings voraus, dass die liberalen und demokratischen Kräfte Konsequenzen aus den bisherigen Entwicklungen und Lehren aus den bereits begangenen Fehlern und Versäumnissen ziehen.

Die Wahlen der kommenden Jahre werden einen existenziellen Charakter für die Zukunft des jeweiligen Landes oder gar des Kontinents haben, resümierte letzthin die amerikanische Journalistin und Kennerin der europäischen Geschichte, Anne Applebaum (2025). Die Mehrheiten sind für die eine oder andere Richtung oftmals recht knapp. Daher gilt es, Politik so resilient zu gestalten, dass illiberale Mehrheiten nicht zustande kommen können.

Zusammenfassung – Kurz-Lektion 2

- Es gibt keinen allgemeinen Rechts-Ruck in den meisten Gesellschaften des globalen Nordens.
- Illiberale Politik-Angebote sind wichtiger als die Nachfrage nach einer autoritären Politik.
- Liberal und demokratisch eingestellte Menschen müssen sich selbstkritisch mit den eigenen Positionen und Überzeugungen auseinandersetzen.
- Es muss herausgefunden werden, warum die liberalen Einstellungen nicht mehr so anschlussfähig sind wie noch vor einigen Jahren.
- Der Erhalt der liberalen Demokratie ist überlebensnotwendig für die moderne Gesellschaft.
- Es muss verhindert werden, dass illiberale Parteien die Regierungsmacht übernehmen, da sie geneigt sind, die demokratischen Spielregeln zu verändern, um an der Macht zu bleiben.
- Noch betragen die Stimmenanteile für illiberale Parteien überwiegend nicht die Mehrheit und sie sind in Teilen wieder zurückzugewinnen.

Literatur

Acemoglu, D., Naidu, S., Restrepo, P., & Robinson, J. A. (2019). Democracy does cause growth. *Journal of Political Economy, 127*(1), 47–100.

Acemoglu, D., Ajzenman, N., Aksoy, C. G., Fiszbein, M., & Molina, C. (2024). (Successful) democracies breed their own support. *The Review of Economic Studies, 92*(2), 621–655. https://doi.org/10.1093/restud/rdae051

Applebaum, A. (2025). Every election is existential. *The Atlantic*. https://www.theatlantic.com/ideas/archive/2025/06/existential-election-poland-nationalism/683051/. Zugegriffen am 02.03.2026.

Barnett, P., & Thiergart, L. (2024). What AI evaluations for preventing catastrophic risks can and cannot do. *arXiv preprint arXiv:2412.08653*.

Bartels, L. M. (2023). *Democracy erodes from the top: Leaders, citizens, and the challenge of populism in Europe*. Princeton University Press.

Boese-Schlosser, V., & Eberhardt, M. (2025). *Democracy in decline: The economic implications of democratic collapse* (SP V 2025-502). https://bibliothek.wzb.eu/pdf/2025/v25-502.pdf. Zugegriffen am 02.03.2026.

Boxell, L., Gentzkow, M., & Shapiro, J. M. (2024). Cross-country trends in affective polarization. *The Review of Economics and Statistics, 106*(2), 557–565. https://doi.org/10.1162/rest_a_01160

Coppedge, M. (2023). V-Dem's conceptions of democracy and their consequences. *V-Dem Working Paper, 135*. https://v-dem.net/media/publications/wp_135.pdf. Zugegriffen am 02.03.2026.

Dahl, R. A. (1971). *Polyarchy – Participation and opposition*. Yale University Press.

Deneen, P. (2023). *Regime change: Toward a postliberal future*. Penguin Random House.

Eberhardt, M. (2022). Democracy, growth, heterogeneity, and robustness. *European Economic Review, 147*, 104173. https://doi.org/10.1016/j.euroecorev.2022.104173

Economist. (2024). America is becoming less "woke". *The Economist*. https://www.economist.com/briefing/2024/09/19/america-is-becoming-less-woke. Zugegriffen am 25.06.2025.

Economist. (2025). AI labs' all-or-nothing race leaves no time to fuss about safety. *The Economist*. https://www.economist.com/briefing/2025/07/24/ai-labs-all-or-nothing-race-leaves-no-time-to-fuss-about-safety. Zugegriffen am 02.03.2026.

Fukuyama, F. (1989). The end of history? *The National Interest* (16), 3–18.

Guriev, S., & Papaioannou, E. (2022). The political economy of populism. *Journal of Economic Literature, 60*(3), 753–832. https://doi.org/10.1257/jel.20201595

Henrich, J., Heine, S. J., & Norenzayan, A. (2010). The weirdest people in the world? *Behavioral and Brain Sciences, 33*(2–3), 61–83. https://doi.org/10.1017/S0140525X0999152X

Hermes, A., & Klüver, H. (2025). Taming the far right? Government inclusion strengthens rather than weakens far-right parties [Preprint]. *SocArxiv.* https://osf.io/preprints/socarxiv/3mtxs_v1

Islam, M. B. E., Haseeb, M., Batool, H., Ahtasham, N., & Muhammad, Z. (2024). AI threats to politics, elections, and democracy: A blockchain-based deepfake authenticity verification framework. *Blockchains, 2*(4), 458–481. https://www.mdpi.com/2813-5288/2/4/20

Kokotajlo, D., Alexander, S., Larsen, T., Lifland, E., & Dean, R. (2025). *AI 2027.* AI Futures Project. http://www.ai-2027.com. Zugegriffen am 12.01.2026.

Kron, T., & Horácek, M. (2015). *Individualisierung.* transcript.

Levitsky, S., & Way, L. (2020). The new competitive authoritarianism. *Journal of Democracy, 31*, 51–65. https://doi.org/10.1353/jod.2020.0004

Mau, S., Lux, T., & Westheuser, L. (2023). *Triggerpunkte: Konsens und Konflikt in der Gegenwartsgesellschaft.* Suhrkamp.

Moral, M., & Best, R. E. (2023). On the relationship between party polarization and citizen polarization. *Party Politics, 29*(2), 229–247. https://doi.org/10.1177/13540688211069544

Mouffe, C. (2018). *For a left populism.* Verso Books.

Mudde, C. (2024). Democracy is in a doom spiral – but it isn't dead yet. *Prospect Magazine.* https://www.prospectmagazine.co.uk/politics/democracy/68694/democracy-doom-spiral-elections. Zugegriffen am 02.03.2026.

Rhoden, T. F. (2015). The liberal in liberal democracy. *Democratization, 22*(3), 560–578. https://doi.org/10.1080/13510347.2013.851672

Rorty, R. (2022). Democracy and philosophy. In R. Rorty (Hrsg.), *What can we hope for: Essays on politics* (S. 34–48). Princeton University Press.

Schäfer, I., Khoudja, Y., & Grunow, D. (2024). Gender attitudes and the new cultural divide in Europe. *Social Science Research, 122*, 103042. https://doi.org/10.1016/j.ssresearch.2024.103042

Schröter, J., & Thome, S. (2020). SVP – FPÖ. Argumentationen zweier rechtspopulistischer Parteien im Vergleich. *Zeitschrift für Literaturwissenschaft und Linguistik, 50*(2), 259–302. https://doi.org/10.1007/s41244-020-00169-w

Stephens, B. (2024). *Lessons liberals won't learn.* https://www.ips-journal.eu/topics/democracy-and-society/lessons-liberals-wont-learn-7903/. Zugegriffen am 25.06.2025.

Süddeutsche. (2025). *Wir haben zu spät bemerkt, dass sich der Wind dreht.* https://www.sueddeutsche.de/politik/felix-banaszak-gruene-klimaschutz-klimaabgabe-interview-arbeiter-li.3264205?reduced=true. Zugegriffen am 25.06.2025.

van Teutem, S., Herre, B., & Mathieu, E. (2025). *Democracies tend to have lower levels of corruption.* https://ourworldindata.org/data-insights/democracies-tend-to-have-lower-levels-of-corruption. Zugegriffen am 02.03.2026.

Tudor, M. (2025). What democracy does … And does not do. *Journal of Democracy, 36*(4), 5–19.

UNDP. (2025). *Human Development Index (HDI).* https://hdr.undp.org/sites/default/files/2025_HDR/HDR25_Statistical_Annex_HDI_Table.xlsx. Zugegriffen am 22.12.2025.

Valentim, V. (2024). *The normalization of the radical right: A norms theory of political supply and demand.* Oxford University Press. https://doi.org/10.1093/9780198926740.001.0001

3

Lektion: Wie das illiberale Wahlverhalten zu verstehen ist

Warum nur, fragen sich in den letzten Jahren viele Zeitgenossen, werden autoritäre oder illiberale Politiker gewählt (z. B. Tomasky, 2025)? Es ist doch offensichtlich, dass ihre Politik wirtschaftlich und gesellschaftlich einen großen Schaden anrichten kann (siehe Trump, Putin, Orban etc.). Aber selbst, wenn sie sich lächerlich machen, indem sie sich KI-generiert als Papst abbilden oder mit bärtigen Bauchtänzerinnen in Gaza zu sehen sind, tut dies dem harten Kern der sie Unterstützenden keinen Abbruch.

Im Gefolge des Marxismus, der bekanntlich propagierte, das gesellschaftliche Sein (‚Klassenlage') bestimme das Bewusstsein, gehen bis heute viele Laien, aber auch viele Wissenschaftler davon aus, dass soziale und wirtschaftliche Interessen das Wahlverhalten dominieren. Diese Einsicht ist jedoch mit den aktuellen Wahlpräferenzen in vielen Ländern des globalen Nordens nicht vereinbar. Rechte und illiberale Parteien verfolgen oftmals eine Sozial- und Wirtschaftspolitik, die den Interessen der sie Wählenden

D. Richter, *Die resiliente Republik*,
https://doi.org/10.1007/978-3-658-50673-5_3

entgegensteht. Der Wirtschaftswissenschaftler Marcel Fratzscher (2023) hat beispielsweise detailliert nachgezeichnet, dass dies für einen Großteil der AfD-Wählenden in Deutschland der Fall ist. Und diese Einschätzung geht über die Sozial- und Wirtschaftspolitik hinaus. Viele AfD-Wählende wären auch von einer sich verschärfenden Klima-Situation gravierender betroffen als besserverdienende linksliberale Akademiker.

Der Umstand des Wählens gegen die eigenen Interessen ist natürlich auch marxistischen Theoretikern nicht verborgen geblieben. Sie schlussfolgerten daraus, Menschen hätten unter bestimmten sozialen Umständen ein ‚falsches Bewusstsein', das zur Unterstützung von politischen Kräften gegen ihre ‚eigentlichen' Interessen führe. In ähnlicher Weise schlussfolgert auch Fratzscher, AfD-Wählende hätten eine falsche Selbsteinschätzung.

Gleichzeitig, so haben Analysen insbesondere der US-Präsidentschaftswahl von 2024 deutlich gemacht, sind Wählende immer häufiger bereit, ‚angestammte' Wahlpräferenzen zu verlassen. Beispielsweise haben schwarze Männer in den letzten Wahlen in einem Bruch mit der historischen Tradition mehr und mehr die Republikaner und Donald Trump gewählt. Dieser hat zwar versprochen, die Inflation zu senken, steht jedoch auch für eine Innenpolitik, die sich oftmals gegen nicht-weiße Gemeinschaften und Individuen ausrichtet. Dies ist etwa im Zusammenhang mit der Bekämpfung der Kriminalität der Fall. Schon vor Trump waren schwarze Männer erheblich häufiger in Gefängnissen anzutreffen, als ihr Anteil an der Bevölkerung erwarten lassen würde. Und die politische Rhetorik der Republikaner ist in diesem Politikbereich explizit auf die Verneinung des ‚*racial profiling*' ausgerichtet, das schwarze Männer vorwiegend zu Opfern einer überwiegend weißen Polizeigewalt macht.

Dies wirft die Frage auf, ob es überhaupt so etwas wie ‚eigene Interessen' gibt, die das Wahlverhalten leiten oder zumindest beeinflussen. Was also steckt hinter dem Wahlverhalten und den Grundpräferenzen für die damit verbundenen Werte?

Reiter und Elefant – Grundlagen der moralischen Psychologie

Der amerikanische Psychologe und Nobelpreisträger Daniel Kahneman ist einem breiteren Publikum mit seinem Buch über ‚Schnelles Denken, langsames Denken' (so der deutsche Buchtitel) bekannt geworden (Kahneman, 2011). Darin beschreibt Kahneman zwei kognitive Systeme, die uns alle innewohnen, nämlich ein System 1, das für schnelle, intuitive, instinktive und emotionale Informationsverarbeitung zuständig ist und ein System 2, das für eine langsamere, gründlichere und rationalere Form der Verarbeitung von Informationen verantwortlich ist.

Ungefähr zur selben Zeit wie Kahneman, Anfang der 2000er-Jahre, hat ein weiterer amerikanischer Psychologe, Jonathan Haidt, neue Grundlagen einer moralischen Psychologie formuliert. In seinem Buch ‚*The Righteous Mind*', am besten übersetzt als der ‚Rechthaberische Geist' (leider nicht in deutscher Übersetzung erhältlich), hat er ebenfalls auf zwei psychologische Systeme verwiesen, die für moralische und politische Entscheidungen grundlegend von Bedeutung sind (Haidt, 2013). Für das erste System benutzt Haidt die Metapher des ‚Reiters'. Der Reiter ist kontrollierend und nachdenkend. Das zweite System entspreche einem ‚Elefanten'. Dieser wirke emotional und intuitiv. Die wesentliche Funktion des Reiters ist gemäß Haidt die eines Sprechers für den Elefanten. Der Reiter fabriziere nachträgliche Erklärungen für Entscheidungen, welche der Elefant intuitiv getroffen habe. Weiter ist relevant für den Ansatz von Jonathan Haidt, dass diese Entscheidungen und Erklärungen in einem sozialen Kontext stattfinden. Wir werden permanent durch die Meinungen anderer Menschen beeinflusst, die auch auf unsere moralischen Entscheidungen einwirken.

Es braucht nicht allzu viel Vorstellungsvermögen, um zu erahnen, worauf Haidts Moralpsychologie hinausläuft. Unsere moralischen Urteile sind im Wesentlichen durch den Elefanten gesteuert und der Reiter ist derjenige, der unsere Urteile im Anschluss rational rechtfertigt. Moralische Urteile kommen in der Regel intuitiv zustande und werden im Nachhinein (‚post hoc' nennt das die Philosophie) begründet. Dies entspricht natürlich nicht den Vorstellungen liberaler Rationalisten, die meinen, immer zunächst gute Gründe zu haben, welche dann in einem zweiten Schritt eine moralische Entscheidung leiten.

Wir liberale Rationalisten – und ich selbst hätte mich bis vor einiger Zeit auch so bezeichnet – sind oder waren davon überzeugt, moralische Urteile wohlbegründet zu liefern und die Urteile unserer Kontrahenten tendenziell als irrational und/oder als emotionsgeleitet zu betrachten. Unsere liberalen Überzeugungen sind zudem vielen von uns in der Schule oder im Studium entsprechend begründet worden. Dies beginnt mit Jean Piagets und Lawrence Kohlbergs moralischen Entwicklungsstufen und endet noch lange nicht mit der Diskursethik von Jürgen Habermas und anderen aus der Frankfurter Schule. Menschliche Entwicklung, wenn sie gut angeleitet und wenig gestört, ablaufen kann, führt zu wohlerwogenen rational-moralischen Entscheidungen, so die weitverbreitete Grundhaltung.

In der politischen Psychologie ist diese Haltung mit einer paradoxen Terminologie als eine „irrationale emotionale

Bindung an Rationalität" charakterisiert worden (Westen, 2008, S. 19). Mit einer ähnlichen pathologisierenden Redewendung ist diese Grundhaltung für Haidt nichts anders als eine ‚rationale Wahnvorstellung'. Diese Wahnvorstellung, so kann man den Ansatz weiterdenken, verstellt uns die eher zutreffende Sicht, dass viele Menschen Informationen nicht so behandeln, dass sie zu guten Entscheidungen führen. Informationen werden stattdessen zur Rechtfertigung des jeweiligen Standpunkts gebraucht. Ich habe mit guten Gründen hier von ‚brauchen' und nicht von ‚missbrauchen' gesprochen. Wir sind von unseren moralischen Urteilen überzeugt. Jede und jeder von uns hat das, was in der Kognitionsforschung ‚Bestätigungsfehler' oder zutreffender ‚Bestätigungsverzerrung' genannt wird. Dieser ‚*Confirmation Bias*' ist ein seit Jahrzehnten in der Psychologie bekanntes Phänomen (Nickerson, 1998).

Woher stammen unsere Einstellungen? Unsere Grundhaltungen zwischen Biologie und Erfahrungen

Politische Überzeugungen gründen zu wesentlichen Teilen auf unseren moralischen Einstellungen. Diese moralischen Einstellungen sind uns nicht – wie wir liberale Rationalisten lange geglaubt haben – anerzogen worden im Rahmen der Sozialisation durch Familie und Schule. Was wir richtig finden und was wir falsch finden im Zusammenhang mit Politik und Wahlen ist in uns angelegt. Um im Folgenden nicht missverstanden zu werden: ‚angelegt' heißt definitiv nicht ‚determiniert' und heißt definitiv nicht ‚unveränderbar'. Jonathan Haidt zitiert zur Illustration eine Passage aus einem Buch des Neurowissenschaftlers Gary Marcus (2008), der diesen Sachverhalt als ‚eingebaut' charakterisiert, was nichts anderes bedeute als „organisiert im Vorfeld der Erfahrung". Das heißt, es ist in uns nicht angelegt, ob wir eine linke oder eine rechte Partei wählen, es sind aber Grundlagen angelegt, die es wahrscheinlicher machen, bestimmte Überzeugungen und – im nächsten Schritt – bestimmte politische Positionen eher zu unterstützen oder abzulehnen.

Zu diesen Grundlagen gehört beispielsweise eine gewisse kognitive Rigidität. Manche Menschen verfügen über eine geringere gedankliche Flexibilität als andere. Für diese Menschen gibt es tendenziell nur eine Wahrheit und eine richtige Sichtweise auf Politik und Gesellschaft. Bis vor kurzem sind in der psychologischen Forschung rigide Sichtweisen in einem klaren Zusammenhang mit rechtskonservativen Einstellungen gesehen worden. Dies hat sich allerdings mit neueren Forschungsergebnissen relativiert. Rigide Sichtweisen sind nach heutigem Stand der Forschung sowohl auf der linken als auch auf der rechten Seite des Spektrums verbreitet, und darüber hinaus auch unter anderem in der ökologischen Bewegung sowie in konservativen religiösen Kreisen (Zmigrod, 2022).

Unsere politischen und moralischen Einstellungen sind beeinflusst, aber nicht gesteuert durch eine Kaskade biologischer Systeme. Diese reichen von der menschlichen Evolution, unseren Genen, unseren Gehirnen mit ihren neuronalen Vernetzungen bis hin zur Wahrnehmung und anderen Formen der Kognition. Entscheidend ist nun, dass die biologischen Effekte nicht in einem leeren sozialen Raum stattfinden. Die menschliche Biologie braucht die soziale Umwelt und die individuellen Erfahrungen, um überhaupt auf den verschiedenen Ebenen wirksam zu werden.

Um es konkreter zu machen: Die Frage, welcher politischen Gruppierung ich mich anschließe (wenn überhaupt), wird in der heutigen Forschung als ‚Selbst-Selektion' bezeichnet (Hatemi & McDermott, 2016). Wir wählen – nicht nur die politischen – Gruppen aus, denen wir uns zugehörig fühlen. Das heißt, wir werden nicht rekrutiert, obwohl es von außen so aussieht. Wir sind keine passiven Opfer der sozialen Umstände, sondern wägen unsere Präferenzen ab gegen die zur Verfügung stehenden Alternativen. Unsere Grundhaltungen bleiben dabei jedoch relativ stabil und sie werden immer stabiler mit zunehmendem Alter. Ein mir gut bekannter Mensch war im Laufe seines Lebens Mitglied in verschiedenen politischen und anderen Organisationen, die eigentlich vollkommen konträr zueinander standen. Ein gemeinsamer Freund meinte einmal, der von mir beschriebene Mensch brauche immer ein festes Konstrukt, in das er sich einordnen könne, obwohl die damit verbundenen Ideologien kaum gegensätzlicher sein könnten. Das schien mir recht plausibel zu sein.

Wenn rigides Denken sowohl mit, zum Beispiel, marxistischen als auch mit katholisch-konservativen Einstellungen verbunden sein kann, dann ist ein Wandel und Wechsel politischer Entscheidungen wenig überraschend, wenn entsprechende Erfahrungen hinzukommen. Dies ist vermutlich auch der gemeinsame Hintergrund für die Attraktivität eher linker Gruppierungen wie dem BSW und eher rechter Gruppierungen wie der AfD in Ostdeutschland. Beide Gruppierungen sind migrationsfeindlich und kulturkonservativ, aber verfolgen unterschiedliche ökonomische Ziele. Gleichwohl sind beide Parteien in Ostdeutschland deutlich erfolgreicher als in Westdeutschland, was mit bestimmten sozialen Entwicklungen und Erfahrungen dort zu tun hat.

Wahlverhalten und gesellschaftlicher Wandel

Zu den zentralen Entwicklungen und den damit verbundenen Erfahrungen, die zur Attraktivität illiberaler Einstellungen und Parteien in der westlichen Welt geführt hat, zählt der gesellschaftliche Wandel, der im nachfolgenden Kap. 4 ausführlicher behandelt wird. Die sozialen Veränderungen sind ebenfalls von vielen liberalen Demokraten meiner Überzeugung nach nicht angemessen verstanden worden. Auf jeden Fall hat dieser gesellschaftliche Wandel zu einem fundamentalen Wechsel politischer Prioritäten geführt. Wo linke Parteien sich bis weit in die zweite Hälfte des 20. Jahrhunderts überwiegend für die Interessen des Arbeiter-Milieus stark gemacht haben, werden diese Interessen heute tendenziell eher von rechts-konservativen bis illiberalen Parteien vertreten.

Wie konnte es zu diesem veränderten Wahlverhalten kommen? Der in Kap. 4 skizzierte gesellschaftliche Wandel führte vor dem Hintergrund einer sich entwickelnden Dienstleistungsgesellschaft zu erheblichen Veränderungen im Ausbildungsniveau. Die Akademisierung, Individualisierung und Identitätsbildung haben linke und progressive Prioritäten entwickeln lassen, welche für traditionelle Links-Wählende nicht sonderlich attraktiv sind. Dazu zählen beispielsweise Themen wie Geschlechtsidentität, Einbezug von Frauen und Minderheiten in politische und soziale Entscheidungen sowie ökologische Themen. Der Zusammenhang zwischen höherem Bildungsniveau und einer tendenziellen politischen Links-Präferenz sowie einem niedrigeren Bildungsniveau und einer tendenziell politischen Rechts-Präferenz lässt sich in den meisten westlichen Ländern ab ungefähr dem Beginn der 2010er-Jahre empirisch nachweisen (Gethin et al., 2022).

Die soziokulturellen Themen wie Migration und Geschlechtsidentität wurden zunehmend von linken Parteien übernommen, die vordem eher an gewerkschaftlichen und wirtschaftlichen Anliegen für das Arbeiter-Milieu interessiert waren. Zudem entstanden neue linksliberale Bewegungen und Parteien aus der Umwelt- und Menschenrechtsbewegung, die für ein akademisch gebildetes Publikum attraktiver waren als traditionell linke oder bürgerlich-konservative Parteien.

Die beschriebene Entwicklung ist auch deshalb interessant, weil traditionelle konservative Parteien – wie etwa die amerikanischen Republikaner – zwar kulturell konservativ eingestellt waren, in wirtschaftlicher Hinsicht jedoch mit dem Arbeiter-Milieu wenig bis nichts anfangen konnten. Es waren die Parteien wie die Republikaner oder die britischen Konservativen (Tories), welche mit einer neoliberalen Politik den freien Welthandel und die Bekämpfung der Gewerkschaftsbewegung im letzten Drittel des 20. Jahrhunderts propagierten.

Teile dieser neoliberalen Agenda sind dann ab den 1990er-Jahren von sozialdemokratischen Bewegungen übernommen worden. Es war der berühmte ‚Dritte Weg' der Sozialdemokratie, ein Begriff der seinerzeit vom einflussreichen britischen Soziologen Anthony Giddens geprägt wurde (Giddens, 1998). Der ‚Dritte Weg' sollte ein pragmatischer Kompromiss zwischen marktwirtschaftlichen Prinzipien und staatlicher Regulierung sein. Das Konzept hat nicht unwesentlich zum Erfolg der britischen Labour-Party in der Ära nach Thatcher und Major sowie der deutschen SPD in der Ära nach Kohl geführt. Verbunden damit war eine neue Vorstellung eines Wohlfahrtsstaates, der einen ‚aktivierenden Arbeitsmarkt' propagierte. Die Arbeitsmarktreformen sollten einen Ausweg aus den hohen Zahlen der Sozialhilfeempfänger und Arbeitslosen bringen.

Gemeinsam mit den amerikanischen Demokraten unter Bill Clinton leiteten Sozialdemokraten wie Tony Blair oder Gerhard Schröder zudem Reformen in der Wirtschaftspolitik ein, welche insbesondere die ökonomische Globalisierung beförderten. All dies wurde in der traditionellen Linken als Abkehr von gewerkschaftlichen Forderungen nach Schutz und Wohlfahrt gesehen. Man erinnere sich nur an die erbitterten Auseinandersetzungen um die sog. Hartz-Reformen in Deutschland, beispielsweise an den ‚Fördern und Fordern'-Slogan.

Die neuen Links-Parteien, wie sie sich etwa aus der ökologischen Bewegung entwickelten, waren zunächst auch wirtschaftspolitisch recht konventionell unterwegs. Ich erinnere mich an verschiedene Treffen ökosozialistischer Gruppierungen in den bundesdeutschen Grünen, denen ich seinerzeit angehörte. Aber auch die Grünen veränderten sich ab den 1990er-Jahren in eine wirtschaftsliberale Richtung, die zudem einen starken antisozialistischen Charakter hatte. Der Antisozialismus hatte seine Wurzeln in der Solidarität mit den lange Zeit illegalen Oppositionsbewegungen Osteuropas. In der Schweiz führten diese Entwicklungen schließlich zu einer Abspaltung der Grünliberalen von den Grünen im Jahre 2007. Die Grünliberalen haben sich einem sehr wirtschaftsfreundlichen Kurs verschrieben, der nicht selten zu gemeinsamem Abstimmungsverhalten auch mit der rechts-konservativen SVP führt.

Die gesamte Entwicklung hat eine Leerstelle hinterlassen, die vor allem nach der Finanzkrise und der Rezessionsphase ab Ende der 2000er-Jahre tendenziell von rechtskonservativen und illiberalen Parteien übernommen wurde. Diese Parteien verstanden es, frühere linke Positionen wie den Schutz der einheimischen Wirtschaft mit konservativen kulturellen Einstellungen zu verbinden. Dazu zählen unter anderem die Ablehnung von Migration, die Ablehnung von Identitätspolitik und progressiven Gender-Positionen sowie die Ablehnung ökologisch motivierter Veränderungsmaßnahmen, wenn nicht der Klimawandel insgesamt bestritten wurde.

Die Themen ‚Klima', ‚Migration' und ‚Geschlecht' wirken dabei als Triggerpunkte für Empörungen, wie eine der besten deutschsprachigen soziologischen Studien der letzten Jahre festgestellt hat (Mau et al., 2023). Für das illiberale Wahlverhalten ist nun entscheidend, dass sich Parteien und politische Führungspersonen herausbilden, welche die Unzufriedenheiten in Teilen der Wahlbevölkerung aufnehmen und die Triggerpunkte verstärken oder aber selbst aktivieren. Indem immer wieder dieselben Trigger-Themen artikuliert und politische Feindschaften gegen ‚woke' Liberale gepflegt werden, entstehen Stimmungen aus dem politischen System heraus, welche das Wahlverhalten beeinflussen und einen gesellschaftlichen Rechts-Ruck suggerieren. Dieser Rechts-Ruck besteht jedoch außerhalb des politischen Systems kaum. Insbesondere das Thema Migration wird von konservativen bis rechten Parteien bewirtschaftet. Dies ist beispielsweise an den extrem unterschiedlichen Reaktionen im politischen System auf Attentate zu erkennen, die von Menschen mit und von Menschen ohne offensichtlichen Migrationshintergrund begangen worden sind. Während vor allem in den Medien die ‚Herkunft' bei Menschen mit Migrationshintergrund thematisiert wird, fällt diese bei den anderen Taten kaum ins mediale Gewicht. Die Rolle der Medien ist dabei besonders relevant, als sie sowohl positive als auch negativer Stimmungen durch das ‚Framing' der Nachrichten verstärken können, wie unlängst eine Studie aus der Schweiz zeigen konnte (Reveilhac, 2025). Diese Studie schlussfolgerte, Medien können die öffentliche Meinung bezüglich Migration sowohl reflektieren als auch gestalten.

Das illiberale Wahlverhalten basiert also auf moralischen Einstellungen und Lebenserfahrungen, welche durch Akteure aus dem politischen System heraus getriggert werden, um Empörung in Stimmen zu verwandeln. Die Empörung wird dabei fälschlicherweise als gesellschaftlicher Rechts-Ruck gelesen, dabei haben sich die grundlegenden Einstellungen, etwa bezüglich Migration, in den letzten Jahren kaum verändert, wie die sozialwissenschaftliche Forschung zeigt (Bansak et al., 2023). Interessanterweise entstehen Bedrohungsgefühle durch Migration in aller Regel nicht in den Regionen mit großer Zuwanderung. Die Bedrohungsgefühle entstehen eher abstrakt auf nationaler Ebene und führen, etwa im Falle Deutschlands, zu einer größeren Unterstützung für die AfD (Giesselmann et al., 2024). Dies lässt den Schluss zu, dass das Triggerthema Migration politisch und medial bewirtschaftet wird und hierdurch Unsicherheiten und Befürchtungen aufgenommen und in rechte Stimmen umgemünzt werden. Gleiches ließe sich wahrscheinlich auch für das Gender-Thema und die Klimapolitik feststellen.

Zusammenfassung – Kurz-Lektion 3

- Moralisch-psychologische Einstellungen werden oftmals intuitiv getroffen.
- Die Begründungen für moralisch-psychologische Einstellungen sind vielfach nachträglich angefertigt.
- Politische Meinungsäußerungen sind biologisch basiert und durch soziale Umwelten beeinflusst.
- Der im nachfolgenden Kapitel beschriebene gesellschaftliche Wandel hat eine politische Leerstelle hinterlassen, die von illiberalen Parteien ausgenutzt wird.

Literatur

Bansak, K., Hainmueller, J., & Hangartner, D. (2023). Europeans' support for refugees of varying background is stable over time. *Nature, 620*(7975), 849–854. https://doi.org/10.1038/s41586-023-06417-6

Fratzscher, M. (2023). *Das AfD-Paradox: Die Hauptleidtragenden der AfD-Politik wären ihre eigenen Wähler*innen*. https://hdl.handle.net/10419/278128. Zugegriffen am 03.03.2026.

Gethin, A., Martínez-Toledano, C., & Piketty, T. (2022). Brahmin left versus merchant right: Changing political cleavages in 21 western democracies, 1948–2020. *The Quarterly Journal of Economics, 137*(1), 1–48. https://doi.org/10.1093/qje/qjab036

Giddens, A. (1998). *The third way: The renewal of social democracy*. Polity Press.

Giesselmann, M., Brady, D., & Naujoks, T. (2024). The increase in refugees to Germany and exclusionary beliefs and behaviors. *American Journal of Sociology, 130*(3), 725–763. https://doi.org/10.1086/731833

Haidt, J. (2013). *The righteous mind: Why good people are divided by politics and religion*. Penguin.

Hatemi, P. K., & McDermott, R. (2016). Give me attitudes. *Annual Review of Political Science, 19*(1), 331–350. https://doi.org/10.1146/annurev-polisci-103113-034929

Kahneman, D. (2011). *Thinking, fast and slow*. Farrar, Straus and Giroux.

Marcus, G. (2008). *The birth of the mind: How a tiny number of genes creates the complexities of human thought*. Basic Books.

Mau, S., Lux, T., & Westheuser, L. (2023). *Triggerpunkte: Konsens und Konflikt in der Gegenwartsgesellschaft*. Suhrkamp.

Nickerson, R. S. (1998). Confirmation bias: A ubiquitous phenomenon in many guises. *Review of General Psychology, 2*(2), 175–220. https://doi.org/10.1037/1089-2680.2.2.175

Reveilhac, M. (2025). Media, digital engagement, and the dynamics of attitude change toward foreigners in Switzerland. *Journal of International Migration and Integration*. https://doi.org/10.1007/s12134-025-01264-y

Tomasky, M. (2025). Who were those gullible people who believed Donald Trump's bullsh*t? *New Republic*. https://newrepublic.com/article/194176/donald-trump-voters-gullible-lies-ukraine-tariffs. Zugegriffen am 04.09.2025.

Westen, D. (2008). *The political brain: The role of emotion in deciding the fate of the nation*. PublicAffairs.

Zmigrod, L. (2022). A psychology of ideology: Unpacking the psychological structure of ideological thinking. *Perspectives on Psychological Science, 17*(4), 1072–1092. https://doi.org/10.1177/17456916211044140

4

Lektion: Wie der gesellschaftliche Wandel zu verstehen ist

Wieso hat sich die illiberale Bewegung gerade in den letzten Jahren verbreitet? Was ist eigentlich genau passiert nach den 1990er-Jahren, die von einer gewissen positiven und optimistischen Aufbruchstimmung nach dem Ende des Kalten Kriegs zwischen Ost und West geprägt waren? Wie ist die politische Polarisierung zu verstehen, die wir in den letzten Jahrzehnten in nahezu allen Ländern der westlichen Welt – und teilweise darüber hinaus – erleben? Wie kommt es zu den kulturell getriggerten Auseinandersetzungen, die gemeinhin als ‚*Culture Wars*' bezüglich geschlechtlicher Identität, Fleischkonsum, Autofahren sowie vieler weiterer Themen beschrieben werden und die, noch schlimmer, dem Populismus und den autoritären Bestrebungen Vorschub geleistet haben? Mein Eindruck ist, dass liberale Demokraten nicht immer eine angemessene Sicht auf die gesellschaftlichen Veränderungen haben, welche hinter diesen Entwicklungen stehen.

D. Richter, *Die resiliente Republik*,
https://doi.org/10.1007/978-3-658-50673-5_4

Der gesellschaftliche Wandel stellt sich, so meine Überzeugung, in fast jeder Hinsicht als eine Entwicklung mit zwei oder mehr Geschwindigkeiten dar. In den meisten westlichen Ländern hat sich in den letzten Jahrzehnten eine Liberalisierung der kulturellen Werte und Normen entwickelt. Ein Beispiel dafür ist die Einstellung zu gleichgeschlechtlichen Beziehungen, die fast überall auf zunehmende Akzeptanz gestoßen sind. Allerdings hat sich diese Akzeptanz bei jüngeren Menschen und in städtischen Gebieten viel schneller und ausgeprägter entwickelt als bei älteren Menschen und auf dem Land. Ähnliche Trends lassen sich für die Wohlstandsentwicklung, die demografische Entwicklung, die technologische Anpassung, die Bildung und den Medienkonsum beobachten. Viele der aktuellen politischen Konflikte und kulturellen Auseinandersetzungen beruhen auf der Ungleichzeitigkeit der gesellschaftlichen Entwicklung.

Sozialer Wandel in der klassischen Moderne

Der soziale Wandel oder die gesellschaftlichen Veränderungen, um die es hier gehen soll, hatten natürlich eine Vorgeschichte. In der soziologischen Literatur beginnt die ‚klassische Moderne' irgendwann im 17. oder 18. Jahrhundert und endet irgendwann in der zweiten Hälfte des 20. Jahrhunderts (Brock, 2011). Diese klassische Moderne war in kultureller Hinsicht gekennzeichnet durch (mehr oder weniger) klare Vorstellungen davon, wie die Welt auszusehen hat. Es war ein Zeitalter der Gewissheiten. Wissenschaftliche Perspektiven wurden allgemein anerkannt, religiöse Sichtweisen hatten nach wie vor eine große Relevanz, soziale Hierarchien wurden beachtet. Selbstverständlich galten die gerade beschriebenen Gewissheiten nicht immer, nicht überall und nicht für jeden. Es gab Klassenkämpfe, Revolten und individuelle Ausbrüche. Allerdings waren diese Gewissheiten im Großen und Ganzen akzeptiert – auf jeden Fall im Vergleich zu der Phase, die sich ab der Mitte des 20. Jahrhunderts anschließen sollte.

Einerseits, wie gesagt, hatte der soziale Wandel eine Vorgeschichte. Andererseits kam er in gewisser Weise aus dem Nichts, nämlich nach den Verheerungen, die Nationalsozialismus und Faschismus sowie der von ihnen angezettelte Zweite Weltkrieg hinterlassen hatte. Nicht umsonst wurde dieser Zeitpunkt für Deutschland als ‚Stunde Null' beschrieben – was natürlich nur für einen großen Teil Kontinentaleuropas und gewisse Teilen Asiens galt.

Der Wiederaufbau ging einher mit einer massiven Wohlstandsentwicklung in Westeuropa und Nordamerika sowie mit einer zuvor kaum erwartbaren politischen Stabilität unter dem Schirm des Kalten Kriegs, der die nördliche Hemisphäre in zwei politische und kulturelle Lager teilte. Trotz der immer wieder auftauchenden Gefahren, etwa während der Kuba-Krise Anfang der 1960er-Jahre oder während der NATO-Nachrüstung in den 1980er-Jahren, erzeugte der Kalte Krieg ebenfalls Gewissheiten, dass nämlich innerhalb der Lager so gut wie keine politischen Entwicklungen möglich waren. Dies galt insbesondere für den so genannten Ostblock, erinnert sei nur an die militärischen Interventionen in der DDR 1953, in Ungarn 1956 oder in der Tschechoslowakei 1968.

Während der ‚klassischen Moderne', die bis weit in die zweite Hälfte des 20. Jahrhunderts reichen sollte, veränderten sich bereits viele Aspekte der Gesellschaft, die später dann eine große Bedeutung bekommen sollten. Aus soziologisch-historischer Sicht war dies vor allem die so genannte funktionale Differenzierung der Gesellschaft. Damit ist gemeint, dass sich Teilsysteme entwickelten, welche zentrale Aufgaben für die Gesellschaft übernahmen. Beispiele für solche Teilsysteme sind das politische System, das Wirtschaftssystem, das Rechtssystem, das Wissenschaftssystem oder das System intimer Beziehungen.

Besonderes Merkmal dieser funktionalen Differenzierung in Teilsysteme war die Tatsache, dass die Systeme selbst ihre Funktionen und Arbeitsweisen definierten. Sie wurden in ihrer originären Funktionsfähigkeit und in ihren Prioritäten zunehmend unabhängig vom Rest der Gesellschaft – allerdings müssen sie nach wie vor Rücksicht auf die anderen Teilsysteme nehmen, die ihre soziale Umwelt darstellen.

Nehmen wir beispielsweise das Wissenschaftssystem, das seine Lehr- und Forschungsprioritäten eigenständig formuliert (‚Freiheit von Forschung und Lehre'). In der modernen Gesellschaft muss sich die Wissenschaft nicht mehr vergewissern, dass ihre Themen und Forschungsergebnisse im Einklang mit den allgemeinen religiösen Überzeugungen stehen. Ich kann heute etwa – wissenschaftlich gestützt – begründen, warum die assistierte Selbsttötung zulässig und auch für Menschen mit psychischen Problemen gelten sollte. Eine solche Position wäre vor einigen Jahrzehnten auf erheblichen Widerstand aus religiösen Kreisen gestoßen, was heute eben nicht mehr der Fall ist. Selbstverständlich braucht das Wissenschaftssystem staatliche und private Gelder und muss insofern Rücksicht nehmen auf das politische System und auf das Wirtschaftssystem. Wie aber Forschungsergebnisse produziert und publiziert werden, dies ist jedoch primär vom Wissenschaftssystem selbst festgelegt worden.

Ein Merkmal der ‚klassischen Moderne' war jedoch die Vorstellung, es gäbe so etwas wie eine Integration der verschiedenen Teilsysteme der Gesellschaft. Die Idee war – so etwa formuliert von dem einflussreichen amerikanischen Soziologen Talcott Parsons in den 1950er-Jahren –, dass die moderne Gesellschaft gemeinsame Werte brauche, um über ein kulturelles System koordiniert zu werden. Ein solches System sah Parsons im Begriff der ‚Nation', die eine gesellschaftliche Gemeinschaft darstellen sollte. Über die gesellschaftliche Gemeinschaft sollte die soziale Integration und Inklusion gelingen. Gleichzeitig sollten partikulare Interessen und Identitäten in den Hintergrund treten. Dieser ‚gute' Nation-Begriff war ein Gegenentwurf zum faschistischen und rassistischen Konzept einer ethnisch exklusiven Gemeinschaft (Richter, 1994).

In der Zusammenschau kann der ‚klassischen Moderne' attestiert werden, Eindeutigkeiten und Gewissheiten, wenn nicht zu produzieren, dann doch zu bewahren versuchen. Offenbar jedoch veränderte sich dies in den auf die klassische Moderne folgenden Jahrzehnten, denn gegenwärtige illiberale Bewegungen wollen genau dahin wieder zurück: klare Geschlechts-Konzepte, Re-Industrialisierung, Re-Christianisierung und Re-Nationalisierung.

Die postmoderne Moderne

Epocheneinteilungen sind umso schwieriger, desto näher sie an die Gegenwart heranreichen. Die klassische Moderne war ‚irgendwann' in der zweiten Hälfte des 20. Jahrhunderts zu Ende. Aber wann genau? Und durch welche Epoche, in der wir uns heute noch befinden, wurde sie abgelöst?

Die Jahrzehnte mit dem besten Kandidaten-Status sind die 1960er- und 1970er-Jahre, so die übereinstimmenden Einschätzungen in den Geschichtswissenschaften und den Sozialwissenschaften. In der Soziologie wurden mit einem gewissen Abstand von den 1970er-Jahren dann verschiedene Label wie die ‚flüchtige Moderne', die ‚Spätmoderne' oder die ‚reflexive Moderne' ausgerufen. In den 1960er-/1970er-Jahren wurde offenbar, dass zentrale Merkmale der klassischen Moderne ein Ende nahmen. Die Gewissheiten früherer Jahrzehnte wurden infrage gestellt und das individuelle Leben wurde aus seinem gewohnten Bahnen geworfen, etwa durch den Abbau von industriellen Arbeitsplätzen und die aufkommende Automatisierung. Zudem wurde das Leben reflexiv, indem beispielsweise über sich selbst und die Rollen, die man – etwa als Mann oder Frau – einnahm, zunehmend nachgedacht wurden.

Der Schweizer Historiker Philipp Sarasin hat diesen Umstand treffend folgendermaßen zusammengefasst:

> „Die Gewissheiten der Moderne und der Glaube an die fortgesetzte ‚Modernisierung' durch sozialstaatliche Steuerung waren ebenso in eine tiefe Krise geraten wie der Glaube an die Revolution. Zeitgleich aber entstanden eine neue technische Kultur, die *personal* und ‚vernetzt' sein sollte, während unruhige Geister begannen, jenseits der traditionellen Deutungsangebote von Massenmedien, Wissenschaft und konfessionalisierter Religion nach ‚Sinn' zu suchen." (Sarasin, 2021, S. 12)

Sarasin nimmt hier Bezug auf die Krise in der Linken, den aufkommenden Terrorismus, die sich entwickelnde Automatisierung und Digitalisierung und die Infragestellung wissenschaftlicher Forschungsergebnisse. Letzteres geschah beispielsweise durch den Feminismus, der aufzeigte, wie weibliche Perspektiven von der historischen Forschung bis zur Medizin vernachlässigt oder wie der Beitrag von Wissenschaftlerinnen am Forschungs-Fortschritt nicht hinreichend gewürdigt wurden. Auch esoterische Bewegungen hatten ihren Anteil daran, indem sie ‚Ganzheitlichkeit' gegen eine – aus ihrer Sicht – reduktionistische Forschung stellten. Sarasin selbst nutzt zur Charakterisierung dieser Epoche den Begriff der Postmoderne.

Die Postmoderne war zunächst eine ästhetische und dann philosophische Richtung, welche das Ende der Eindeutigkeiten in der modernen Gesellschaft einerseits feststellten und andererseits positiv würdigten. Der französische Philosoph Jean-François Lyotard (1979) prägte Ende der 1970er-Jahre den Begriff vom „Ende der großen Erzählungen". Soziologisch betrachtet kann dies als eine Zeitdiagnose gelten, daher auch die Begrifflichkeit der ‚postmodernen Moderne' (Welsch, 1987). Denn spätestens ab diesem Zeitpunkt kann von einer Integration der gesellschaftlichen Teilsysteme, wie sie die ‚klassische Moderne' forderte, nicht mehr die Rede sein. Die Teilsysteme Wirtschaft, Politik, Recht, Wissenschaft und andere operierten vollkommen nach jeweils eigens definierten Mechanismen und Zielen (Luhmann, 1997). Vielfältigkeit ist der Kern der postmodernen Moderne, insofern als sie erfordert, die Welt und die Gesellschaft aus verschiedenen Kontexten heraus zu beobachten und daher eine einheitliche Sichtweise empirisch nicht mehr möglich ist.

Nicht zuletzt deshalb zielen illiberale und autokratische Bewegungen auf die Entdifferenzierung der Gesellschaft. Sie haben ein Problem mit einem Wissenschaftssystem, das sich eigene Themen setzt und beforscht (z. B. Klimawandel oder Genderfragen) und sie haben ebenso ein Problem mit einem Rechtssystem, das die juristischen Standard-Regeln anwendet und unter Umständen zu rechtlichen Bewertungen kommt, welche den illiberalen und autokratischen Positionen zuwiderlaufen.

Liberale Demokraten haben weniger Probleme mit einem autonom funktionierenden Wissenschaftssystem. Sie haben eher Schwierigkeiten damit, dass die dort produzierten Wahrheiten nicht allgemein anerkannt werden. Wir alle erinnern uns noch an den Slogan während der COVID-Pandemie, ‚*Follow the science*', der als Gegenentwurf gegen die Corona-Leugnenden und Skeptiker formuliert wurden. Diese Schwierigkeiten verkennen aber – obwohl mir die Sichtweise sympathischer ist – die Funktionsweise der Wissenschaft in der postmodernen Moderne in ähnlicher Weise wie es bei den Illiberalen der Fall ist. Die Zeiten sind vorbei (das mag man bedauern), in denen es nur eine korrekte Sicht auf Fakten und Wahrheiten geben kann. Das Wissenschaftssystem steht mit seinen Erkenntnissen nicht über den anderen Teilsystemen der Gesellschaft, sondern setzt sich der Beobachtung durch diese aus (Luhmann, 1990). Und das kann dann eben bedeuten, dass Forschungsergebnisse nicht überall die Akzeptanz gewinnen, welche sich die Forschenden erwarten.

Der *New York Times*-Journalist Thomas Friedman hat in einem viel beachteten Artikel unlängst die Frage der Benennung der aktuellen Epoche wieder aufgegriffen und den Begriff ‚Polyzän' vorgeschlagen (Friedman, 2025). Friedman war auf der Suche nach einem Begriff für die jetzige Epoche, der besser passen würde als das ‚Anthropozän', das von Klimawissenschaftlern vor kurzem ausgerufen wurde – das überwiegend durch menschliche Handlungen gesteuerte Zeitalter. Das menschengemachte Problem der Klimakrise könnte nach Friedmans Ansicht integriert werden, indem die Vielfältigkeit generell als Hauptmerkmal betrachtet werden sollte. Das Polyzän sieht er gekennzeichnet durch die – in Kap. 6 näher beschriebene – Polykrise, durch die sich abzeichnende multipolare Geopolitik, welche den Ost-West-Konflikt abgelöst hat, durch vielsprachige Multikulturalität sowie durch eine interdependente netzwerkartige Weltwirtschaft. Die von Friedman beschriebenen gesellschaftlichen Veränderungen haben profunde Auswirkungen auf den Umgang mit Wahrheiten und Fakten im Allgemeinen, wie ich später in den Kap. 8 und 9 noch zeigen werde.

Individualisierung und Liberalisierung

Parallel zur funktionalen Differenzierung lösten sich in der modernen Gesellschaft die traditionellen sozialen Milieus auf. Es gibt heute kein klassisches Arbeitermilieu mehr, wie es beispielsweise in den großen Industrieregionen Deutschlands, Englands oder Frankreichs bis weit in die zweite Hälfte des 20. Jahrhunderts vorherrschte. Es gibt selbst im Berner Oberland kein klassisches Bauernmilieu mehr, das sicherstellt, dass die Töchter und Söhne dieselben beruflichen Richtungen einnehmen wie die Eltern. Anstelle der Milieus sprechen wir von einer Individualisierung. Das, was die Milieus früher geregelt haben, etwa Partnerwahl oder Berufswahl, muss heute jede und jeder für sich selbst regeln. Individualisierung verschafft somit Freiräume, die es zuvor nicht gegeben hat. Niemand muss in eine Ehe eingehen, die von vornherein durch emotionale Kälte und Schlimmerem charakterisiert ist. Und niemand muss einen ungeliebten Beruf ergreifen, nur weil die Eltern es so vorgesehen haben. Dieser Umstand macht das Leben jedoch unsicherer als in früheren Jahrzehnten, als viele Dinge durch das Milieu und die Eltern klarer vorgegeben waren. „Risikogesellschaft" nannte der Soziologe Ulrich Beck diesen Aspekt der gesellschaftlichen Modernisierung (Beck, 1986).

Die gesellschaftliche Individualisierung macht das Leben für die einzelne Person nicht nur unsicherer und anstrengender, sie führt auch dazu, dass soziale Kontakte geringer und Gemeinschaften kleiner werden. Ein vielfach herangezogener Indikator hierfür ist der Anteil von Ein-

Person-Haushalten. Diese haben in der gesamten westlichen Welt insbesondere seit den 1960er-Jahren deutlich zugenommen (Snell, 2017). In der Schweiz beispielsweise stieg der Anteil der Haushalte mit nur einer Person von 8 % im Jahr 1920 über 19 % im Jahr 1970 auf zuletzt 36 % im Jahr 2021 (Willimann, 2023).

Die zunehmende soziale Isolation, also die messbare Verringerung sozialer Kontakte, ist nicht gleichbedeutend mit Einsamkeit. Letztere beschreibt das subjektive Erleben der Quantität und der Qualität sozialer Beziehungen. Soziale Isolation hängt zwar mit Einsamkeit zusammen, aber erklärt diese nicht perfekt. Es gibt Menschen, die sich einsam fühlen, aber viele soziale Kontakte haben und es gibt Menschen, die sich trotz eines kleinen sozialen Netzwerks nicht einsam fühlen. Die COVID-Pandemie hat zu einer großen Aufmerksamkeit für Einsamkeit in der Gesellschaft geführt. Allerdings hat Einsamkeit, zumindest bis zur Pandemie, sowohl weltweit (Luhmann et al., 2023), aber auch in Deutschland (Entringer & Stacherl, 2024), kaum zugenommen.

Ein weiterer und durch die vorherigen Veränderungen angeregter Wandel entwickelte sich ab den 1960er-Jahren, nämlich eine politisch-kulturelle Liberalisierung (Inglehart, 2009). Pop-Musik, veränderte Geschlechterrollen, Drogenkonsum, Sex und politische Mobilisierungen wie die Studentenbewegung haben ab der Mitte des 20. Jahrhunderts deutlich gemacht, wie sehr sich Einstellungen in eine Richtung bewegt haben, die über materielle Aspekte wie Lohn und Arbeitszeit hinausgegangen sind. Diese als ‚Post-Materialismus' beschriebene Entwicklung spielte mehr oder weniger im gesamten Westeuropa sowie in Nordamerika ab, allerdings mit gewissen Ausnahmen wie in den diktatorisch-autoritär regierten südeuropäischen Staaten Portugal, Spanien und Griechenland. Und auch die Schweiz brauchte, etwa bei den Geschlechterrollen, etwas länger, was sie allerdings anschließend mit großer Geschwindigkeit nachholte.

In nicht-westlichen Weltregionen hingegen hat sich diese soziokulturelle Liberalisierung (mit Ausnahme Süd-Amerikas) nicht oder deutlich langsamer abgespielt (Jackson & Medvedev, 2024). Dieser empirische Befund macht vielleicht auch deutlich, wie die Werte-Differenzen im globalen Maßstab zu interpretieren sind. So stoßen beispielsweise drakonische Strafen im Zusammenhang mit Homosexualität in einigen afrikanischen Staaten offenbar auf große Zustimmung in der Bevölkerung, während Homosexuelle im globalen Norden Staatsoberhäupter oder Regierungsmitglieder werden können.

Im globalen Norden manifestierte sich der Post-Materialismus politisch in den Frauen-, Friedens-, Anti-Atomkraft- und Ökologie-Bewegungen ab den 1970er-Jahren. Ökologische Parteien spielten, so etwa in Deutschland oder in der Schweiz, eine zunehmend relevante Rolle und sie waren in Deutschland an verschiedenen Regierungen beteiligt. Diese Parteien hatten damit einen erheblichen Einfluss nicht nur in der Politik, sondern auch in der Wirtschaft oder im Erziehungsbereich, wo sich ebenfalls viele Aspekte wie die Rechte der Geschlechter oder die ökologische Transformation der Wirtschaft bemerkbar machten.

In den empirischen Studien zeigt sich die post-materielle Liberalisierung unter anderem im Rahmen eines so genannten ‚Periodeneffekts'. Damit ist gemeint, dass sowohl die jüngeren als auch die älteren Befragten zeitgleich (in derselben Periode) im Durchschnitt liberaler wurden, etwa bezüglich des Drogenkonsums oder der Akzeptanz gleichgeschlechtlicher Beziehungen. Innerhalb des Periodeneffekts macht sich zusätzlich ein Effekt bemerkbar, den man ‚Kohorteneffekt' nennt. Später Geborene (jüngere

Kohorten) waren oftmals noch liberaler in ihren Einstellungen als ihre Eltern, deren kulturelle Werte sich auch schon erheblich verändert hatten. Stellt man jetzt noch die moralischen Grundhaltungen in Rechnung, die im vorherigen Kapitel beschrieben wurden, dann sollte deutlich werden, dass die soziokulturelle Entwicklung zu sehr unterschiedlichen Einstellungen führen kann – und in der Tat geführt hat.

Diese Unterschiede sind ein empirischer Beleg für meine zentrale These in diesem Kapitel: Sozialer Wandel vollzieht sich ungleichmäßig in verschiedenen Geschwindigkeiten. Dies verstärkt die ohnehin vorhandene Mehrdeutigkeit, die wir in der postmodernen Moderne vorfinden. Und die unterschiedlichen Entwicklungen in verschiedenen Bevölkerungsgruppen schlagen sich auch im Wahl- und Abstimmungsverhalten nieder. Es sind diese Ungleichzeitigkeiten, welche den Hintergrund bilden für die kulturellen Auseinandersetzungen der letzten Jahre, die Kulturkämpfe oder *Culture Wars*. Die Ungleichzeitigkeiten sind allerdings nicht nur zwischen Jung und Alt zu sehen, sondern auch zwischen den Geschlechtern, in der Bildung, in Einkommen und Vermögen, zwischen Stadt und Land und sogar zwischen Großregionen, welche unterschiedliche demografische Entwicklungen wie Alterung oder Ab- und Zuwanderung aufweisen. Einige relevante Bereiche, die Ungleichzeitigkeiten aufweisen, sollen nachfolgend beleuchtet werden.

Bildung

Als ersten Indikator für die Ungleichzeitigkeiten schauen wir auf die Entwicklung des Bildungsstands im globalen Norden und darüber hinaus. Seit der Mitte der 1950er-Jahre hat sich die Schul- und Berufsausbildung massiv gewandelt. Die so genannte Bildungsexpansion führte zu einem erheblichen Anstieg von akademischen Abschlüssen, während klassische Berufslehren deutlich weniger relevant wurden. Dieser Trend startete im globalen Norden, hat aber mittlerweile viele Länder mit mittleren Einkommensstrukturen erreicht. Während Anfang der 1970er-Jahre weltweit 10 % aller Schulabgehenden einen akademischen Abschluss anstrebten, waren es zu Beginn der 2010er-Jahre global gesehen mehr als 30 % (Marginson, 2016). In Deutschland sind es heute knapp unter 50 % aller Schulabgehenden, die eine Hochschulzulassung erworben haben (Autor:innengruppe Bildungsberichterstattung, 2024). In der Schweiz wird dieser Prozentsatz nicht nur beim Zugang, sondern sogar bei den tertiären Bildungsabschlüssen übertroffen (SKBF, 2023).

Hintergrund dieser Entwicklung ist der Wandel in der Arbeitswelt, insbesondere die Veränderung von einer primär industriell geprägten Struktur zu einer Wirtschaft, die auf Dienstleistungen beruht. Mit dem Wandel der Arbeitswelt sind neue und veränderte berufliche Qualifikationen erforderlich gewesen, die sich unter anderem in einer höheren Akademikerquote niederschlugen. Es war aber, so die einschlägige Forschung, nicht allein die Nachfrage nach beruflichen Kompetenzen. Die Akademisierung ist ein allgemeiner Trend einer sich modernisierenden Gesellschaft.

Besonders ausgeprägt ist diese Entwicklung in Ländern, wie den Vereinigten Staaten, die – von wenigen Ausnahmen wie Pflegeberufen abgesehen – eigentlich keine Berufslehren oder -ausbildungen kannten. In solchen Ländern gibt es ‚Ungelernte' und Akademiker, die mindestens über einen Bachelor-Abschluss verfügen. Im Laufe der letzten Jahrzehnte haben dabei die Akademiker einen vergleichsweise hohen Zuwachs im Gehalt (Hardy et al., 2024), aber auch im Einfluss auf Politik, Wirtschaft, Medien und Wissenschaft erhalten.

Generell damit verbunden sind des Weiteren unterschiedliche Werte-Präferenzen. Beispielsweise sind Freunde, Freizeit und Politik für Akademiker deutlich wichtiger als dies bei Nicht-Akademikern der Fall ist. Demgegenüber ist die Religion bei Akademikern deutlich weniger relevant (Koshy et al., 2023). In gewissem Masse zeigen sich diese Unterschiede jedoch auch im deutschsprachigen Raum. So lassen sich beispielsweise erhebliche Unterschiede in der Lebenszufriedenheit zwischen akademisch und nicht-akademisch ausgebildeten Personen in Deutschland und in der Schweiz nachweisen (Lipps & Oesch, 2018). Diese Ungleichzeitigkeit ist der zentrale Hintergrund für die Abneigung oder sogar Feindlichkeit gegenüber den Personen, welche Macht- und Einflusspositionen in der Gesellschaft besetzen. Das nachfolgende Kap. 5 wird sich mit ausführlich mit dem von illiberalen Bewegungen gerne genutzten Gegensatz von ‚Volk' und ‚Eliten' auseinandersetzen.

Wirtschaft

Einer der meistzitierten Hintergründe für das Anwachsen autoritärer und illiberaler Politik ist die wirtschaftliche Globalisierung. Sie hat nicht unwesentlich dazu beigetragen, dass insbesondere Industrie-Arbeitsplätze im globalen Norden verloren gegangen sind und viele Produkte heute in Asien oder Latein-Amerika produziert werden. In der Regel sind die Lohn- und Stückkosten in diesen Regionen geringer oder sie sind es über lange Jahre hinweg gewesen.

Was im Zusammenhang mit diesem Trend kaum beachtet wird, ist die überwiegend positive Wirkung des wirtschaftlichen Wandels auf die gerade genannten Regionen und auf die gesamte Welt. Der Anteil von Menschen in extremer absoluter Armut in der Welt-Bevölkerung sank von 44 % im Jahr 1981 über 38 % in 1991 auf 9 % im Jahr 2019 (Armentano et al., 2025). Die gesellschaftlichen Mechanismen, die hierfür als relevant identifiziert werden können, sind vielfältig. Im Einzelnen sind dies relative Veränderungen von landwirtschaftlicher Arbeit zu anderen Sektoren, von ländlichen Räumen zu Städten, von Selbstständigkeit zu Angestelltenverhältnis und nicht zuletzt von Frauen außerhalb der Erwerbsarbeit hin zur Partizipation an bezahlter Tätigkeit.

Generell gilt diese Entwicklung auch für den globalen Norden und vor allem für die europäischen Wohlfahrtsstaaten. Wenngleich häufig das Gegenteil angenommen wird, so ist die Wohlstands-Entwicklung, insbesondere mit Blick auf Vermögen im globalen Norden so zu interpretieren, dass wir alle reicher und auch gleicher geworden sind. Die Hauptfaktoren dafür sind das weitverbreitete Wohneigentum und die (staatlichen) Pensionen (Waldenström, 2024). Für die USA ist diese Tendenz weniger ausgeprägt, dort ist die Wohlstandskonzentration in einer kleinen Gruppe deutlich größer (Blanchet & Martínez-Toledano, 2023). Dahinter steckt auch ein Phänomen, welches den gesamten globalen Norden aus demografischen Gründen früher oder später betreffen wird, nämlich Ungleichheit durch Vererbung.

Globaler Handel, so kann diese Entwicklung interpretiert werden, führt zu globalem Wohlstand – im Durchschnitt. Dieser breite und damit relativ unscharfe Blick auf die wirtschaftliche Entwicklung darf jedoch nicht darüber hinwegtäuschen, dass insbesondere während und nach der Pandemie und bedingt durch den Krieg Russlands gegen die Ukraine inflationäre Tendenzen in beträchtlichem Ausmaß zu registrieren waren. Und selbst als die Inflation wieder abebbte, zeigten sich deutliche Probleme im Zusammenhang mit den Lebenshaltungskosten für ärmere Menschen. Diese ‚*Cost-of-living-Crisis*' wurde in erster Linie durch gestiegene Preise für Lebensmittel und für Energie hervorgerufen (Lokshin et al., 2025). Eine zurückgehende Inflation bedeutet eben nicht einen Rückgang der Preise, sondern lediglich eine Abflachung des Anstiegs.

Darüber hinaus kann ein Blick auf grobe durchschnittliche Entwicklungen verdecken, wie unterschiedlich die Auswirkungen auf einzelne Regionen ausfallen können. In den Wirtschaftswissenschaften wird in diesem Zusammenhang gerne der Begriff des ‚China-Schocks' herangezogen (Autor et al., 2016). Damit ist die Entwicklung gemeint, die ab den 1990er-Jahren und verstärkt ab den 2000er-Jahren dazu führte, dass viele vormals im globalen Norden produzierte Waren in Asien und vor allem in China hergestellt wurden. Für die vormaligen Industrieregionen war nun entscheidend, ob und welche Anpassungsmaßnahmen implementiert wurden. Dies scheint nicht überall gelungen zu sein. Vor allem in ländlichen Regionen mit einer ausgesprochenen Industriekultur (z. B. Wales, Nord-England, Teile des US-Nordostens) ist der Übergang von einer industriellen Produktion zu einer Dienstleistungs-Orientierung auf Probleme gestoßen. Nicht übersehen werden dürfen zudem die teils negativen Folgen für die Regionen im globalen Süden, die von Ausbeutung über Kinderarbeit bis hin zu ökologischen Katastrophen im Zusammenhang mit der Förderung ‚Seltener Erden' reichen.

Technologie

Die zuletzt genannten Faktoren machen deutlich, dass neben der Globalisierung eben noch ein weiterer ökonomisch relevanter Trend in Rechnung zu stellen ist, nämlich der technologische Wandel und die damit einhergehenden

Veränderungen bei den Kompetenzen, welche ein veränderter Arbeitsmarkt benötigt. Länder ohne Groß-Industrie, etwa Kohle und Stahl, waren bei diesem Wandel eindeutig im Vorteil. Bei einem Vergleich der Real-Löhne in europäischen Ländern zwischen 1960 und 2011 fiel Großbritannien etwa von Platz 1 auf Platz 14, während die Schweiz von Platz 7 auf 1 stieg (Allen, 2024). Österreich und Deutschland fielen jeweils um einige Plätze ab.

Automatisierung und Digitalisierung haben viele traditionelle Arbeitsplätze verdrängt, aber die neuen Technologien haben auch viele Arbeitsplätze geschaffen. Die neuen Arbeitsplätze, etwa in der IT-Branche oder in den Finanzdienstleistungen, erforderten andere Kompetenzen, die wiederum mit einer höheren Bildung einhergingen. Hierdurch sind viele Menschen mit einer geringen Bildung und mit weniger Flexibilität bei den Fertigkeiten oftmals ökonomisch auf der Strecke geblieben. Die Reallöhne vieler Menschen ohne höhere Bildung und technologische Kompetenzen sind seit den 1970er-Jahren vielerorts nicht gestiegen und teilweise sogar rückläufig, während Menschen mit einer höheren Bildung und mit Arbeitsplätzen in den neuen Branchen erhebliche Einkommenszuwächse verzeichnen konnten (Boix, 2019). Die technologische Entwicklung hat im Zusammenspiel mit Veränderungen in der Bildungslandschaft und mit wirtschaftlichen Dynamiken neue Ungleichheiten hervorgebracht, die heute einen zentralen Hintergrund für das Entstehen illiberaler Bewegungen darstellen. In der ökonomischen Forschung spricht man in diesem Zusammenhang schon seit den 1980er-Jahren von einem technologischen Wandel, der nicht qualifikationsneutral ist (‚*skills biased technological change*') (Berman et al., 1998).

Ob und inwieweit man in China selbst die Folgen des im vorherigen Abschnitt beschriebenen ‚China-Schocks' im globalen Norden studiert hat, ist nicht bekannt. Auf jeden Fall steht China vor der jetzt anstehenden neuen Runde des Technologie-Wandels diesbezüglich wohlpräpariert da. Unter den 10 einflussreichsten Forschungseinrichtungen der Welt sind gemäß einem Ranking der Zeitschrift ‚Nature' für das Jahr 2024 8 chinesische Forschungseinrichtungen zu finden (Nature Index, 2025). Weiterhin ist bemerkenswert, dass darunter 5 Einzel-Hochschulen sind. Die erste Universität Europas kommt auf Platz 23 (Oxford) und die erste auf dem europäischen Kontinent auf Platz 29 (ETH Zürich).

Während in vielen Ländern der westlichen Welt die öffentlichen Ausgaben für Forschung und Entwicklung zurückgefahren oder – wie in der Schweiz – zumindest gedeckelt worden sind, haben die chinesischen Investitionen in der Dekade bis 2024 inflationsbereinigt jährlich um 9 % zugenommen. Insbesondere im MINT-Sektor (Mathematik, Informatik, Naturwissenschaften und Technik) sind chinesische Forschungseinrichtungen gute Adressen für Forschende – wenn man denn unter den autoritären politischen Bedingungen leben kann und will. Wie beispielsweise der Erfolg der Firma DeepSeek anzeigt, die mit einem schnellen KI-Sprach-Modell auf dem Markt operiert, zahlen sich diese Investitionen für die wirtschaftliche Entwicklung des Landes absolut aus.

Mit der technologischen Entwicklung im KI-Bereich steht ein neuer ‚China-Schock' zu befürchten, der sich nicht nur auf die Industriestruktur auswirkt, wie der letzte, sondern die Zukunftsfähigkeit des globalen Nordens allgemein gefährdet. Die von wirtschaftlichen Populisten angestrebte Re-Industrialisierung ist ein Kampf des letzten Jahrhunderts. Heute braucht es Forschung und Entwicklung, um mithalten zu können bei der Expertise und bei den staatlich subventionierten Preisen in China.

Insgesamt zeigen sich gerade bei der technologisch-wirtschaftlichen Entwicklung – trotz der generell positiven Entwicklung in den vergangenen Jahrzehnten – erhebliche Ungleichheiten und Ungleichzeitigkeiten. Manche Länder und Regionen haben in hohem Masse von der Globalisierung und dem gleichzeitig stattfindenden technologischen Wandel profitiert. Andere Gebiete sind dagegen deutlich abgefallen in der wirtschaftlichen Leistungsfähigkeit, den Einkommen, dem Lebensstandard und letztendlich der Lebensqualität.

Demografie

Der wohl gravierendste Aspekt des sozialen Wandels, welcher gleichzeitig wenig beachtet wird, ist die demografische Entwicklung. Die demografische Entwicklung birgt jedoch im Zusammenhang mit illiberalen Tendenzen erheblichen politischen und sozialen Sprengstoff. Das schweizerische Bundesamt für Statistik hat unlängst einen Report veröffentlicht, der die Sachlage auf den Punkt bringt: „Migrationsbedingtes Wachstum und rasche Alterung werden die Bevölkerungsentwicklung bis 2055 prägen" (BFS, 2025). Die Wohnbevölkerung der Schweiz wird in den kommenden Jahrzehnten deutlich anwachsen, nämlich von 8 Mio. Menschen im Jahr 2010 über gut 9 Mio. im Jahr 2025 auf mehr als 10 Mio. in der Mitte des Jahrhunderts. Und das liegt nicht an der Geburtenrate der Einheimischen, sondern an der Migration. Wer mit den politischen Verhältnissen der Schweiz etwas vertraut ist, kann ungefähr einschätzen, wie sich das Szenario in den politischen Auseinandersetzungen (SVP-Initiative „Keine 10 Mio.-Schweiz!") auswirken wird. Das Dilemma ist: Um die wirtschaftliche Dynamik und die Ersetzung der Baby Boomer auf dem Arbeitsmarkt sicherzustellen, braucht die Schweiz noch mehr Migration als dies ohnehin der Fall ist oder möglicherweise der Fall sein wird.

Demografen sehen aber nicht nur ein Dilemma, sondern ein Trilemma, in dem alle Gesellschaften des globalen Nordens und mittlerweile auch in Teilen des Südens stecken. Das Trilemma gilt insbesondere den illiberalen Bewegungen. Demzufolge sind immer nur zwei der drei Bedingungen möglich: niedrige Geburtenrate, ethnische Homogenität und wirtschaftliche Dynamik (Morland, 2024). Eine niedrige Geburtenrate und ethnische Homogenität führen zu einem massiven Missverhältnis der Generationen; die sozialen Kosten für die Versorgung der Senioren steigen erheblich und gleichzeitig fehlt der Nachwuchs für die Entfaltung der wirtschaftlichen Dynamik. Das ist das Schicksal Japans. Die Kombination der niedrigen Geburtenrate und der wirtschaftlichen Dynamik sind nicht ohne das Aufgeben der ethnischen Homogenität zu schaffen. Das ist die amerikanische Entwicklung bis zur zweiten Trump-Administration.

Die soziale und politische Sprengkraft einer niedrigen Geburtenrate wird den illiberalen Bewegungen mehr und mehr bewusst. In Russland, Polen und Ungarn sank, wie in den meisten ehemals sozialistischen Staaten, die Fertilität erheblich während der Transformationsjahre nach dem Ende des Sozialismus. In den drei Ländern sind staatliche Programme aufgelegt worden, welche das Ziel hatten, die Geburtenrate zu erhöhen. Die Auswirkungen dieser Programme waren allerdings eher bescheiden und allenfalls temporär (Cook et al., 2023). Ein Nebeneffekt war jedoch die politische Unterstützung für illiberale Parteien wie etwa die polnische PiS. Die finanzielle Unterstützung für Familien war durchaus populär und hatte zeitweilig positive Konsequenzen im Wahlverhalten für die Partei.

Generell ist die Unterstützung illiberaler Parteien im Zusammenspiel demografischer Faktoren mit wirtschaftlichen Faktoren zu sehen. Regionen mit niedriger wirtschaftlicher Dynamik und niedriger Fertilität, oftmals im ländlichen Raum, erleben sich als ‚abgehängt' von der Entwicklung eines Landes. Hinzu kommt in vielen Regionen ein Männerüberschuss, der durch die Abwanderung von Frauen entstanden ist. In vielen Gegenden Ost-Europas und auch Ost-Deutschlands ist diese Tendenz zu sehen. Bei den ‚Zurückgebliebenen' macht sich dann nicht selten erhebliche Unzufriedenheit breit, bedingt durch fehlende Sozialkontakte und erschwerte Partnerinnen-Suche (Salomo, 2019). Kommt dann eine zunehmende Migration ins Spiel, sei es direkt in der Region oder sei es im ganzen Land, führt dies zu einem Anstieg der Stimmen für illiberale Parteien. Migration wird, so Ivan Krastev und Stephen Holmes in ihrer Analyse der politischen Psychologie Ost-Europas, als Kapitulation erlebt (Krastev & Holmes, 2019), welche Diversität und sozialen Wandel vorantreibt.

Illiberale Positionen werden im Rahmen der demografischen Entwicklung im Wesentlichen durch zwei Trigger hervorgerufen. Da ist zum einen die oben beschriebene Wahrnehmung von Migration. Zum zweiten sind es die strukturellen Auswirkungen von Binnenwanderungen und Emigration. Der Wähleranteil illiberaler Parteien ist charakteristischerweise gerade in Regionen besonders hoch, die von Abwanderung betroffenen sind (Olejnik & Wroński, 2025). Im Zuge solcher Entwicklungen verschlechtert sich oftmals die öffentliche Infrastruktur und auch das Sozialleben, beispielsweise in Lokalen und Vereinen, kommt zum Erliegen. Staatliche und nicht-staatliche Institutionen können auf diese Weise die Daseinsvorsorge nicht mehr sicherstellen. Öffentliche Verwaltungen und Firmen in der Region können nicht mehr ‚liefern', weil es an Steuereinnahmen und an finanziellen Anreizen in ausgedünnten Gebieten mangelt. Das wahrgenommene ‚Staatsversagen' ist ein wesentlicher Faktor, der für Zustimmung für illiberale Positionen und Parteien sorgt.

Demgegenüber ist in vielen Ländern Europas ein empirischer Zusammenhang von migrationsfreundlichen Einstellungen und geringem Kinderwunsch zu sehen (Szalma & Heers, 2024). Dies wird der einschlägigen Forschung zufolge mit den oben beschriebenen Entwicklungen im Bereich Bildung und Wohlstand begründet. Die Bereitschaft, insbesondere von gut ausgebildeten Frauen, Kinder in die Welt zu setzen, ist in den letzten Jahren erheblich zurückgegangen. Gleichzeitig wissen wir, dass gut ausgebildete Frauen in der Tendenz eher liberale politische Einstellungen haben, welche sich unter anderem durch Migrationsfreundlichkeit auszeichnen.

Und noch eine weitere Entwicklung vor dem Hintergrund demografischer Veränderungen wird in den letzten Jahren zunehmend diskutiert, nämlich der Zusammenhang zwischen der Alterung westlicher Gesellschaften und wirtschaftlicher Stagnation (Gilleard, 2022). Eine älter werdende Bevölkerung hat – wenn keine anderen Elemente hinzukommen – negative Auswirkungen auf die ökonomische Produktivität durch den Wegfall von Arbeitskräften und eine geringere Aktivität und Energie im Arbeitsprozess. Als ein Anfang/Mitte 60-jähriger erlebe ich dies permanent; meine Erholungsphasen sind heute deutlich länger als in früheren Zeiten. Hinzu kommen die sozialen Kosten für Pensionen und Gesundheitsfürsorge einer älteren Bevölkerung sowie die Verlagerung von Arbeitskräften in Pflege und Betreuung. All dies kann von jüngeren Generationen weder personell noch finanziell geleistet werden, und dies hat – vor allem – Auswirkungen auf das Wirtschaftswachstum. Die demografische Entwicklung kostet in den kommenden Jahren nach einschlägigen Berechnungen zwischen 0,4 und 0,8 % des jährlichen Bruttosozialprodukts (McKinsey Global Institute, 2025). Das heißt, die politischen Bemühungen, ein Wachstum zu erzielen, werden strukturell gebremst. Insgesamt hat dies fundamentale Auswirkungen auf die soziale und materielle Infrastruktur eines Landes und fördert ökonomischen sowie politischen Verdruss, der dann wiederum von illiberalen Kräften aufgenommen und verstärkt wird.

Zusammengefasst: Der ungleiche und ungleichzeitige Effekt demografischer Entwicklungen macht sich in erster Linie regional bemerkbar. Niedrige Geburtenraten und Migrationsbefürchtungen sind im Zusammenspiel mit wirtschaftlichen Entwicklungen und Veränderungen in der Bildungsstruktur oftmals ein Nährboden, der illiberale Einstellungen und entsprechendes Wahlverhalten fördert.

Gesellschaftliche Entwicklungen in der postmodernen Moderne

Gesellschaftliche Entwicklungen in der jüngeren Vergangenheit, also in der postmodernen Moderne, können als ungleiche und ungleichzeitige Veränderungen charakterisiert werden. Der soziale Wandel schafft zunächst einmal unterschiedliche Perspektiven auf gleiche Sachverhalte. Migration, Klimawandel oder Gender-Fragen werden in der Wissenschaft überwiegend anders beobachtet und behandelt als, beispielsweise, in der Politik oder im Rechtswesen. Geht es in der Wissenschaft um ‚Fakten' und Forschungsresultate, geht es in der Politik eher um das Vermitteln von Anpassungsleistungen der Bevölkerung oder das Bewältigen finanzieller Herausforderungen. Und im Rechtswesen geht es ebenfalls nicht um ‚Fakten', sondern um rechts- und gesetzeskonforme Auslegungen von Problemen und Konflikten. Die ‚moderne' Vorstellung, man könnte diese Perspektiven durch eine gemeinsame Kultur und gemeinsame Werte oder Normen integrieren, ist spätestens ab dem Ende der 1970er-Jahre in den Ländern des globalen Nordens hinfällig geworden.

Neben diesen Differenzen in der Sichtweise auf Fakten und Probleme schiebt sich eine zweite Ebene von Ungleichheit und Ungleichzeitigkeit. Gemeint sind die Unterschiede zwischen gebildet und weniger gebildet, zwischen arm und reich, zwischen den Geschlechtern, zwischen Staaten sowie zwischen Regionen innerhalb von Ländern. Ein schlagendes Beispiel hierfür ist die Frage, wie Menschen aus der Arbeiterschicht und aus der Mittelschicht in den USA ihre Einstellungen zu relevanten kulturellen und ökonomischen Fragen verändert haben. Empirische Studien im Langzeitverlauf haben ergeben, dass sowohl die Arbeiterschicht als auch die Mittelschicht ihre kulturellen Einstellungen liberalisiert haben, allerdings in einem unterschiedlichen Tempo (Abbott et al., 2025). Die Mittelschicht (eher akademisch gebildet, eher städtisch lebend) ist am Ende deutlich progressiver als die Arbeiterschicht. Letztere hat sich nicht generell in Richtung Konservatismus gewandelt, sondern sie hat über die Jahre hinweg relativ gleichbleibende Ansichten. Relativ gesehen erscheint dies dann als eine konservative Richtung.

Eine ähnliche Entwicklung war nach soziologischen Analysen auch der Hintergrund für den Brexit in Großbritannien (Sobolewska & Ford, 2020). Demnach war es das Zusammenspiel aus Demografie (Alterung, Migration) und sozialem Wandel in der Bildung und am Arbeitsmarkt, das schlussendlich zu drei zentralen Gruppen in der Wahlbevölkerung führte. *Überzeugte Liberale* setzten sich überwiegend aus jüngeren Personen mit akademischem Abschluss zusammen, die eher in urbanen und wirtschaftlich prosperierenden Regionen lebten. *Liberale aus Notwendigkeit* stammten überwiegend aus Angehörigen ethnischer Minderheiten, die sich gegen Diskriminierung und ungleiche Chancen wandten; gleichzeitig waren diese Liberalen tendenziell konservativer bezüglich anderer Fragen, etwa beim Geschlechter-Thema. *Identitäre Konservative* machten die letzte Gruppe aus. Es handelte sich primär um Angehörige der früheren Mehrheits-Gesellschaft (überwiegend Weiße mit geringerer Bildung in ländlichen Regionen), die jetzt erlebten, dass der soziale Wandel sie deutlich benachteiligt und die nun motiviert waren, den Wandel aufzuhalten oder zurückzudrehen.

Und ähnlich wie in den USA ist auch in Großbritannien die weiße, aber weniger gebildete Bevölkerung in den letzten Jahren deutlich liberaler geworden. Aber, auch hier haben sich zum Teil fundamentale Differenzen bei Einstellungen und Werten gegenüber den anderen Gruppen entwickelt. Identitäre Konservative mussten erleben, wie viele ihrer Ansichten von den anderen Gruppen als problematisch und inakzeptabel intolerant betrachtet wurden und sie daher den Eindruck hatten, sie dürften ihre Meinungen nicht mehr hinreichend vertreten.

Im Großen und Ganzen finden sich diese Unterschiede und Ungleichzeitigkeiten zwischen verschiedenen Bevölkerungsgruppen im gesamten globalen Norden. Das ‚moderne' Versprechen von Gleichheit und Fortschritt kann in der postmodernen Moderne nicht mehr als realistisch eingeschätzt werden, wenn es denn jemals realistisch war. Diese sozialen, ökonomischen und kulturellen Ungleichzeitigkeiten haben massive Auswirkungen auf die Wahrnehmung von Themen, Krisen und Entwicklungen.

Zusammenfassung – Kurz-Lektion 4

- Das Hauptmerkmal der gegenwärtigen modernen Gesellschaft ist die Vielfältigkeit und die damit verbundene Multiperspektivität.
- Die moderne Gesellschaft ist individualisiert und hat sich in den letzten Jahren immer weiter liberalisiert.
- Gesellschaftlicher Wandel vollzieht sich in unterschiedlichen Geschwindigkeiten und führt zu Ungleichzeitigkeiten sowie Ungleichheiten.
- Bildung, Wirtschaft, Technologie und Demografie sind entscheidende Faktoren für die Ungleichheiten, die wir heute erleben.

Literatur

Abbott, J., Guastella, D., Kindred, C., & Mason, S. (2025). *Working-class social and economic attitudes – An analysis.* https://images.jacobinmag.com/wp-content/uploads/2025/07/20091032/CWCP-Jacobin-report-20250721.pdf. Zugegriffen am 02.03.2026.

Allen, R. C. (2024). Technical change, globalization, and the labour market: British and American experience since 1620. *Oxford Open Economics, 3*(Supplement_1), i178–i211. https://doi.org/10.1093/ooec/odad033

Armentano, V., Niehaus, P., & Vogl, T. (2025). *How poverty fell.* https://econweb.ucsd.edu/~pniehaus/papers/how_poverty_fell.pdf. Zugegriffen am 02.03.2026.

Autor, D. H., Dorn, D., & Hanson, G. H. (2016). The China shock: Learning from labor-market adjustment to large changes in trade. *Annual Review of Economics, 8*, 205–240. https://doi.org/10.1146/annurev-economics-080315-015041

Autor:innengruppe Bildungsberichterstattung. (2024). *Bildung in Deutschland 2024 – Ein indikatorengestützter Bericht mit einer Analyse zu beruflicher Bildung.*

Beck, U. (1986). *Risikogesellschaft: Auf dem Weg in eine andere Moderne.* Suhrkamp.

Berman, E., Bound, J., & Machin, S. (1998). Implications of skill-biased technological change: International evidence. *The Quarterly Journal of Economics, 113*(4), 1245–1279. https://doi.org/10.1162/003355398555892

BFS. (2025). *Migrationsbedingtes Wachstum und rasche Alterung werden die Bevölkerungsentwicklung bis 2055 prägen*. https://dam-api.bfs.admin.ch/hub/api/dam/assets/34687089/master. Zugegriffen am 02.03.2026.

Blanchet, T., & Martínez-Toledano, C. (2023). Wealth inequality dynamics in Europe and the United States: Understanding the determinants. *Journal of Monetary Economics, 133*, 25–43. https://doi.org/10.1016/j.jmoneco.2022.11.010

Boix, C. (2019). *Democratic capitalism at the crossroads: Technological change and the future of politics*. Princeton University Press.

Brock, D. (2011). *Die klassische Moderne – Moderne Gesellschaften, Band 1*. Springer VS.

Cook, L. J., Iarskaia-Smirnova, E. R., & Kozlov, V. A. (2023). Trying to reverse demographic decline: Pro-natalist and family policies in Russia, Poland and Hungary. *Social Policy and Society, 22*(2),355–375.https://doi.org/10.1017/S1474746422000628

Entringer, T. M., & Stacherl, B. (2024). Einsamkeit in Deutschland – Prävalenz, Entwicklung über die Zeit und regionale Unterschiede. *Bundesgesundheitsblatt – Gesundheitsforschung – Gesundheitsschutz, 67*(10), 1103–1112. https://doi.org/10.1007/s00103-024-03937-y

Friedman, T. L. (2025, November 10). Welcome to our new era. What do we call it? *New York Times*. https://www.nytimes.com/2025/11/10/opinion/era-technology-poly-epoch.html. Zugegriffen am 02.03.2026.

Gilleard, C. (2022). More age, less growth? Secular stagnation and societal ageing. *International Journal of Sociology and Social Policy, 43*(1–2), 1–16. https://doi.org/10.1108/ijssp-09-2021-0228

Hardy, B. L., Krause, E., & Ziliak, J. P. (2024). Income inequality in the United States, 1975–2022. *Fiscal Studies, 45*(2), 155–171. https://doi.org/10.1111/1475-5890.12368

Inglehart, R. F. (2009). Changing values among western publics from 1970 to 2006. In K. H. Goetz, P. Mair, & G. Smith (Hrsg.), *European politics: Pasts, presents, futures* (S. 130–146). Routledge.

Jackson, J. C., & Medvedev, D. (2024). Worldwide divergence of values. *Nature Communications, 15*(1), 2650. https://doi.org/10.1038/s41467-024-46581-5

Koshy, P., Cabalu, H., & Valencia, V. (2023). Higher education and the importance of values: Evidence from the world values survey. *Higher Education, 85*(6), 1401–1426. https://doi.org/10.1007/s10734-022-00896-8

Krastev, I., & Holmes, S. (2019). *The light that failed: A reckoning*. Allen Lane.

Lipps, O., & Oesch, D. (2018). The working class left behind? The class gap in life satisfaction in Germany and Switzerland over the last decades. *European Societies, 20*(4), 549–571. https://doi.org/10.1080/14616696.2018.1448106

Lokshin, M., Sajaia, Z., & Torre, I. (2025). Who suffers the most from the cost of living crisis? *Review of Income and Wealth, 71*(1), e70009. https://doi.org/10.1111/roiw.70009

Luhmann, M., Buecker, S., & Rüsberg, M. (2023). Loneliness across time and space. *Nature Reviews Psychology, 2*(1), 9–23. https://doi.org/10.1038/s44159-022-00124-1

Luhmann, N. (1990). *Die Wissenschaft der Gesellschaft*. Suhrkamp.

Luhmann, N. (1997). *Die Gesellschaft der Gesellschaft*. Suhrkamp.

Lyotard, J.-F. (1979). *La Condition postmoderne: rapport sur le savoir*. Éditions de minuit.

Marginson, S. (2016). The worldwide trend to high participation higher education: Dynamics of social stratification in inclusive systems. *Higher Education, 72*(4), 413–434. https://doi.org/10.1007/s10734-016-0016-x

McKinsey Global Institute. (2025). *Dependency and depopulation? Confronting the consequences of a new demographic reality*. https://www.mckinsey.com/mgi/our-research/dependency-and-depopulation-confronting-the-consequences-of-a-new-demographic-reality. Zugegriffen am 02.03.2026.

Morland, P. (2024). *No one left: Why the world needs more children*. Forum.

Nature Index. (2025). 2025 Research Leaders: Leading institutions. *Nature*. https://www.nature.com/nature-index/research-leaders/2025/. Zugegriffen am 18.06.2025.

Olejnik, Ł. W., & Wroński, M. (2025). The roots of populism in Poland do uneven economic development, social transfers, inequality and migration explain the success of populist parties? *Economics & Politics, 37*(2), 685–698. https://doi.org/10.1111/ecpo.12335

Richter, D. (1994). Der Mythos der ‚guten' Nation: Zum theoriegeschichtlichen Hintergrund eines folgenschweren Mißverständnisses. *Soziale Welt, 45*(3), 304–321. http://www.jstor.org/stable/40878072

Salomo, K. (2019). Abwanderung, Alterung, Frauenschwund: Die verkannte Gefahr für eine offene Gesellschaft. *WZB Mitteilungen*, (165), 10–12. https://www.wzb.eu/system/files/docs/sv/iuk/002-Artikel-Salomo.pdf. Zugegriffen am 02.03.2026.

Sarasin, P. (2021). *1977 – Eine kurze Geschichte der Gegenwart*. Suhrkamp.

SKBF. (2023). *Bildungsbericht Schweiz 2023*. https://www.skbf-csre.ch/bildungsbericht/bildungsbericht/. Zugegriffen am 02.03.2026.

Snell, K. D. M. (2017). The rise of living alone and loneliness in history. *Social History, 42*(1), 2–28. https://doi.org/10.1080/03071022.2017.1256093

Sobolewska, M., & Ford, R. (2020). *Brexitland: Identity, diversity and the reshaping of British politics*. Cambridge University Press.

Szalma, I., & Heers, M. (2024). Attitudes toward immigration in Europe. Understanding the links between pronatalism and voluntary childlessness. *International Journal of Sociology, 54*(2), 87–111. https://doi.org/10.1080/00207659.2024.2319420

Waldenström, D. (2024). *Richer and more equal: A new history of wealth in the west*. Polity.

Welsch, W. (1987). *Unsere postmoderne Moderne*. VCH Acta Humaniora.

Willimann, I. (2023). Von der Grossfamilie zum Einpersonenhaushalt. *Die Volkswirtschaft.* https://dievolkswirtschaft.ch/de/2023/01/von-der-grossfamilie-zum-einpersonenhaushalt/. Zugegriffen am 02.03.2026.

5

Lektion: Wie der Gegensatz von ‚Volk' und ‚Elite' zu verstehen ist

Illiberale und (rechts-)populistische Parteien und Bewegungen agieren gegen Merkmale der liberalen Demokratie: Menschenrechte, Integration von ausgegrenzten Personengruppen, Rechtsstaatlichkeit und vieles mehr. Dieses Agieren gegen die liberale Demokratie ist aber nicht der Kern ihrer Ideologie. Die gerade angeführten Themen werden nämlich den ‚Eliten' zugesprochen, die damit die Gesellschaft beherrschen oder verändern wollen.

Cas Mudde, ein belgischer Politikwissenschaftler, der heute in den Vereinigten Staaten forscht, hat bereits vor mehr als 20 Jahren die folgende, und bis heute vielfach genutzte Definition von Populismus geliefert:

> „Ich definiere Populismus als eine Ideologie, die davon ausgeht, dass die Gesellschaft letztlich in zwei homogene und antagonistische Gruppen geteilt ist, nämlich ‚das reine Volk' und ‚die korrupte Elite', und die behauptet, dass Politik Ausdruck des *volonté générale* (allgemeiner Willen) des Volkes sein sollte." (Mudde, 2004, S. 543: meine Übersetzung, DR)

D. Richter, *Die resiliente Republik*,
https://doi.org/10.1007/978-3-658-50673-5_5

Mudde macht die 1990er-Jahre als den Zeitpunkt aus, an dem der Populismus im globalen Norden langsam Fahrt aufgenommen hat. Sowohl die politische als auch die wissenschaftliche Befassung mit Illiberalismus und (Rechts-) Populismus startete intensiv, so mein Eindruck, jedoch erst in den 2010er-Jahren. Der erste Höhepunkt war natürlich das Jahr 2016 mit dem britischen Brexit und der ersten Wahl von Donald Trump zum amerikanischen Präsidenten. Ich habe im vorherigen Satz beim Populismus das Rechts in Klammern gesetzt, weil es auch linkspopulistische Ansätze gab und nach wie vor gibt, was gelegentlich in der Diskussion verloren geht. Einer der Schwachpunkte der Anti-Brexit-Kampagne, beispielsweise, war die Tatsache, dass innerhalb der *Labour Party* ein starker linker Flügel existierte, der sich ebenfalls für den Ausstieg aus der Europäischen Union starkmachte.

Mitte der 2010er-Jahre hatten sich viele der heute illiberalen Kräfte positioniert. Die AfD war bereits gegründet, die ‚*UK Independent Party*' *(UKIP)* als Vorgänger von ‚*Reform UK*' war wesentlich an der Pro-Brexit-Kampagne beteiligt und der ‚*Rassemblement National*' hieß noch ‚*Front National*' und holte zwischen 20 und 30 % der Stimmen bei Parlaments- und Präsidentschaftswahlen. Und was heute kaum noch erinnert wird, ist die amerikanische *Tea Party*-Bewegung, die teils innerhalb und teils außerhalb der Republikanischen Partei entstand und die in der US-Politiklandschaft als Wegbereiter für Donald Trump gilt (Patenaude III, 2019).

Dies macht deutlich, dass die illiberale Bewegung schon zu der Zeit genügend argumentatives Potenzial hatte, um sich entfalten und etablieren zu können. Die Frage ist daher: Woher stammt dieses Potenzial und wie hat es sich entwickelt?

Eine erste Antwort findet man in einem in Europa – nach meinem Eindruck – wenig gelesenen und rezipierten Buch des amerikanischen Historikers Christopher Lasch. Lasch machte sich seinem Namen allerdings weniger als Geschichtswissenschaftler, denn als konservativer Kultur- und Sozialkritiker, der sich beispielsweise mit der Rolle des Narzissmus in den 1970er-Jahren befasste. Als ein solcher Sozialkritiker schrieb er sein letztes Buch ‚Die Revolte der Eliten', das jedoch erst kurz nach seinem frühen Tod im Jahre 1995 publiziert wurde (Lasch, 1995). In diesem Buch analysiert Lasch das Auseinanderdriften einer neuen oberen Mittelklasse vom Rest der amerikanischen Gesellschaft, was – interessanterweise – zu diesem Zeitpunkt noch nicht als Revolte gegen die Elite, wie im heutigen Illiberalismus, sondern eben als Revolte der Elite gesehen wurde.

Gleichwohl finden sich in diesem, Anfang der 1990er-Jahre geschriebenen, Buch nahezu sämtliche Themen wieder, die wir heute in der Diskussion mit illiberalen Ansätzen finden:

- Die kosmopolitische Ausrichtung der Eliten.
- Die als herablassend wahrgenommene Sichtweise auf den Rest der Gesellschaft.
- Die Befürwortung multikultureller Ansätze.
- Den Rassismus-Vorwurf gegenüber Menschen, die Multikulturalität ablehnen.
- Die Unterstützung von nicht-weißen ethnischen Gruppen und von Homosexualität.
- Die Kulturkämpfe um die Deutungshoheit gesellschaftlicher Entwicklungen.
- Die konservative Wahrnehmung des Niedergangs der westlichen Kultur.
- Die konservative Kritik der Geisteswissenschaften.

Ein wesentlicher Punkt, in dem sich die Analyse von Lasch von heutigen konservativen Untersuchungen unterscheidet, ist die Beobachtung, dass die ‚Eliten' nicht versuchen, ihre Sichtweisen den anderen Gruppen aufzuoktroyieren, sondern – wie man heute sagen würde – eine Echokammer zu bilden. Bei Lasch liest es sich folgendermaßen:

> „Die Kulturkriege, die Amerika seit den sechziger Jahren erschüttern, lassen sich am besten als eine Form des Klassenkampfs verstehen, in dem eine aufgeklärte Elite (wie sie sich selbst sieht) weniger darauf aus ist, der Mehrheit (einer Mehrheit, die sie für unverbesserlich rassistisch, sexistisch, provinziell und fremdenfeindlich hält) ihre Werte aufzuzwingen, und noch weniger, die Mehrheit durch rationale öffentliche Debatten zu überzeugen, sondern vielmehr darauf abzielt, parallele oder ‚alternative' Institutionen zu schaffen, in denen es nicht mehr notwendig sein wird, sich mit den Unaufgeklärten auseinanderzusetzen." (Lasch, 1995, S. 20 f.; meine Übersetzung, DR)

Nur ganz am Rande ist bei Lasch etwas über die soziologischen Hintergründe dieser Entwicklung nachzulesen, nämlich die seinerzeitige Deindustrialisierung und der Verlust von Arbeitsplätzen. Ich hingegen bin überzeugt, dass die im vorherigen Kapitel beschriebenen größeren gesellschaftlichen Trends im globalen Norden der zweiten Hälfte des 20. Jahrhunderts zentral sind für das Verständnis des ‚Volk vs. Elite'-Gegensatzes. Diese Unterscheidungsfigur ‚Elite vs. Volk' findet sich, das ist meine Ausgangsthese, eben nicht nur in einem Land, sondern diese macht sich sowohl links wie rechts in Deutschland (Karavasilis, 2025), Großbritannien (March, 2017) oder Frankreich (Pranchère, 2020) und darüber hinaus im globalen Maßstab bemerkbar. Dahinter stecken zwei zentrale Aspekte des sozialen Wandels, die Soziokultur und die Sozioökonomie.

Die soziokulturelle Entwicklung

Beginnen wir zunächst mit der soziokulturellen und dann anschließend mit der sozioökonomischen Entwicklung. Illiberale und insbesondere populistische Bewegungen leben erfahrungsgemäß von der rhetorischen Konfrontation zwischen dem ‚Volk' und der ‚Elite'. Letztere wird als abgehoben charakterisiert und als ein Teil der Gesellschaft, der – unrechtmäßig – Macht über das ‚Volk' hat. In einem ersten Schritt soll daher versucht werden, diese Figur von ‚Volk vs. Elite' etwas plausibler zu machen.

Versuchen wir es mit einer möglichst präzisen Charakterisierung dieser Unterscheidung. In der einschlägigen Forschung wurde festgestellt,

> „… dass es sich in erster Linie um eine moralische Unterscheidung handelt, zwischen ihnen [der Elite, DR] als korrupte Kräfte und ‚uns', den reinen Menschen. Je nach Kontext kann die Elite in Politik, Wirtschaft, Kultur, Medien oder Justiz dominierend sein. In allen Erzählungen hat die Elite den Staat erobert und nutzt ihn, um ihre eigenen egoistischen Interessen auf Kosten der einfachen Bevölkerung zu verfolgen. Infolgedessen werden eine Befreiung und ein systemischer Wandel gefordert, durch den die Politik von der bösen Minderheit gesäubert werden kann, welche die Demokratie und die Volksherrschaft untergraben hat." (Castanho Silva et al., 2017, S. 425; meine Übersetzung, DR)

Von Bedeutung ist hier die ‚moralische Unterscheidung' zwischen ‚Volk' und ‚Eliten' im illiberalen Narrativ. Es geht, wie ich am Ende des Kapitels noch zeigen werde, gar nicht um die Eliten in einem soziologischen Sinne, bei denen man über Jahrzehnte hinweg eine gewisse Kontinuität der Rekrutierungswege feststellen kann, beispielsweise im Justizwesen oder in der Finanzwelt (Hartmann, 2025).

Dieser Elite müsste Donald Trump zugerechnet werden müssen, ebenso wie Wladimir Putin. Beide Politiker stellen sich aber als anti-elitär und dem Volk verbunden dar. Die illiberale Erzählung von ‚Volk' vs. ‚Elite' ist eine Zuschreibung von Eigenschaften, die mit den konventionellen Eliten eines Landes nur wenig zu tun haben – es geht eben um die moralisierende Unterscheidung.

Die moralische Erzählung lautet, die ‚Eliten' haben sich unrechtmäßig des Staats und gesellschaftlicher Führungspositionen bemächtigt und dies berechtigt das ‚Volk' nunmehr, gegen den Zustand zu revoltieren und die ‚Eliten' zu beseitigen. Dass das nicht so weit hergeholt ist, wie es klingt, kann an den antiwissenschaftlichen Kämpfen der zweiten Trump-Administration gesehen werden, die sowohl in den Hochschulen als auch in der eigenen staatlichen Verwaltung mit großem Furor gegen die Menschen und gegen die Expertise vorgegangen ist. Und bekanntlich richtete sich der Furor nicht nur gegen die Hochschulen, sondern auch gegen die Medien, die Justiz, die Kultur und die Wirtschaft sowie gegen politische Amtsträger wie Gouverneure und Bürgermeister, die der Demokratischen Partei angehörten. Dies entspricht exakt der Aufzählung aus dem obigen Zitat von 2017.

Mit der soziokulturellen Entwicklung sind in erster Linie die Bildungsexpansion und der damit einhergehende Trend zur Akademisierung gemeint, der im globalen Norden in den 1950er- und 1960er-Jahren begann. Hinter diesem Trend stecken wiederum zwei weitere Aspekte. Zum einen veränderte sich – wie im vorherigen Kapitel beschrieben – die Arbeitswelt mit der beginnenden De-Industrialisierung spätestens ab den 1970er-Jahren. Zum zweiten, und damit zusammenhängend, wurden die Effekte von Bildung auf Wohlstand und Lebensqualität zunehmend erkannt (Marginson, 2016). Ein weiterer, eher indirekter, Aspekt ist die zunehmende Feminisierung der Arbeitswelt, die sich insbesondere im Bereich der höheren Bildung bemerkbar machte.

Welche Folgen hatte dieser globale Trend auf die allgemeine Soziokultur? Einer der wenigen unumstrittenen empirischen Befunde in den Sozialwissenschaften ist der Zusammenhang zwischen höherer Bildung und positiven Einstellungen gegenüber Menschen mit Migrationshintergrund (Velásquez & Eger, 2022). Diesen Zusammenhang könnte man fast als ‚soziales Naturgesetz' umschreiben, wenn nicht in den letzten Jahren Zweifel an der Stärke der Assoziation aufgekommen wäre. Neuere Studien legen nämlich nahe, dass die positive Einstellung nicht generell gilt, sondern besonders ausgeprägt ist bei Menschen mit einem tertiären Abschluss in den künstlerischen sowie geistes- und sozialwissenschaftlichen Disziplinen (Eger et al., 2025). Interessanterweise handelt es sich bei diesen Disziplinen um Fächer mit einem überdurchschnittlich großen Anteil von Frauen.

Es ist davon auszugehen, dass der generelle Trend zur Akademisierung der Berufsabschlüsse im globalen Norden einer der Treiber der allgemeinen Liberalisierung von Einstellungen nicht nur in Sachen Migration, sondern auch bezüglich Geschlechtsrollen und anderen Aspekten ist. Menschen mit akademischen Abschlüssen und liberalen Einstellungen sind daher – das sollte nicht verwundern – in den entsprechenden beruflichen Positionen in Schule, Hochschule, Medien, Rechtswesen und anderen Sektoren deutlich häufiger anzutreffen als Menschen mit eher konservativen Ansichten. In amerikanischen Spitzen-Universitäten beispielsweise gibt unter den Professoren mehr als achtmal so viele Parteimitglieder der Demokraten wie Republikaner (Langbert & Stevens, 2022). Zudem gehörten liberale Werte auch schon zu den Einstellungskriterien, und dies insbesondere im Hochschulbereich (Kelly et al., 2025).

Selbst unter Berufspolitikern zeigt sich dasselbe Muster. Gemäß einer empirischen Untersuchung sind – mit Ausnahme rechter bzw. nationalistischer Politiker – Abgeordnete aller Parteien des Europa-Parlaments deutlich liberaler in kulturellen Fragen als die Durchschnitts-Wählenden (Guenther, 2025). Dies veranlasst den Autor dieser Untersuchung zu der These der ‚Repräsentations-Lücke', die dann von populistischen Parteien gefüllt wird.

So gesehen, entpuppt sich die ‚Elite' als das Ergebnis eines über Jahrzehnte anhaltenden sozialen und kulturellen Wandels, der sich vom globalen Norden aus in viele weitere Regionen ausgebreitet hat. Liberale Einstellungen sind quasi ‚natürlich' mit diesem Trend verbunden. Und ebenso natürlich ist die Tatsache, dass die liberalen Einstellungen eher bei Menschen in Führungspositionen zu finden sind als bei Menschen ohne entsprechende Bildungsabschlüsse, die in beruflichen Positionen unterhalb von Führungskräften arbeiten.

Die sozioökonomische Entwicklung

Die gerade skizzierte soziokulturelle Entwicklung hat zweifelsohne eine ökonomische Komponente. Daher stellt sich die Frage, ob und wie sich die Bildungsexpansion auf die soziale Ungleichheit auswirkt. Eine Vermutung wäre, wenn viele akademisch und damit auch in Sachen Gehalt aufsteigen, müsste dies die Ungleichheit erhöhen, weil ja viele andere zurückbleiben. Die Forschungslage entspricht jedoch eindeutig nicht dieser Ansicht. Die Bildungsexpansion verringert die Ungleichheit. Die Gründe sind zweierlei: Der Abstand zu den vormals Topverdienenden wird durch den Bildungsaufstieg verringert und die vormals Geringverdienenden erhalten durch die Bildung einen größeren Anteil am Gesamteinkommen (Abdullah et al., 2015).

Insgesamt hat sich diese Entwicklung, zumindest in Europa, nicht sonderlich auf die wirtschaftliche Ungleichheit ausgewirkt. Eine für Ländervergleiche gern herangezogene Messgröße ist der so genannte Gini-Koeffizient. Die Ungleichheit in einem Land wird hier auf einer Skala von 0 (vollkommene Gleichheit) bis 1 (vollkommene Ungleichheit) abgetragen. Unterscheiden muss man dabei die Ungleichheit der Einkommen und die der Vermögen. Das Vermögen ist in der Regel deutlich ungleicher ausgeprägt. Allerdings kann man sich von Immobilien- oder Aktienbesitz nicht unmittelbar für das tägliche Leben versorgen, daher ist das Einkommen wesentlich relevanter für das Alltagsleben. In den letzten Jahrzehnten hat sich dieser Koeffizient, beispielsweise für Einkommen in der Schweiz oder in Deutschland, kaum verändert. In beiden Ländern liegt er bei 0,3. Ein wesentlicher Faktor ist dabei der Staat, der höhere Einkommen stärker besteuert und niedrigere Einkommen über die Sozialleistungen entlastet. In den Vereinigten Staaten ist die Ungleichheit deutlich größer, mehr als 0,4. Zudem ist er dort noch leicht gestiegen (World Bank Poverty and Inequality Platform, 2025).

Unter der – insgesamt – stabilen Einkommensungleichheit verbirgt sich jedoch eine Gruppe von Betroffenen, die weder von der Bildungsexpansion profitiert haben und auch von der Verlagerung der Industriefertigung nicht verschont geblieben sind. Diese Menschen werden im Polit-Sprech auch die ‚Abgehängten' oder, man erinnere sich an Hillary Clinton während des US-Wahlkampfs 2016, die ‚Bedauernswerten' genannt:

> „Dieser Teil der Bevölkerung umfasst im Allgemeinen diejenigen Arbeitnehmer, die nicht von der Globalisierung der Wirtschaft profitiert haben, weil der traditionelle männliche Industriesektor verschwunden ist oder weil sie nicht über die Qualifikationen und Fähigkeiten verfügen, die der

> wachsende Dienstleistungssektor verlangt. Diese Begriffe, insbesondere ‚die Bedauernswerten', sind offensichtlich abwertend gemeint, aber sie sollen Menschen ohne Hochschulbildung, ohne sichere Beschäftigung, mit niedrigem Einkommen und ohne angemessene Renten oder Ersparnisse identifizieren und beschreiben. Dieser Teil der Gesellschaft wird in der Regel als die Anhänger angesehen, welche die Basis des Populismus bilden." (Turner, 2024, S. 208; meine Übersetzung, DR)

Ab welchem Zeitpunkt genau das Gefühl des Abgehängt-Seins von und der Nicht-Beachtung durch die ‚Eliten' aufkam, kann nur schwer bestimmt werden. Allerdings entstand in den oben bereits genannten 1990er-Jahren erstmalig ein Widerstand gegen globalisierte Handelsbestrebungen. In den USA formierte sich eine Reaktion auf das Nordamerikanische Freihandels-Abkommen (NAFTA), die insbesondere von der amerikanischen Gewerkschaftsbewegung getragen wurde (Shoch, 2000). Befürchtet wurden eine Abwanderung von Arbeitsplätzen nach Mexiko und ein Lohn-Dumping in den USA. Beide Befürchtungen waren nicht unberechtigt.

Die in den ‚abgehängten' Regionen lebenden Menschen, die es auch in Deutschland gibt (Deppisch, 2025), erleben die wirtschaftlichen und politischen Eliten als verantwortlich für zusammenbrechende Infrastruktur und fehlende Daseinsvorsorge. Empirische Analysen legen daher einen Zusammenhang zwischen den genannten strukturellen Defiziten und den Wahlerfolgen rechts-populistischer Parteien nahe (Bernard et al., 2025). Dieser Zusammenhang ist im Übrigen stärker als der Stadt-Land-Unterschied.

Am Ende ist das ‚Volk', ähnlich der ‚Elite', die Folge eines sozialen Wandels, der hier in erster Linie ökonomische und dann in zweiter Linie sicher auch kulturelle Faktoren beinhaltet. Und ähnlich der ‚Elite' findet sich das Muster des Abgehängt-Seins hier ebenfalls auf einem zunehmend globalen Niveau.

Volk vs. Elite im globalen Illiberalismus

Die ‚Volk vs. Elite'-Figur ist aber keinesfalls nur ein Phänomen des sozialhistorischen Hintergrunds der illiberalen Entwicklung in den westlichen Ländern. Den Illiberalismus als Begriff populär gemacht hat bekanntlich der ungarische Präsident Viktor Orban. Orban und andere Gleichmeinende wie die Kaczynski-Brüder in Polen haben sich insbesondere ab den 2010er-Jahren gegen liberale Eliten im eigenen Land wie auch in ganz Europa gewendet. Wie Ivan Krastev und Stephen Holmes in ihrer politisch-psychologischen Analyse der Entwicklung des Illiberalismus in Zentral- und Osteuropa beschreiben, hängt diese mit fundamentalen Enttäuschungen über den westlichen Liberalismus zusammen, der von den eigenen ‚Eliten' kopiert worden sei (Krastev & Holmes, 2019). Die antikommunistischen Politikansätze, die wesentlich zur Wende beigetragen haben, hatten eigentlich eine konservative Richtung anvisiert. Allerdings mussten diese politischen Kräfte erkennen, dass die westlichen Länder sich längst in eine liberale Richtung aufgemacht hatten, die mit Homosexualität, Abtreibung und Migration immer weniger Probleme hatten. Insofern hat die – halbherzige – Anti-EU-Politik der illiberalen Osteuropa-Politiker immer auch eine anti-elitistische Richtung. Halbherzig ist die Politik, weil man natürlich ohne den EU-Binnenmarkt und ohne die Subventionen wirtschaftlich kaum überleben könnte.

Dieselbe Stoßrichtung findet sich nicht unerwartet in der von der MAGA-Bewegung inspirierten Außenpolitik der USA. In der im November 2025 veröffentlichten Nationalen Sicherheits-Strategie der Vereinigten Staaten heisst es wörtlich:

> „Wir werden uns wehren gegen Eliten-gesteuerte antidemokratische Einschränkungen der Grundfreiheiten in Europa, im angelsächsischen Raum und im Rest der demokratischen Welt, insbesondere unter unseren Verbündeten." (The White House, 2025; meine Übersetzung, DR)

Der Eliten-Begriff wird, das macht das Zitat deutlich, auch im globalen Maßstab genutzt, um den zuvor konstruierten Gegensatz zum ‚Volk' plausibel zu machen. Die Begrifflichkeiten und die damit zusammenhängenden Vorstellungen finden sich zudem in der illiberalen Kommunikation, die zwischen westlichen Rechts-Populisten und russischer Politik und entsprechender Propaganda vorkommt. Die westlichen ‚Eliten' werden als naiv und ‚globalistisch' charakterisiert, während etwa der russische Präsident als pragmatisch, vaterlandsliebend und zum Frieden in der Ukraine bereit stilisiert wird (Welker, 2025). Aus dem ‚Volk vs. Eliten'-Gegensatz wird hier ein ‚Wir gegen sie'; und zum ‚wir' zählen sämtliche Illiberale im globalen Norden. In Österreich nutzt die rechts-populistische Freiheitliche Partei (FPÖ) diesen Gegensatz, um die ‚Neutralität' im Krieg Russlands gegen die Ukraine zu betonen, während sich die ‚Eliten' auf die Seite der Ukraine schlagen, was den vermeintlichen Interessen des ‚Volks' zuwiderlaufe (Wagner et al., 2025).

Die Ironie, wenn man es so nennen mag, liegt darin, dass ausgerechnet Trump und Putin sich gerne in einer abgehobenen güldenen Palast-Ästhetik präsentieren, die eher an vor-demokratische Monarchien als an moderne Staaten erinnert. Von Geschmacksverirrungen einmal abgesehen, soll damit vermutlich signalisiert werden, über den normalen Dingen zu stehen und nach eigenem Gusto entscheiden zu können. Zudem stammen beide, Trump wie Putin, aus den ‚Eliten' der jeweiligen Länder. Trump hatte reich geerbt und war Absolvent der *University of Pennsylvania*, die zum Prestige-Kreis der *Ivy-League*-Universitäten gehört. Putin hatte im sowjetischen Geheimdienst KGB Karriere gemacht und war stellvertretender Bürgermeister von St. Petersburg. Jedoch, wie so häufig, spielen derartige Widersprüche bei den Anhängern des Illiberalismus keine Rolle. Solange die Anführer sich gegen die anderen ‚Eliten' wenden, wird das eigene Elitäre gerne übersehen.

Die selbstkritische Reflexion unserer Position

Was also macht uns liberal und demokratisch eingestellte Menschen zur nicht gerade wohl gesonnenen, wenn nicht sogar verhassten ‚Elite'? Es sind aus meiner Sicht zwei Aspekte und die gehen auf die Unterscheidung von den *Anywheres* und den *Somewheres* zurück, die ich in der Einleitung beschrieben habe, also den Menschen, die sich eigentlich keinem Ort emotional zugehörig erleben und denen, die einen emotionalen Bezug zu einem Land oder einer Region haben.

Zum einen sind wir, die *Anywheres*, tendenziell mit einer höheren Bildung ausgestattet, die mit einem höheren Einkommen und oftmals auch mit einem entsprechenden Status und Ansehen verbunden ist. Zweifelsohne sind wir – wiederum in der Tendenz – auch an einflussreicheren gesellschaftlichen Positionen zu finden, sei es in der Politik, in den Medien, in der Wissenschaft oder im Rechtswesen.

Zudem müssen wir uns im Klaren sein, dass allein unsere Bildung und unser tendenziell besseres Einkommen uns gegen viele Risiken der modernen Gesellschaft schützt, denen andere Menschen häufiger ausgesetzt sind. Das sind beispielsweise wirtschaftliche Risiken oder gesundheitliche Risiken, wie wir während der COVID-Pandemie gesehen haben. Wissensarbeiter, wie ich, konnten im Homeoffice weiterarbeiten, konnten sich der Virus-Exposition weitgehend entziehen und hatten keine Einkommensverluste. Die Risiken betreffen aber generell Menschen, die etwa im Niedriglohnsektor arbeiten mehr, da sowohl die Arbeitsbedingungen als auch ihre Einkommens- und Vermögensstruktur grundsätzlich schlechter sind als bei den meisten Menschen mit einem höheren Bildungsabschluss.

Der zweite Aspekt ist die bei uns – nochmals: tendenziell – deutlich liberalere Haltung gegenüber Themen wie Migration oder Genderfragen. Beides zusammen lässt bei vielen Menschen, die keine höhere Bildung genossen haben und auch keinen entsprechenden Status und Einfluss haben, den Eindruck entstehen, dass wir ihnen unsere politischen und moralischen Vorstellungen aufdrängen, wenn nicht sogar aufzwingen wollen. Und wenn wir ehrlich sind, so sind diese Vorstellungen auch nicht immer von der Hand zu weisen.

Die selbstkritische Lektion besteht aus meiner Sicht darin, dass wir uns genau dieser Sichtweise auf unser Verhalten bewusstwerden und unsere – berechtigten – Anliegen anders und vielleicht besser kommunizieren müssen. Das manchmal Herablassende, Moralisierende und Besserwisserische, das wir gelegentlich an den Tag legen, ist kontraproduktiv, wenn wir unsere politischen und moralischen Ziele erreichen wollen.

Zusammenfassung – Kurz-Lektion 5

- Der Kern der illiberalen Ideologie ist die Unterscheidung von ‚Volk' und ‚Eliten'.
- Es handelt sich um eine moralische Unterscheidung, welche das ‚Volk' berechtigen soll, die ‚Eliten' zu beseitigen.
- Das Elitenkonzept des Illiberalismus hat nichts mit den konventionellen Eliten zu tun.
- Der gesellschaftliche Hintergrund besteht in der Bildungsexpansion, der Akademisierung und der damit einhergehenden Liberalisierung von Einstellungen.
- Die Bildungselite sollte ihre gesellschaftliche Position selbstkritisch hinterfragen.

Literatur

Abdullah, A., Doucouliagos, H., & Manning, E. (2015). Does education reduce income inequality? A meta-regression analysis. *Journal of Economic Surveys, 29*(2), 301–316. https://doi.org/10.1111/joes.12056

Bernard, J., Refisch, M., Grzelak, A., Bański, J., Deppisch, L., Konopski, M., Kostelecký, T., Kowalski, M., & Klärner, A. (2025). *Left-behind regions in Poland, Germany, Czechia: Classification and electoral implications.* https://hdl.handle.net/10419/312565. Zugegriffen am 02.03.2026.

Castanho Silva, B., Vegetti, F., & Littvay, L. (2017). The elite is up to something: Exploring the relation between populism and belief in conspiracy theories. *Swiss Political Science Review, 23*(4), 423–443. https://doi.org/10.1111/spsr.12270

Deppisch, L. (2025). Wir sind nur Menschen zweiter Klasse. *Aus Politik und Zeitgeschichte, 75*, 45–53.

Eger, M. A., Hjerm, M., & Velásquez, P. (2025). What is the liberalizing potential of higher education? An analysis of academic fields and anti-immigrant sentiment across 32 countries. *The British Journal of Sociology, 76*(5), 1205–1211. https://doi.org/10.1111/1468-4446.70008

Guenther, L. (2025). Political representation gaps and populism. *SSRN*. https://ssrn.com/abstract=4230288

Hartmann, M. (2025). Mehr Kontinuität als Wandel – Die deutschen Eliten vom Kaiserreich bis heute. *Berliner Journal für Soziologie, 35*(2), 187–212. https://doi.org/10.1007/s11609-025-00557-4

Karavasilis, L. (2025). What we talk about when we talk about 'the elite' in populism studies: Re-examining an often-neglected term in the cases of Die Linke and AfD. *Critical Discourse Studies*, 1–17. https://doi.org/10.1080/17405904.2025.2496630

Kelly, S., Zhong, Y., Guner, G., Celik, C., & Litman, D. (2025). Changing value dimensions in higher education? Evidence from faculty job postings in education, business, and the social sciences. *Journal of School Choice, 19*(4), 667–685. https://doi.org/10.1080/15582159.2025.2510599

Krastev, I., & Holmes, S. (2019). *The light that failed: A reckoning*. Allen Lane.

Langbert, M., & Stevens, S. (2022). Partisan registration of faculty in flagship colleges. *Studies in Higher Education, 47*(8), 1750–1760. https://doi.org/10.1080/03075079.2021.1957815

Lasch, C. (1995). *The revolt of the elites and the betrayal of democracy*. Norton.

March, L. (2017). Left and right populism compared: The British case. *The British Journal of Politics and International Relations, 19*(2), 282–303. https://doi.org/10.1177/1369148117701753

Marginson, S. (2016). The worldwide trend to high participation higher education: Dynamics of social stratification in inclusive systems. *Higher Education, 72*(4), 413–434. https://doi.org/10.1007/s10734-016-0016-x

Mudde, C. (2004). The populist zeitgeist. *Government and Opposition, 39*(4), 541–563. https://doi.org/10.1111/j.1477-7053.2004.00135.x

Patenaude, W., III. (2019). Modern American populism: Analyzing the economics behind the "Silent Majority," the Tea Party, and Trumpism. *The American Journal of Economics and Sociology, 78*(3), 787–834. https://doi.org/10.1111/ajes.12281

Pranchère, J.-Y. (2020). Quel concept de populisme? *Revue européenne des sciences sociales. European Journal of Social Sciences*, (58–2), 19–37.

Shoch, J. (2000). Contesting globalization: Organized labor, NAFTA, and the 1997 and 1998 fast-track fights. *Politics & Society, 28*(1), 119–150. https://doi.org/10.1177/0032329200028001006

The White House. (2025). *National security strategy of the United States of America.* https://www.whitehouse.gov/wp-content/uploads/2025/12/2025-National-Security-Strategy.pdf. Zugegriffen am 09.12.2025.

Turner, B. S. (2024). Masculinity, citizenship, and demography: The rise of populism. *International Journal of Politics, Culture, and Society, 37*(2), 203–217. https://doi.org/10.1007/s10767-023-09459-w

Velásquez, P., & Eger, M. A. (2022). Does higher education have liberalizing or inoculating effects? A panel study of anti-immigrant sentiment before, during, and after the European migration crisis. *European Sociological Review, 38*(4), 605–628. https://doi.org/10.1093/esr/jcab062

Wagner, F., Sablina, L., & Mikola, B. (2025). Russia and Central European illiberal actors: Mutual legitimation amid the full-scale invasion of Ukraine. *East European Politics, 41*(1), 159–190. https://doi.org/10.1080/21599165.2024.2420967

Welker, B. (2025). Geopolitical mythmaking: A narrative study of German far-right media discourse on the Russian invasion of Ukraine. *Critical Discourse Studies*, 1–19. https://doi.org/10.1080/17405904.2025.2524372

World Bank Poverty and Inequality Platform. (2025). *Income inequality: Gini coefficient – World Bank[dataset]. World Bank Poverty and Inequality Platform, [original data]*. https://archive.ourworldindata.org/20251209-133038/grapher/economic-inequality-gini-index.html. Zugegriffen am 09.12.2025.

6

Lektion: Wie es zu verstehen ist, dass wir in die Polykrise geraten sind

Wir sind ohne Zweifel seit geraumer Zeit in einer tiefen gesellschaftlichen und ökologischen Krise gelandet – um nicht zu sagen, in einem Schlammassel. Die Krise der liberalen Demokratie ist nur eine Facette des Schlamassels, in dem wir stecken. Die illiberale Politik ist vor dem Hintergrund zahlreicher weiterer Krisen zu sehen, und diese Krisen hängen nicht nur zusammen, in gewisser Weise bedingen sie sich auch gegenseitig. Die Krisen der Finanzen und der Lebenshaltungskosten haben einen klaren geopolitischen Hintergrund mit den steigenden Energiekosten nach dem russischen Überfall auf die Ukraine. Die Klima-Krise hat ebenfalls ein geopolitisches Ausmaß und sie wirkt sich wiederum auf die Energiekosten aus. Alles zusammen – und nicht zusätzlich noch demografische Krise, die COVID-Krise, die Finanzkrise vom Ende der 00er-Jahre und die Migrations-Krise der vergangenen Jahre – ist der Nährboden für den aktuellen Illiberalismus.

D. Richter, *Die resiliente Republik*,
https://doi.org/10.1007/978-3-658-50673-5_6

Polykrise und (liberale) Hybris

Der Historiker Adam Tooze hat für diese Problemlage den Begriff der Polykrise popularisiert (Tooze, 2023). Hierbei handelt es sich um ein Konzept der französischen Sozialwissenschaftler Edgar Morin und Anne-Brigitte Kern, das bereits aus den 1990er-Jahren stammt (Morin & Kern, 1993). Die Globalisierung, die Morin und Kern als ‚das planetarische Zeitalter' definierten, führt demnach nach zu komplexen Wechselwirkungen zwischen voneinander abhängigen Systemen. Wenn mehrere Systeme in einer Krise stecken, neigen die dadurch verursachten Schocks dazu, gleichzeitig oder durch Rückkopplungsschleifen miteinander zu interagieren. Dieses Phänomen wird von Morin und Kern als ‚Inter-Retro-Aktion' beschrieben. Die Polykrise entsteht durch die Gleichzeitigkeit der sich bedingenden Krisen und durch die globale Ausbreitung.

Mit den Interaktionen und Rückkopplungsschleifen sind schon relevante Gemeinsamkeiten der verschiedenen Krisen beschrieben, die sie zu einer Polykrise machen. Beim näheren Hinsehen gibt es – davon bin ich überzeugt – aber noch eine weitere Gemeinsamkeit. Die Finanzkrise, die Klimakrise, die Migrationskrise, um nur ein paar zentrale Problemlagen zu benennen, sind die Folgen eines Erfolgs, der sich anschließend in ein Problem verwandelt hat. Als Gesundheitswissenschaftler kennt man diese Gemengelage als ‚Fehler durch Erfolg' (englisch: ‚*failure of success*'). In der Gesundheitsforschung ist dieses Konzept seit den 1970er-Jahren bekannt, indem etwa die deutlich verbesserte medizinische Forschung und die Gesundheitsversorgung dazu geführt haben, dass Menschen immer älter werden, wodurch viele Probleme entstehen (Gruenberg, 1977). Eines der Probleme, das durch die verlängerte Lebenserwartung sich entwickelte, ist die hohe Zahl von Menschen mit Demenz. Diese Herausforderung existierte in früheren Jahrzehnten nicht.

Es ist aber nicht nur die Gesundheitsversorgung, welche zu nicht vorhergesehenen und nicht gewollten Folgeproblemen führte. In der zweiten Hälfte des 20. Jahrhunderts hat sich gleichzeitig ein erheblicher Wohlstandsgewinn im globalen Norden entwickelt, der einen klaren Zusammenhang mit der Industrieproduktion hatte. Wenngleich die Deindustrialisierung bereits in den 1970er-Jahrn ihre Anfänge hatte, waren doch bis weit in die zweite Hälfte des Jahrhunderts hinein die meisten Menschen eher im industriellen Sektor beschäftigt. Wohlstand und Industrialisierung sind die entscheidenden Hintergründe für die heutige Klimakrise. Die Klimakrise ist eine nicht-intendierte Nebenfolge von Industrieproduktion und ökonomischer Prosperität – eine Fehlentwicklung vor dem Hintergrund eines gesellschaftlichen Erfolgs. Und weil es ein solcher Erfolg war, tut sich die Politik und tun sich auch viele Menschen schwer, diesen Erfolgspfad kritisch zu sehen – oder ihn gar zu verlassen.

Im globalen Norden herrschte lange Zeit die Selbstgewissheit, dass der erfolgreiche Pfad nach dem Ende des Ostblock-Sozialismus schon weitergehen werde und dass die Probleme, die sich am Horizont sehen ließen, schon nicht so gravierend sein würden. Der britische Historiker Timothy Garton Ash, in den 1980er/1990er-Jahren ein luzider Beobachter der osteuropäischen Demokratisierungsprozesse, hat die mit der Selbstgewissheit einhergehende Hybris in einer Passage seines Buchs ‚*Homelands*' treffend auf den Punkt gebracht. Er beantwortete die Frage, was denn falsch gelaufen sei, folgendermaßen:

> „Wenn ich die Antwort auf diese Frage in einem einzigen Wort zusammenfassen müsste, wäre es Hybris – der tragische Fehler übermäßigen Selbstvertrauens. Die Hybris des amerikanischen ‚neuen Roms', das in den Irak einmarschierte. (…) Die Hybris zu glauben, dass die Erweite-

rung des von den USA geführten geopolitischen Westens nach Osteuropa reibungslos fortgesetzt werden könne, ohne dass man sich einer heftigen Herausforderung durch das revanchistische Russland stellen müsse. Die Hybris der Eurozone, die Trichet in seiner Rede von 2008, in der er sich selbst für seine neo-karolingischen Errungenschaften beglückwünschte, perfekt zum Ausdruck brachte. Die Hybris einer Europäischen Union, die sich 2007, zum fünfzigsten Jahrestag der Römischen Verträge, als ein Modell sah, dem die Welt nun respektvoll nacheifern könnte. (…) Die Hybris auch eines globalisierten Finanz-Kapitalismus, der sich rühmte, dem Auf und Ab (‚*boom and bust*', DR) ein Ende gesetzt und im freien Markt so etwas wie ein Allheilmittel gefunden zu haben. (…) Und ja, die Hybris von Liberalen wie mir, die glaubten, wir könnten nun von einem freien Europa zu einer freien Welt voranschreiten." (Garton Ash, 2024, S. 238; meine Übersetzung, DR)

Die Selbstkritik, die hier zum Ausdruck kommt, ist absolut berechtigt und angebracht. Liberale Demokraten wie Timothy Garton Ash – und wie auch ich persönlich – haben durch unsere Hybris und durch unsere Ignoranz der Auswirkungen des sozialen und technologischen Wandels auf viele Menschen einen wesentlichen Teil dazu beigetraten, dass wir am Ende in einem Schlamassel der Polykrise gelandet sind – und uns mit Rechts-Populismus und Illiberalismus herumschlagen müssen.

Innerhalb der Polykrise existieren drei verschiedene Arten von Krisen. Als erstes gibt es den plötzlichen Typus von Krise, als zweites den langfristig bekannten Typus und als drittes den immer wieder auftauchenden und verschwindenden Misch-Typus. Die Finanzkrise und die COVID-Krise, Typ 1, erschienen relativ plötzlich auf dem gesellschaftlichen Radar im globalen Norden. Im Nachhinein sind diese beiden Krisen nicht selten auch als ‚Schwarzer Schwan' charakterisiert worden (Jana et al., 2022).

Gemäß Nassim Nicholas Taleb, einem amerikanischen Wirtschaftswissenschaftler, handelt es sich bei solchen offenbar unerwarteten Ereignissen um ungewöhnliche Phänomene (statistische Ausreißer), die massive Folgen haben und im Nachhinein erklärbar werden (Taleb, 2010 (2007)). In seinem Buch über solche Ereignisse aus dem Jahr 2007 findet sich übrigens eine Fußnote, in der er auf die systemischen Risiken der amerikanischen Bank- und Finanzwelt hingewiesen hat; dieses Buch ist mit Gewissheit vor der Finanzkrise verfasst worden. Dies macht deutlich, dass die Risiken, welche mit Schwarzen Schwänen verbunden sind, zwar nicht in der allgemeinen Öffentlichkeit diskutiert werden, aber in der Fachwelt durchaus geläufig sind.

Demgegenüber sind die Klima-Krise, die Migrations-Krise und die Demografie-Krise, Typ 2, definitiv keine Schwarzen Schwäne. Ihre Entwicklungen sind seit langem bekannt, und sie werden seit vielen Jahrzehnten auch außerhalb der Fachwelt diskutiert. Dennoch geschieht weder in der Politik noch in anderen gesellschaftlichen Teilsystemen genug, um präventiv gegen die Folgen vorzugehen.

Und dann gibt es noch den dritten Typ, den man insbesondere in der Geopolitik, und hier im Zusammenhang mit Russland, sehen kann. Hier handelt es sich um einen Mischtyp aus den beiden vorherigen. Vieles war lange bekannt, aber die russische Vollinvasion in die Ukraine war dann doch nur von wenigen in dieser Form erwartet worden. Der Kalte Krieg, der bis zum Ende der 1980er-Jahre dauerte, wurde von einer relativen Entspannungsphase nach dem Ende der Sowjetunion abgelöst. Erste erneute Spannungen wurden dann bereits Ende der 2000er-Jahre sichtbar und wären vollends mit der Besetzung der Krim durch die russische Armee zu erkennen gewesen. Doch es dauerte im Westen bis zur Vollinvasion der Ukraine im Februar 2022, dass die geopolitischen Entwicklungen den Stellenwert erhielten, der notwendig ist.

Die Hybris besteht aber leider nicht nur auf der Seite liberaler Demokraten. Mit dem Verweis auf Verschwörungserzählungen und arrogante Einstellungen kann auch den illiberalen Perspektiven eine überzogene Selbstgewissheit attestiert werden, wie selbst in der Philosophie unter dem Stichwort der ‚erkenntnistheoretischen Hybris' mittlerweile analysiert wird (Pongiglione, 2025). Auch ein Donald Trump oder die deutsche AfD-Führung haben keinerlei Selbstzweifel – im Gegenteil.

Wir werden im Zusammenhang mit der COVID-Krise, der so genannten Migrations-Krise, der Demografie-Krise und mit der Klima-Krise im weiteren Verlauf des Kapitels auf viele derartiger Phänomene stoßen. Hybris, Nachlässigkeiten und Selbstgewissheit sind dabei keinem politischen Lager und keinem Spektrum exklusiv zuzuschreiben – in gewisser Weise handelt sich um allgemein-menschliches Verhalten. Ich werde mich in diesem Kapitel daher auf diese menschlichen und gesellschaftlichen Eigenschaften bei der Analyse der einzelnen Krisen beschränken. Dies schützt mich zudem davor, den Zustand der Welt innerhalb weniger Seiten erschöpfend abhandeln zu wollen – auch das wäre mit einer Hybris verbunden. Wir beginnen mit der Finanzkrise.

Die Finanzkrise 2007/2008

Die Finanzkrise, die im Jahr 2007 mit dem Zusammenbruch des Systems der Immobilien-Kredite in den USA begann, war nicht die erste ökonomische Krise, die – im Nachhinein gesehen – auf Nachlässigkeit beruhte. Ähnliche Entwicklungen waren auch schon beim Börsensturz 1987, bei der asiatischen Wirtschaftskrise 1997 oder bei der Dot.

com-Krise zu Beginn der 2000er-Jahre zu erkennen (Tucker, 2010). Derartige Nachlässigkeiten schleichen sich ein, wenn eine Stabilität über längere Zeit anhält, was unter anderem zu einer höheren Risikobereitschaft im System führt und den Ruf nach De-Regulierung laut werden lässt. Solche Phänomene waren auch im Vorlauf der Finanzkrise 2007/2008 zu sehen, als etwa Immobilien-Kredite an Personen vergeben wurden, die eigentlich nicht über die notwendigen Sicherheiten verfügten. Diese Risikobereitschaften beruhten zudem auf den Anreizsystemen für die Kreditberater, welche eine Provision für den Abschluss eines Kreditvertrages erhielten.

Die Krise erstreckte sich über mehrere Jahre hinweg und sie war, beim näheren Hinsehen, nicht nur eine Krise, sondern mehrere, die ineinander verschachtelt waren und Auswirkungen auf viele ökonomische und soziale Bereiche hatte (Tooze, 2019). Im Unterschied zu früheren Finanzkrisen hatten sich in der Zwischenzeit die Finanzwelt und der Handel globalisiert, wodurch insbesondere China als ökonomischer Player eine deutlich größere Rolle spielte als zuvor.

Ein anderer Hintergrund war die fortschreitende Loslösung des Finanzsystems vom tatsächlichen Handel mit Produkten und Dienstleistungen. Die Kapitalmärkte hatten sich verselbstständigt, wodurch einige große Banken dann in den Folgejahren der Rezession als ‚*too big to fail*', also als zu bedeutend betrachtet wurden, um sie Bankrott gehen zu lassen. Darüber hinaus waren die Kapitalmärkte ineinander verschachtelt und wurden zunehmend durch Algorithmen dominiert, was zu Beginn der Finanzkrise kaum jemand richtig verstanden hatte. Der britische Wirtschaftshistoriker Harold James rekapitulierte die Situation folgendermaßen:

> „Das Rätsel bestand darin, wie Verluste im Subprime-Sektor, einem relativ kleinen Teilbereich des US-Immobilienmarktes, zu einem allgemeinen Zusammenbruch der Finanzintermediation (Kapital-Vermittlungsfirmen, DR) führen konnten. (…) Anfällig waren große und komplexe Finanzinstitute, die vertikal integriert waren und häufig auch Hypotheken vergaben und umschichteten. Der Wert ihrer Vermögenswerte, der anhand interner Algorithmen ermittelt wurde, war unklar, und es gab keinen Marktpreis." (James, 2023, S. 210; meine Übersetzung, DR)

In der wirtschafts- und sozialwissenschaftlichen Forschung besteht ein Quasi-Konsens, dass die Finanzkrise der späten Nuller-Jahre erhebliche Auswirkungen das Erstarken illiberaler Strömungen hatte, und zwar sowohl von links als auch von rechts. Vier Elemente sind hierbei besonders relevant:

> „Erstens war es für populistische Politiker einfacher, die Schuld auf die vor der Krise regierenden Mitte-Rechts- und Mitte-Links-Parteien zu schieben. die etablierten politischen Akteure. Zweitens, die Ablehnung der Bankenrettung in der Bevölkerung hat Populisten die Möglichkeit gegeben, zu behaupten, dass Bankiers, die mit alten Parteien verbunden waren, mit ihren Fehlern (oder mutmaßlichen Verbrechen) davonkommen konnten. Drittens hat in Ländern, die nach der Krise Sparmaßnahmen umgesetzt haben, die Schwächung der soziale Sicherheitsnetze zu einem weit verbreiteten Gefühl von Ungerechtigkeit geführt. Viertens ist Sparpolitik oft Teil von auferlegten wirtschaftlichen Anpassungsprogrammen supranationaler Institutionen (wie dem Internationalen Währungsfonds und der Europäischen Union). Dies hat es Populisten ermöglicht, auf Anti-Globalisierungs- und Anti-EU-Plattformen zu kandidieren." (Guriev & Papaioannou, 2022, S. 780; meine Überetzung, DR)

Im Rückblick kann vor dem Hintergrund dieser Einschätzungen die Finanzkrise als der eigentliche Startpunkt für das Erstarken illiberaler Strömungen im globalen Norden betrachtet werden. In der Krise und in der Bewältigung durch die nationalen und übernationalen politischen Systeme tauchten die Themen auf, welche die illiberale Politik bis heute antreibt: gegen die politischen und wirtschaftlichen Eliten, gegen die Globalisierung und gegen die Parteien der demokratischen Mitte zu sein. Darüber hinaus ist das Misstrauen gegenüber der Wirtschafts- und Finanzpolitik auch außerhalb illiberaler Strömungen recht weit verbreitet gewesen.

Die COVID-Krise[1]

Bei der gesellschaftlichen und politischen Ursachenforschung für das Unvermögen in der Pandemiebekämpfung, das allenthalben im gesamten globalen Norden (und darüber hinaus) zu erkennen war, stoßen wir auf verwandte Phänomene wie bei der Finanzkrise. Weder war die COVID-Pandemie tatsächlich singulär noch war sie unvermeidlich – und die epidemischen Risiken waren in der Fachwelt bekannt. Wieder war es der Hintergrund eines längere Zeit andauernden ‚erfolgreichen' Umgangs mit Epidemien, der zu der Überzeugung führte, man habe die Risiken im Griff.

Ein vermeintlicher Erfolg war beispielsweise war die afrikanische Ebola-Epidemie im Jahr 2014, die relativ ähnlich abgelaufen ist wie später die COVID-Pandemie. Bei näherem Hinsehen gilt dies auch für das Versagen in der Bekämpfung. Allerdings blieben die Folgen – global gesehen –

[1] Teile dieses Abschnitts sind einem unter Open Access-Lizenz veröffentlichten Artikels des Verfasser entnommen: Richter & Zürcher, 2021.

regional recht begrenzt und die Tatsache, dass es in Afrika passierte, wurde in anderen Teilen der Welt als nicht so relevant für die eigene Epidemie-Bekämpfung betrachtet.

Fakt ist jedoch, dass nahezu alle Staaten mehr oder weniger unvorbereitet waren, als COVID zu Beginn des Jahres 2020 auftauchte. Ich selbst habe in einem Buch (Richter, 2021) und in einem wissenschaftlichen Artikel versucht, die Hintergründe aufzuhellen. Mit meinem Kollegen Simeon Zürcher habe ich die Hypothese entwickelt, dass wir es mit einem *Zyklus des epidemischen Versagens* zu tun hatten, und aller Voraussicht nach auch bei der nächsten großen Epidemie oder gar Pandemie wieder werden (Richter & Zürcher, 2021).

Der Zyklus des epidemischen Versagens besteht nach unserer Überzeugung aus vier Phasen: Vernachlässigung, Arroganz/Leugnung, Panik und Analyse/Selbstkritik. (1) Die Phase der Vernachlässigung bezieht sich hauptsächlich auf zwei Aspekte epidemischer Ausbrüche. Erstens werden potenzielle Quellen für virale Ausbrüche ignoriert, wie wir es bei der Bedrohung durch Zoonosen wiederholt gesehen haben. Zweitens wird die Nichtvorbereitung von Organisationen und Staaten ignoriert. (2) Die Phase der Arroganz/Verleugnung zeigt sich, wenn Politik und Öffentlichkeit kommunizieren, dass – trotz steigender Infektionszahlen – alles unter Kontrolle sei und/oder dass die Bedrohung nicht existiere oder übertrieben sei. (3) Die Panikphase kommt ins Spiel, wenn plötzliche dramatische Veränderungen in der Reaktion zu beobachten sind, wie beispielsweise groß angelegte Quarantäne- oder Lockdownmaßnahmen. (4) Die Phase der Analyse/Selbstkritik findet zumeist statt, nachdem der Ausbruch unter Kontrolle ist, wenn die Beteiligten über ihre Rolle während der Epidemie und über die Lehren nachdenken, die für künftige Wellen oder Ausbrüche zu ziehen sind. Ich skizziere hier kurz die beiden ersten Phasen, da diese die Hybris und die Selbstgewissheit verdeutlichen.

Vernachlässigung: Der erste große SARS-Ausbruch in Asien fand 2002/2003 statt und schon von diesem Geschehen hätte man schließen können, dass Fledermäuse und andere Wildtiere eine wichtige Rolle bei der Entstehung der jüngsten Pandemie spielen könnten. Die Bedrohung durch Coronaviren, die von diesen Tieren stammen, war gut bekannt und wurde von chinesischen Forschenden kurz vor der Pandemie als „dringliches Problem" bezeichnet (Fan et al., 2019). In den Phasen zwischen den Epidemien wurden solche Gefahren jedoch von der nationalen und internationalen Gesundheitspolitik weitgehend ignoriert. Zusätzlich zu den weitgehend übersehenen zoonotischen Gefahren hatten die meisten betroffenen Länder ihre Gesundheitssysteme und ihr öffentliches Gesundheitswesen nicht darauf vorbereitet, mit größeren Ausbrüchen fertig zu werden. In vielen Staaten des globalen Nordens waren die vormals gut ausgestatteten Reaktionssysteme in den letzten Jahrzehnten abgebaut worden, da nur wenige Fachpersonen davon ausgingen, dass sie benötigt werden würden (Hickmann et al., 2020). Darüber hinaus konzentrierte sich die Pandemieplanung fast ausschließlich auf den Ausbruch der Grippe bzw. Influenza, da dies die wahrscheinlichste pandemische Infektion zu sein schien. Influenzaausbrüche weisen jedoch andere Merkmale auf als die COVID-Pandemie.

Arroganz/Verleugnung: Im Januar 2020 waren die meisten Regierungen und Gesundheitsbehörden außerhalb Asiens nicht besorgt über das neu aufgetretene Coronavirus. Zum einen ging man davon aus, dass die chinesische Regierung ihre Lehren aus dem SARS-Ausbruch 2002/2003 und aus weiteren kleineren Ausbrüchen gezogen hatte, und zum anderen glaubten viele Fachpersonen in den öffentlichen Gesundheitssystemen zu wissen, wie man mit SARS und ähnlichen Epidemien umgeht. In einigen Ländern führte diese Zuversicht sogar zu der Überlegung, eine Herdenimmunität zu erreichen, indem die gesamte Bevölkerung infiziert werden sollte. Ähnlich wie die Regierungen während der früheren Ebola-Epidemie versicherte die Politik rund um den Globus, vom deutschen Gesundheitsminister (der um „aufmerksame Gelassenheit" bat) bis zum amerikanischen Präsidenten, dass alles unter Kontrolle sei. Dies war insbesondere vor Wahlen der Fall, wie empirische Untersuchungen gezeigt haben (Pulejo & Querubín, 2021). Aber nicht nur die Politik war davon überzeugt, dass sie den Ausbruch der Krankheit unter Kontrolle hatte. In vielen Ländern vermittelten auch Forschende und Fachleute dieselbe Botschaft. Leugnung und Verschwörungstheorien über den Ursprung des Virus waren weit verbreitet.

Der Rest der Geschichte ist bekannt. Es folgten die Phase der Panik und die Phase der Selbstkritik. Allerdings half die Selbstkritik oft nur kurzzeitig, schon bei der nächsten Welle waren viele vorherige Überlegungen wieder vergessen.

Ebenso bekannt ist die ablehnende Haltung vieler illiberaler Politiker und Wählender gegenüber einer eindämmenden COVID-Politik, die unter anderem auf Impfungen und Masken setzte. COVID und die ablehnende Haltung gegenüber den staatlichen Maßnahmen wurde staatenübergreifend zu einem ‚Meta-Thema', das bis heute, etwa in Deutschland und in der Schweiz, in der Diskussion um die nationale Gesundheitspolitik präsent ist (Lamour & Carls, 2022).

Illiberale Positionen und Parteien haben im Zuge der COVID-Krise paradoxerweise die Freiheit propagiert, bekanntermaßen die ‚Freiheit' gegen staatliche Maßnahmen und Empfehlungen wie Impfung, Masken und Lockdowns.

Die Basler Soziologen Carolin Amlinger und Oliver Nachtwey haben Querdenker- und andere Bewegungen als Teil eines globalen libertären Autoritarismus beschrieben (Amlinger & Nachtwey, 2024). Individuelle Freiheiten werden verabsolutiert, und der Staat sowie die damit verbundenen ‚Eliten' werden als Feinde betrachtet, die autoritär zu bekämpfen sind. Die Auseinandersetzungen der Trump 2.0-Administration mit Universitäten und Forschungseinrichtungen in den USA stehen beispielhaft für diesen libertären Autoritarismus.

Es war aber nicht nur der Umgang mit dem Virus selbst, der illiberale Positionen gestärkt hat. Die Pandemie-Krise hat, zusammen mit anderen krisenhaften Entwicklungen, wie dem Krieg gegen die Ukraine, erheblich zu den steigenden Lebenshaltungskosten beigetragen, die wir seit einigen Jahren erleben (Meadows et al., 2024). Nicht zuletzt an dieser Stelle zeigt sich der ‚interaktive' Charakter der Polykrise. Es ist nicht nur eine Krise, welche uns beschäftigt. Die Krisen bedingen und triggern sich unter gewissen Umständen. Lieferprobleme, steigende Energiepreise, Fachkräftemangel und andere Faktoren zusammen potenzieren die Auswirkungen und befeuern die illiberalen Ressentiments.

Die Klima-Krise

Die Klima-Krise ist im Gegensatz zu den beiden vorher beschriebenen Entwicklungen nicht überraschend aufgetaucht. Sie ist, wie eingangs beschrieben, die Nebenfolge einer erfolgreichen Wohlstandsvermehrung im globalen Norden sowie Teilen Asiens. Die klimatischen Risiken sind hinlänglich und allgemein bekannt. Naturwissenschaftlich gesehen, ist die Auswirkung von Treibhausgasen wie Kohlendioxid oder Methan unumstritten. Diese Gase führen aufgrund ihrer Entstehung im Gebrauch fossiler Energieträger, industrieller Produktion und in der Landwirtschaft zu einem globalen Anstieg der Durchschnittstemperaturen (Filonchyk et al., 2024). Diese Erkenntnis ist innerhalb des Wissenschaftssystems gewissermaßen ein Quasi-Konsens (Lynas et al., 2021).

Die Daten zu Emissionen und dem Temperaturanstieg sind auch für wissenschaftliche Laien gut nachvollziehbar. Der Anstieg der Temperaturen ist nicht so steil wie ein Hockey-Schläger, wie zeitweilig angenommen wurde, aber der Zusammenhang ist mehr als deutlich. Aktuell befindet sich die Welt-Temperatur im Durchschnitt bei 1,5 Grad Celsius und wird prognostisch deutlich jenseits der 2 Grad am Ende des Jahrhunderts landen (United Nations Environment Programme, 2025). Eine solche Entwicklung wird sicher zu noch mehr Extremwetter-Ereignissen führen, zu mehr hitze- und wetterbedingten Todesfällen und zu mehr Einbußen in der landwirtschaftlichen Produktion durch Dürren und Überschwemmungen.

Aus dieser Perspektive ist es nicht verwunderlich, wenn beim Thema Klimawandel ebenfalls Hybris, Selbstgefälligkeit und Informationsverweigerung von Beobachtenden festgestellt werden (Buchanan, 2021; Sadler-Smith & Akstinaite, 2022). In der Bevölkerung des globalen Nordens und einiger Länder mit mittlerem Einkommensniveau liegt die Zustimmung zur These des menschlich verursachten Klimawandels lediglich bei 70 bis 80 % (Dechezleprêtre et al., 2025). Aktuell scheint in der Politik die Bereitschaft zu einer aktiven Klimapolitik deutlich abzunehmen. Angesichts der steigenden Energiepreise und der gesamtwirtschaftlichen Entwicklung Mitte des 2020er-Jahrzehnts sehen viele Beteiligte andere Prioritäten, etwa in der Bekämpfung der Lebenshaltungs-Kosten, für dringender. Insgesamt geschieht der Kampf gegen die Klima-Krise nicht schnell genug und nicht effektiv genug, um das Temperatur-Niveau auf einem Level zu halten, welches katastrophale Auswirkungen verhindert.

Es ist jedoch nicht nur die lange Bekanntheit des Themas Klimawandel, welche einen Unterschied zur COVID- und zur Finanzkrise ausmacht. Im Zusammenhang mit dem Klimawandel und den zu erwartenden Folgen ist auch eine ökonomische und industrielle Interessenlage klar erkennbar, die sich medial und politisch bemerkbar macht. Mächtige Firmen und Staaten (die fossile Brennstoffe produzieren) hintertreiben die Bekämpfung des Klimawandels ganz offen und begründen dies mit wirtschaftlichen Notwendigkeiten.

Neben der Schnittstelle zur Wirtschaft macht sich hier wieder die Schnittstelle zur Geopolitik bemerkbar. Russische und amerikanische Klima-Propaganda (seit Trump 2.0) trifft bei illiberalen Strömungen auf große Resonanz. Die Leugnung des menschengemachten Klimawandels ist ein Kernthema dieser Strömungen und ist Teil der Meinungs-Polarisierung in den Ländern des globalen Nordens (Coffé et al., 2026; Cole et al., 2025).

Die Migrations-Krise

Um im Format der Überschriften zu bleiben, habe ich der Migration eine Krise hinzugefügt. Ob und für wen dies so ist, ist allerdings nicht immer deutlich. Anders als die Klima-Krise oder COVID, betrifft die Migration ja nicht alle Menschen in einer Region gleichermaßen und natürlich muss auch unterschieden werden zwischen den Menschen, die migrieren, und den Menschen, zu denen migriert wird. Zudem muss Migration ja auch nicht zwingend mit einer Krise gleichgesetzt werden. Viele Menschen migrieren freiwillig und profitieren davon – so wie meine arbeitsbedingte Migration von Deutschland in die Schweiz – und viele Länder profitieren insgesamt von zuwandernden Menschen. Ohne Zuwandernde könnte etwa die Schweiz ihr Gesundheitswesen oder ihr Hochschulwesen nicht mal ansatzweise betreiben.

Die Migrationsbewegungen im 21. Jahrhundert sind überwiegend durch zwei Faktoren versursacht: Kriege und wirtschaftliche Erfolge. Wir haben die Folgen des syrischen Bürgerkriegs erlebt (der übrigens auch entscheidend mit russischer Aggression geführt wurde), des afghanischen Bürgerkriegs und auch des russischen Angriffskriegs auf die Ukraine erlebt. Es wäre sicher zynisch, diesen Teil der Migrationsbewegungen einem Erfolg als Ursache zuzuschreiben. Hingegen ist der andere Teil der aktuellen Migrationstendenzen, wie die Forschung herausgestellt hat, auf sozioökonomischen Erfolg sowohl in den Herkunftsregionen als auch in den Zielregionen zurückzuführen (de Haas, 2023). Es ist ein weitverbreiteter Mythos, dass sozioökonomisch motivierte Migration durch Armut im Herkunftsland ausgelöst wird. Allein die Tatsache, dass Schlepper und andere Dienstleistende auf Migrationsrouten erhebliche Summen kosten, deutet darauf hin, dass eine gewisse wirtschaftliche Potenz vorhanden sein muss, wenn Menschen sich auf den Weg machen.

Der niederländische Soziologe Hein de Haas hat eine Theorie der Migration entwickelt, die auf den zwei Freiheitskonzeptionen des Philosophen Isaiah Berlin fußt (de Haas, 2021). Berlin unterschied eine negative Freiheit von einer positiven Freiheit (Berlin, 1969). Die negative Freiheit entspricht der eher konventionellen Vorstellung eines Lebens ohne Zwang und Einschränkungen. Die positive Freiheit hingegen beschreibt das Ziel der Selbstbestimmung und der Verwirklichung eigener Lebensziele. De Haas zufolge ist die negative Freiheit verbunden mit der Flucht vor Krieg und Gewalt und die positive Freiheit ist das überwiegende Motiv sozioökonomischer Migration. Viele Menschen, die es nach Europa und nach Nord-Amerika zieht, versuchen im globalen Norden ihre Lebensziele zu verwirklichen. Voraussetzung dafür ist, wie de Haas schreibt, ein gewisses Niveau sozioökonomischer Entwicklung:

> „Mit sinkender Armut und steigenden Einkommen und Bildungsniveaus nimmt die Auswanderung zu, da gleichzeitig die Erwartungen und Möglichkeiten der Menschen, auszuwandern, steigen. Gesellschaften, die sich mitten im Übergang von einer agrarisch-ländlichen zu einer industriell-urbanen Wirtschaft befinden, verzeichnen die höchsten Zahlen sowohl bei der Zuwanderung in Städte als auch bei der internationalen Migration.“ (de Haas, 2023, S. 90; meine Übersetzung, DR)

Mit anderen Worten, ein wesentlicher Teil der Migrationsbewegungen des 21. Jahrhunderts ist die Folge einer positiven sozioökonomischen Entwicklung. Und genau aus diesem Grund wird die sozioökonomisch motivierte Migration absehbar nicht geringer werden. Doch worin genau liegt denn jetzt das Krisenhafte? In der öffentlichen Wahrnehmung liegt die Krise üblicherweise in der Anzahl der migrierenden Menschen. Doch das kann es bei näherem Hinsehen wohl nicht sein, denn es hat schon immer eine hohe Zahl von Menschen in Migrationsbewegungen gegeben. Die entsprechende Forschungsliteratur zur ‚Migrationskrise‘ sieht denn auch in erster Linie die Zielländer als Problem (Menjívar et al., 2019).

Krisen im Zusammenhang mit Migration entstehen in erster Linie als Problem der gesellschaftlichen Wahrnehmung. Die empirische Sozialforschung hat in der Tat zeigen können, dass mehr ethnische Diversität in der Bevölkerung durchaus als Bedrohung erlebt werden kann, je nach Region und Bevölkerungsdichte (Kaufmann & Goodwin, 2018). Allerdings können Gewöhnungseffekte für eine weniger negative Wahrnehmung sorgen (Claassen & McLaren, 2022). An dieser Stelle müsste dann die Politik ins Spiel kommen, um mögliche Konfliktlinien zu entschärfen und um die notwendigen personellen, konzeptionellen und finanziellen Ressourcen bereitzustellen, die für eine längerfristige Integration der migrierten Menschen notwendig sind.

Wir wissen jedoch, dass dies häufig nicht geschieht. Gerade konservative Parteien neigen im Konzert mit einigen Medien dazu, die Positionen und Narrative rechter und rechts-extremer Kräfte zu übernehmen. Die politikwissenschaftliche Analyse ist in diesem Zusammenhang eindeutig:

> „(W)enn Medien und Politiker sich gegen Einwanderung aussprechen, rückt das Thema Einwanderung stärker in den Fokus und mobilisiert die Anhänger der jeweiligen Partei." (Kaufmann, 2018, S. 512; meine Übersetzung, DR)

Die Übernahme der Narrative geschieht – entgegen sämtlicher empirischer Evidenz (siehe unten Kap. 11) – in der trügerischen Hoffnung, den rechten Parteien das Thema und die Wählerstimmen abspenstig zu machen.

Schließlich haben wir es hier wieder mit verschiedenen Formen der Hybris zu tun, einmal eine eher ‚rechte' Hybris und einmal eine eher ‚linke' Hybris. Bleiben wir zunächst auf der rechten Seite. In vielen westlichen Ländern wurde lange Zeit negiert, dass das eigene Land ein Einwanderungsland sei. Man hat, um das häufig zitierte Diktum des Schriftstellers Max Frisch abzuwandeln, Arbeitskräfte gerufen, aber man hat nicht sehen wollen, dass es sich um Menschen handelte. Dies gilt insbesondere für die Migration von Arbeitskräften aus der Türkei sowie aus Ländern Südeuropas ab den 1960er-Jahren. Durch die Verneinung, Einwanderungsland zu sein, hat die Politik, aber haben auch andere gesellschaftliche Akteure es vermieden, eine aktive sozio-kulturelle Integration der migrierten Menschen zu erreichen. Das Resultat besteht in – je nach Stadt und Region – unterschiedlich ausgeprägten Parallelgesellschaften mit teils eigenen Regeln und einer teilweisen Missachtung staatlicher Institutionen.

Ähnliches – aber anders gelagert – wiederholte sich in der jüngsten ‚Migrationskrise' ab dem Jahr 2015 in verschiedenen westlichen Ländern mit einer linken Variante. Nachdem die Willkommenskultur abgeebbt war, lag die Last vor allem bei überstrapazierten kommunalen Ressourcen, die ohne die Freiwilligenarbeit Ehrenamtlicher schon viel eher an ihre Grenzen gekommen wären (van den Berg, 2025). Ganz offenbar waren die staatlichen Stellen – ob politisch gewollt oder nicht, sei mal dahingestellt – nicht in der Lage, die große Anzahl von Menschen angemessen zu begleiten und sie in Bezug auf die Integration im Zielland zu unterstützen. Die Überheblichkeit bestand nunmehr darin, davon auszugehen, dass die Aufnahme von Millionen Menschen aus nicht-westlichen Kulturräumen mehr oder weniger problemlos vonstattengehen würde – ohne dass die Ressourcenfrage und die Integrationsbereitschaft des Ziellandes hinreichend geprüft wurden.

In der Zusammenschau zeigt sich, dass der über lange Zeit inadäquate, weil vermeidende Umgang mit Migration in den Ländern des globalen Nordens den illiberalen Parteien genau das Argumentationsfutter geliefert hat, welches die Migrationsthematik zu *dem* politischen Thema der letzten Jahre gemacht hat. Weder hat man die Ursachen der Migrationsbewegungen angemessen verstanden noch ist man sozialpolitisch und gesellschaftspolitisch so mit dem Thema umgegangen, wie es notwendig gewesen wäre.

Die Demografie-Krise

Demografische Veränderungen in den westlichen Gesellschaften oder im globalen Norden werden üblicherweise unter zwei Aspekten betrachtet: die gerade bereits angesprochene Migration sowie die Alterung der Bevölkerung (Kurz et al., 2025). Beide Aspekte haben miteinander zu tun und beide Aspekte stehen in einem Zusammenhang der Bedeutung illiberaler politischer Kräfte.

Die Alterung der Gesellschaft hat wiederum mit zwei Faktoren zu tun: die längere Lebenserwartung und die geringere Geburtenzahl. In der Demografie spricht man in diesem Zusammenhang vom ‚demografischen Übergang'. Waren ursprünglich sowohl die Geburtenrate und die Sterblichkeit hoch, veränderte sich dies mit der Modernisierung der Gesellschaft durch Hygiene, Infrastruktur, Bildung und medizinischem Fortschritt. In der Folge stieg die Lebenserwartung massiv an und die Geburtenrate sank ebenso massiv. In jüngster Zeit kommt noch hinzu, dass sich im Rahmen des so genannten ‚Zweiten Demografischen Übergangs' Einstellungen und Normen in Richtung von Selbstverwirklichung verändert haben, bei denen der Kinderwunsch eine immer geringere Rolle spielt (Zaidi & Morgan, 2017).

Der Umgang mit den Folgen der Alterung moderner Gesellschaften zeigt ähnliche Merkmale von Überheblichkeit und vom Auf-die-lange-Bank-schieben, wie es bei der Migration und bei den anderen hier beschriebenen Krisen der Fall war. Nicht nur die Politik und die Wissenschaft wissen um die Entwicklungen und Prognosen seit langem, auch in den Medien und in der breiteren Öffentlichkeit wird dies schon seit geraumer Zeit diskutiert.

Anpassungen in der Rentenpolitik beschäftigen westliche politische Systeme mindestens seit den 1990er-Jahren.

Die altersbezogene demografische Entwicklung führt nahezu überall zu Problemen in der Finanzierung der Renten – es stehen, wenn man nicht andere Finanzquellen anzapfen kann, schlicht zu wenige jüngere Beitragszahlende zu vielen Beziehenden der Renten gegenüber. Um stabile demografische Verhältnisse zu schaffen, braucht es bekanntermaßen eine so genannte Fertilitätsrate von 2,1. Das heißt, im Durchschnitt sollten Frauen etwas mehr als zwei Kinder zur Welt bringen. Sowohl in Deutschland als auch in der Schweiz ist dies bereits seit dem Jahr 1970 nicht mehr der Fall (Roser, 2014). Aktuell liegen die Raten um 1,3.

Daher muss bei der Finanzierung regelmäßig nachgebessert werden, weil die Politik offenbar nicht den Mut hat, grundlegende Reformen in der Alterssicherung ihren meist älteren Wählenden zu ‚verkaufen'. In der Schweiz ist das Problem unlängst im Rahmen einer Volksabstimmung wieder einmal neu angegangen worden, indem eine zusätzliche 13. Monatsrente in der staatlichen AHV-Versicherung beschlossen wurde. In Deutschland streitet die Politik gerade in jüngerer Zeit um ‚Haltelinien' bei Altersrenten, die angesichts steigender Lebenshaltungskosten und einer sinkenden Zahl Beitragszahlender nicht unterschritten werden sollen.

Es ist vollkommen deutlich, dass in den meisten westlichen Ländern die Folgen der demografischen Krise allenfalls punktuell und nicht auf längere Sicht durch Migration aufgefangen werden können. Dies gilt selbst unter idealen Bedingungen einer ausgeprägten Aufnahmebereitschaft in der Zielbevölkerung, denn auch die Migranten werden früher oder später älter werden und sie werden ihre Fertilitätsrate erfahrungsgemäß an diejenige anpassen, die um sie herum praktiziert wird.

Für rechts-konservative und rechtsextreme Parteien läuft diese Problemkonstellation bekanntermaßen auf ein erhebliches Problem hinaus: Migration will man nicht und andere Strategien gegen die strukturellen Finanzierungsprobleme und den Fachkräftemangel (den gerade Ältere als Betroffene im Gesundheitswesen besonders zu spüren bekommen) hat man nicht.

Die geopolitische Krise

Die allgemeine geopolitische Hybris, vor allem die Überheblichkeit westlicher liberaler Demokraten, wurde eingangs dieses Kapitels bereits im Zusammenhang mit dem Zitat des Historikers Timothy Garton Ash angesprochen. Meine Überlegungen beziehen sich nun primär auf das Wirken Russlands als zentraler Akteur in dieser geopolitischen Krise. Selbstverständlich ist die Rolle Russlands in diesem Zusammenhang nicht ausschließlich verantwortlich für die geopolitische Krise. Die Wirtschafts- und Zollpolitik der USA seit der erneuten Machtübernahme Donald Trumps, die chinesischen Einflussnahmen und Allianzen mit Staaten wie Iran, Russland und Nordkorea und nicht zuletzt auch der Gaza-Krieg sind hier in Rechnung zu stellen. In jüngster Zeit ist zudem der Einfluss der US-amerikanischen MAGA-Bewegung auf europäische Rechts-Strömungen nicht mehr zu übersehen. Teile der deutschen AfD oder die Führung von ‚Reform UK' orientieren sich stark an den Ideologien sowie an den Machttechniken, die unter der Trump-Administration 2.0 an den Tag gelegt werden.

Die russische Aggression gegen die Ukraine (und in kleinerem Masse gegen andere Regionen) hat bekanntermaßen das gesamte geopolitische Gefüge im Westen verändert. Darüber hinaus sind die Folgen auch in der Bevölkerung des Westens bis in die Gegenwart deutlich zu spüren: Energie-Probleme, steigende Preise und nicht zuletzt die große Zahl von Menschen aus der Ukraine, die Zuflucht gefunden haben in den westlichen Ländern.

Die Folgen der russischen Aggression sind jedoch nicht nur in der Geopolitik und im Alltag zu sehen, es geht zudem um die liberale Demokratie. Russische Kräfte haben einen erheblichen Einfluss auf illiberale Akteure und Positionen in westlichen Demokratien. Gegenwärtig sind wir in der Situation, dass insbesondere russische Medien und politische Kräfte einerseits sowie illiberale Parteien und Medien im Westen andererseits sich gegenseitig legitimieren (Wagner et al., 2025). Dahinter steckt der bekannte Versuch, die liberale Demokratie von außen und von innen zu unterminieren – nebst dem Versuch, die ukrainische Position generell zu schwächen. Hier soll kurz rekonstruiert werden, wie es zu der geopolitischen Krise, wie wir sie heute kennen, kommen konnte.

Ihre Ursprünge hat die heutige geopolitische Krise im politischen und wirtschaftlichen Zusammenbruch der Sowjetunion Ende der 1980er-Jahre. Die ökonomische, politische und gesellschaftliche Transformation zu Beginn der 1990er-Jahre verlangte dem in seiner Größe dezimierten Land alles ab – und dies war offenbar am Ende zu viel. Wir finden im Russland dieser Zeit deutliche Parallelen zu den Auswirkungen der globalisierten Ökonomie in den USA in den 2010er-Jahren (siehe unten, Kap. 7). In beiden Ländern und Zeiträumen war ein massiver Anstieg des Suchtmittel-Konsums assoziiert mit einem Anstieg illiberaler politischen Einstellungen.

In Russland existierte schon immer ein gravierendes Alkoholproblem, weshalb in den letzten Jahren der Sowjetunion unter Gorbatschow eine massive Anti-Alkohol-Kampagne gefahren wurde. Diese Kampagne führte, der einschlägigen Forschung zufolge, tatsächlich zu einem Rückgang der alkoholbedingten Sterblichkeit (Nemtsov, 2002). Dieselbe Forschung zeigte dann aber, dass nach dem sowjetischen Zusammenbruch die Sterblichkeit im Zusammenhang mit Suchtmitteln wieder drastisch anstieg. Im Jahr 1994 war Alkohol direkt und indirekt ursächlich für ein Drittel aller Todesfälle verantwortlich. Parallel verloren, wie neuere Analysen von Umfragen aus dieser Zeit ergeben haben, liberal-demokratische Einstellungen schon in der ersten Hälfte des Jahrzehnts an Zustimmung, insbesondere im Vergleich zu anderen ehemaligen Ostblock-Ländern (Alexeev et al., 2025). Wie Jahrzehnte später in vielen anderen Ländern der westlichen Welt, waren seinerzeit individuelle Miseren mit gesellschaftlichen Entwicklungen assoziiert, welche in illiberale Politik mündeten. In einem nachfolgenden Kapitel werden diese Zusammenhänge unter dem Stichwort der ‚ontologischen Unsicherheit' näher untersucht.

Westliche Regierungen, und hier vor allem die amerikanische Clinton-Administration, wirkten in erheblichem Masse an der versuchten Transformation zu Demokratie und Marktwirtschaft in Russland mit – mit Hilfe der so genannten wirtschaftlichen ‚Schock-Therapie'. Die Folgen: massive Inflation, weitverbreitete Armut und sinkende Lebensqualität sowie der Ausverkauf von Industrie und anderen früheren Staatsfirmen an die späteren Oligarchen. Diese Folgen wurden jedoch im Westen kaum wahrgenommen. Man war von den eigenen liberal-demokratischen Vorstellungen benebelt, wie der amerikanische Politikwissenschaftler Robert Kaplan resümierte:

> „Russland war sofort so sehr mit seinen internen Problemen beschäftigt, dass es kaum noch als Faktor zu berücksichtigen war. Natürlich betrachteten nur wenige westliche Eliten diese neue Situation damals als Unterbrechung, da sie darin die Geburt einer neuen Ordnung sahen, in der Russland

sich allmählich zu einer friedlichen Demokratie nach westlichem Vorbild wandeln würde." (Kaplan, 2025, S. 73; meine Übersetzung, DR)

Heute wissen wir, zu einer friedlichen Demokratie nach westlichem Vorbild ist es in Russland nicht gekommen. Der illiberale Autoritarismus der Gegenwart hatte seine Ursprünge in der Zeit, als westliche Demokratien den globalen Siegeszug dieser Regierungsform propagierten. Die Hybris und der nachlässige Umgang mit den Entwicklungen in Russland sollte jedoch im Western weiterhin dominieren. Weder die Tschetschenien-Kriege der 1990er-Jahre, der Überfall auf Georgien im Jahr 2008 noch die Besetzung der ukrainischen Krim im Jahr 2014 führten zu einem wesentlichen Umdenken. Dies sollte erst nach der Vollinvasion der Ukraine ab Februar 2022 geschehen.

Während in den politischen Systemen des Westens weiterhin an die überwiegend friedliche Ko-Existenz mit Russland geglaubt wurde, war dies in strategischen und wissenschaftlichen Fachkreisen zumindest nach 2014, aber schon vor 2022, immer weniger der Fall. Russland wurde dort beispielsweise als „revisionistische Macht" charakterisiert (Heisbourg, 2015, S. 32), die nach alter Großmacht-Stärke strebte und zumindest für die frühere sowjetischen Gebiete den entscheidenden Einfluss beanspruchte (Nitoiu, 2017).

Die westliche Hybris und Nachlässigkeit haben, so kann man zusammenfassen, nicht unwesentlich zur Ermöglichung der russischen Aggression gegen die Ukraine beigetragen (Gloger & Mascolo, 2025). Sie haben darüber hinaus über das Appeasement, also eine schwache Kontra-Positionierung, den wachsenden russischen Einfluss auf rechte und rechtsextreme Parteien und Personen im Westen zumindest indirekt gestärkt. Wir wissen zudem, dass aus Russland nicht nur rhetorische und strategische Hilfe für rechte und rechtsextreme Parteien im Westen zur Verfügung gestellt wurde. Dem früheren *Front National* (heute: *Rassemblement National*), beispielsweise, ist im Jahre 2014 unter der Präsidentschaft von Marine Le Pen ein ‚Darlehen' aus Moskau in Millionenhöhe zugeflossen (Ivaldi, 2023).

Hybris und Selbstgewissheit in einer veränderungserschöpften Gesellschaft

Hybris, Selbstgewissheit und Nachlässigkeit sind zutiefst menschliche Eigenschaften. Diese Eigenschaften sind jedoch, wie die entsprechende Forschung herausgestellt hat, insbesondere bei Führungspersonen in Politik, Militär und Wirtschaft relativ weit verbreitet (Finneran, 1999; Picone et al., 2014). Offenbar sind gerade diese Führungspersonen davon überzeugt, mit Risiken umgehen zu können und die Dinge im Griff zu haben. Daher verwundert es auch nicht wirklich, wenn beispielsweise aus dem politischen System heraus die passenden Botschaften kommuniziert werden. Schließlich will man Zuversicht vermitteln und Zutrauen in die Handlungsfähigkeit politischer Entscheidungsträger erreichen.

Die selbstgewissen Botschaften treffen vor allem in den letzten Jahren auf eine Gesellschaft, die von Soziologen als ‚veränderungserschöpft' bezeichnet worden ist. Unter diesem Stichwort werden Gefühle verstanden, „… die sich aus der Wahrnehmung speisen, die Gesellschaft wandele sich so schnell, dass man fürchtet, den Anschluss zu verlieren" (Mau et al., 2023, S. 321). Zu dieser Erschöpfung tragen viele Aspekte bei, die von der technologischen Entwicklung über veränderte soziale Etiketten bis hin zu (erwarteten) Anpassungsleistungen im Zusammenhang mit dem Klimawandel.

Angesichts dieser Gemengelage ist es wenig überraschend, wenn Mitte der 2020er-Jahre in vielen westlichen Gesellschaften der Eindruck entsteht, dass sowohl im politischen System als auch in der Bevölkerung die Bereitschaft zu Transformationen im Abnehmen begriffen ist. Die Vielzahl der Krisen, die politischen Diskussionen darüber und auch die zum Teil kaum überwindbaren Hürden führen vielerorts zu einer gesellschaftlichen und zu einer individuellen Verunsicherung, die empfänglich macht für illiberale Positionen.

Zusammenfassung – Kurz-Lektion 6

- Mehrere miteinander zusammenhängende und interagierende Krisen haben sich zu Beginn des 21. Jahrhunderts in eine Polykrise verwandelt.
- Die Risiken sämtlicher Einzelkrisen waren zumindest unter Fachleuten bekannt, manche wurden auch öffentlich diskutiert.
- Bei allen Einzelkrisen kann eine Hybris und Selbstgewissheit bei Entscheidern und in der Politik identifiziert werden, welche eine angemessene Krisenreaktion verhindert haben.
- Sowohl die einzelnen Krisen als auch die Polykrise spielen illiberalen Bewegungen argumentativ in die Karten.

Literatur

Alexeev, M., Pyle, W., & Wang, J. (2025). *Russian Society, Democratic Values, and the Legacy of the Early-1990s Economic Shock*. BOFIT Discussion Papers 9/2025, https://www.econstor.eu/bitstream/10419/333423/1/943051909.pdf. Zugegriffen am 02.03.2026.

Amlinger, C., & Nachtwey, O. (2024). *Offended freedom: The rise of libertarian authoritarianism*. Wiley.

van den Berg, C. (2025). *Civic refugee support: The shifting landscape of pro-refugee communities in Germany after 2015.* transcript.

Berlin, I. (1969). Two concepts of liberty. In I. Berlin (Hrsg.), *Four essays on liberty* (S. 118–172). Oxford University Press.

Buchanan, M. (2021). The danger of climate change complacency. *Nature Physics, 17*(12), 1280–1280. https://doi.org/10.1038/s41567-021-01455-1

Claassen, C., & McLaren, L. (2022). Does immigration produce a public backlash or public acceptance? Time-series, cross-sectional evidence from thirty European democracies. *British Journal of Political Science, 52*(3), 1013–1031. https://doi.org/10.1017/S0007123421000260

Coffé, H., Crawley, S., & Givens, J. (2026). Growing polarisation: Ideology and attitudes towards climate change. *West European Politics, 49*(1), 1–29. https://doi.org/10.1080/01402382.2024.2435727

Cole, J. C., Gillis, A. J., van der Linden, S., Cohen, M. A., & Vandenbergh, M. P. (2025). Social psychological perspectives on political polarization: Insights and implications for climate change. *Perspectives on Psychological Science, 20*(1), 115–141. https://doi.org/10.1177/17456916231186409

Dechezleprêtre, A., Fabre, A., Kruse, T., Planterose, B., Sanchez Chico, A., & Stantcheva, S. (2025). Fighting climate change: International attitudes toward climate policies. *American Economic Review, 115*(4), 1258–1300. https://doi.org/10.1257/aer.20230501

Fan, Y., Zhao, K., Shi, Z.-L., & Zhou, P. (2019). Bat Coronaviruses in China. *Viruses, 11*(3), 210. https://www.mdpi.com/1999-4915/11/3/210

Filonchyk, M., Peterson, M. P., Zhang, L., Hurynovich, V., & He, Y. (2024). Greenhouse gases emissions and global climate change: Examining the influence of CO2, CH4, and N2O. *Science of The Total Environment, 935*, 173359. https://doi.org/10.1016/j.scitotenv.2024.173359

Finneran, K. (1999). The age of hubris and complacency. *Issues in Science and Technology, 15*(3), 19–20. http://www.jstor.org/stable/43313919

Garton Ash, T. (2024). *Homelands: A personal history of Europe*. Vintage.

Gloger, K., & Mascolo, G. (2025). *Das Versagen: Eine investigative Geschichte der deutschen Russlandpolitik*. Ullstein.

Gruenberg, E. M. (1977). The failures of success. *The Milbank Memorial Fund Quarterly. Health and Society*, 55: 3–24.

Guriev, S., & Papaioannou, E. (2022). The political economy of populism. *Journal of Economic Literature, 60*(3), 753–832. https://doi.org/10.1257/jel.20201595

de Haas, H. (2021). A theory of migration: The aspirations-capabilities framework. *Comparative Migration Studies, 9*(1), 8. https://doi.org/10.1186/s40878-020-00210-4

de Haas, H. (2023). *How migration really works: A factful guide to the most devisive issue in politics*. Penguin Random House.

Heisbourg, F. (2015). Preserving post-cold war Europe. *Survival, 57*(1), 31–48. https://doi.org/10.1080/00396338.2015.1008293

Hickmann, C., Knobbe, M., & Medick, V. (2020). *Lockdown: Wie Deutschland in der Coronakrise knapp der Katastrophe entkam*. DVA.

Ivaldi, G. (2023). The impact of the Russia-Ukraine War on radical right-wing Populism in France. In I. Gilles & Z. Emilia (Hrsg.), *The Impacts of the Russian Invasion of Ukraine on Right-Wing Populism in Europe* (S. 141–154). European Center for Populism Studies (ECPS). https://doi.org/10.55271/rp0019

James, H. (2023). *Seven crashes: The economic crises that shaped globalization*. Yale University Press.

Jana, R. K., Ghosh, I., & Goyal, V. (2022). Spillover nexus of financial stress during black Swan events. *Finance Research Letters, 48*, 102892. https://doi.org/10.1016/j.frl.2022.102892

Kaplan, R. D. (2025). *Wasteland – The world in permanent crisis*. Holt.

Kaufmann, E. (2018). *Whiteshift: Populism, immigration and the future of white majorities*. Allen Lane.

Kaufmann, E., & Goodwin, M. J. (2018). The diversity Wave: A meta-analysis of the native-born white response to ethnic diversity. *Social Science Research, 76*, 120–131. https://doi.org/10.1016/j.ssresearch.2018.07.008

Kurz, K. R., Kohl, L., Lünser, J. F., Mazza, N., Pagenstecher, A. Z., Reichenbacher, B., Stuiber, J., & Witzemann, C. (2025). „Political Demography" – blinder Fleck der deutschen Politikwissenschaft? Eine einführende Literaturübersicht. *Politische Vierteljahresschrift, 66*(2), 421–443. https://doi.org/10.1007/s11615-024-00557-8

Lamour, C., & Carls, P. (2022). When COVID-19 circulates in right-wing populist discourse: The contribution of a global crisis to European meta-populism at the cross-border regional scale. *Journal of Contemporary European Studies*, 1–14. https://doi.org/10.1080/14782804.2022.2051001

Lynas, M., Houlton, B. Z., & Perry, S. (2021). Greater than 99% consensus on human caused climate change in the peer-reviewed scientific literature. *Environmental Research Letters, 16*(11), 114005. https://doi.org/10.1088/1748-9326/ac2966

Mau, S., Lux, T., & Westheuser, L. (2023). *Triggerpunkte: Konsens und Konflikt in der Gegenwartsgesellschaft*. Suhrkamp.

Meadows, J., Montano, M., Alfar, A. J. K., Başkan, Ö. Y., De Brún, C., Hill, J., McClatchey, R., Kallfa, N., & Fernandes, G. S. (2024). The impact of the cost-of-living crisis on population health in the UK: Rapid evidence review. *BMC Public Health, 24*(1), 561. https://doi.org/10.1186/s12889-024-17940-0

Menjívar, C., Ruiz, M., & Ness, I. (2019). Migration crises: Definitions, critiques, and global contexts. In C. Menjívar, M. Ruiz, & I. Ness (Hrsg.), *The Oxford handbook of migration crises*. Oxford University Press. https://doi.org/10.1093/oxfordhb/9780190856908.013.71

Morin, E., & Kern, A.-B. (1993). *Terre-patrie*. Seuil.

Nemtsov, A. V. (2002). Alcohol-related human losses in Russia in the 1980s and 1990s. *Addiction, 97*(11), 1413–1425. https://doi.org/10.1046/j.1360-0443.2002.00262.x

Nitoiu, C. (2017). Aspirations to great power status: Russia's path to assertiveness in the international arena under Putin. *Political Studies Review, 15*(1), 39–48. https://doi.org/10.1177/1478929915623967

Picone, P. M., Dagnino, G. B., & Minà, A. (2014). The origin of failure: A multidisciplinary appraisal of the hubris hypothesis and proposed research agenda. *Academy of Management Perspectives, 28*(4), 447–468. https://doi.org/10.5465/amp.2012.0177

Pongiglione, F. (2025). Epistemic hubris. *Social Epistemology, 39*(1), 91–105. https://doi.org/10.1080/02691728.2024.2363443

Pulejo, M., & Querubín, P. (2021). Electoral concerns reduce restrictive measures during the COVID-19 pandemic. *Journal of Public Economics, 198*, 104387. https://doi.org/10.1016/j.jpubeco.2021.104387

Richter, D. (2021). *War der Coronavirus-Lockdown notwendig? Versuch einer wissenschaftlichen Antwort.* transcript.

Richter, D., & Zürcher, S. (2021). Epidemisches Versagen: Warum Staaten und internationale Organisationen wiederholt bei der Bekämpfung von Epidemien scheitern. *Zeitschrift für Außen- und Sicherheitspolitik, 14*(4), 381–395. https://doi.org/10.1007/s12399-021-00876-3

Roser, M. (2014, 2025). *The global decline of the fertility rate*. Our World in Data. https://ourworldindata.org/global-decline-fertility-rate. Zugegriffen am 20.11.2025.

Sadler-Smith, E., & Akstinaite, V. (2022). Human hubris, anthropogenic climate change, and an environmental ethic of humility. *Organization & Environment, 35*(3), 446–467. https://doi.org/10.1177/10860266211039000

Taleb, N. N. (2010 (2007)). *The Black Swan: The impact of the highly improbable.* Random House.

Tooze, A. (2019). *Crashed: How a decade of financial crises changed the world.* Penguin.

Tooze, A. (2023). *Chartbook #192 On deglobalisation and polycrisis.* https://adamtooze.substack.com/p/chartbook-192-on-deglobalisation. Zugegriffen am 03.11.2025.

Tucker, J. (2010). Financial crises: A culture of complacency. *Journal of Organisational Transformation & Social Change, 7*(1), 7–23. https://doi.org/10.1386/jots.7.1.7_1

United Nations Environment Programme. (2025). *Emissions Gap Report 2025: Off Target – Continued Collective inaction puts Global Temperature Goal at Risk.* https://wedocs.unep.org/20.500.11822/48854

Wagner, F., Sablina, L., & Mikola, B. (2025). Russia and Central European illiberal actors: Mutual legitimation amid the full-scale invasion of Ukraine. *East European Politics, 41*(1), 159–190. https://doi.org/10.1080/21599165.2024.2420967

Zaidi, B., & Morgan, S. P. (2017). The second demographic transition theory: A review and appraisal. *Annual Review of Sociology, 43*, 473–492. https://doi.org/10.1146/annurev-soc-060116-053442

7

Lektion: Wie die individuelle und gesellschaftliche Unsicherheit zu verstehen sind

Der in den vorherigen Kapiteln beschriebene gesellschaftliche Wandel hat das Leben in der modernen Gesellschaft isolierter, unsicherer und in vielerlei Hinsicht ungleicher gemacht. Gleichzeitig haben der gesellschaftliche Wandel und die Polykrise tiefe Spuren in Individuen und in Gesellschaften hinterlassen. Mein Eindruck ist, dass das Ausmaß und die Folgen der Veränderungen, Krisen und Ereignisse von liberalen Demokraten oftmals unterschätzt werden. Viele Menschen haben sich mit den Veränderungen arrangieren können, aber viele Menschen tun sich nach wie vor schwer mit sozialem Wandel.

Die Auswirkungen des gesellschaftlichen Wandels sollen in diesem Kapitel unter dem Stichwort der ‚ontologischen Unsicherheit' erläutert werden. Der Ontologie-Begriff bezieht sich dabei weniger auf die Philosophie, wo er im Rahmen der so genannten Metaphysik gebräuchlich ist (Lehre vom Sein/Seienden) als vielmehr empirisch auf die individuelle und soziale menschliche Existenz. Ein Terminus, der vielleicht vertrauter klingt und ähnliches benennt, ist die so

D. Richter, *Die resiliente Republik*,
https://doi.org/10.1007/978-3-658-50673-5_7

genannte ‚Lebenswelt'. Ontologische Sicherheit beschreibt im Grunde die Erfahrung einer stabilen und nicht hinterfragten Lebenswelt, in der die Dinge des Alltags und die sozialen Beziehungen vorhersagbar, stimmig und sinnvoll sind. Daher wird das Konzept der Lebenswelt gerne im Bereich der Psychologie und der Soziologie verwendet.

Ontologische Sicherheit – die individuelle Perspektive

Das Konzept der ontologischen Sicherheit/Unsicherheit hat eine erhebliche Veränderung in seiner Anwendung erfahren. Wurde es ursprünglich im Zusammenhang mit psychischen Problemen entwickelt, so wird es heute überwiegend in der Politikwissenschaft und hier insbesondere bezüglich internationaler Beziehungen verwendet (Gustafsson & Krickel-Choi, 2020). Ursprünglich wurde das Konzept für eine Theorie der Schizophrenie genutzt. Der schottische Psychiater und Psychoanalytiker Ronald D. Laing entwickelte diese Theorie in seinem 1959 erschienenen Buch ‚*The Divided Self*' (Laing, 1990), in dem er das Verhältnis eines Menschen zu seiner Umwelt als Ausgangspunkt für die Frage machte, welche Menschen ein Risiko haben, psychotisch oder schizophren zu werden. Laing wurde der so genannten Anti-Psychiatrie der 1960er-/1970er-Jahre zugerechnet. Sein Ziel war die Entwicklung neuer und unkonventioneller therapeutischer Ansätze, die seinerzeit im Gegensatz zur traditionellen Psychiatrie standen. Es war seine Vorstellung, den ‚verrückten' Menschen in seiner Existenz zu verstehen und ihm entsprechende therapeutische Unterstützung anzubieten, die größtenteils auf Medikamente verzichtete.

Ontologische Unsicherheit war, Laing zufolge, die Voraussetzung für eine Psychose. Ein ontologisch sicherer

Mensch, so seine Definition, ist jemand, der eine Vorstellung seiner selbst in der Welt als wirklich, lebendig und ganz hat. Zudem ist mit der ontologischen Sicherheit verbunden, dass der Mensch in einem zeitlichen Sinne dieselbe Person bleibt. Dies seien die Bedingungen dafür, dass man der Welt und anderen Menschen als ebenso wirklich, lebendig und ganz begegnen könne. Wenn diese innere Konsistenz und Substanz wegfallen, dann ist das Risiko für eine schizophrene Entwicklung erhöht, so kann Laing interpretiert werden.

Ontologische Sicherheit – die gesellschaftliche Perspektive

Mehr als 30 Jahre nach dem Erscheinen des Buchs von R.D. Laing nahm der britische Soziologe Anthony Giddens die Terminologie wieder auf (Giddens, 1991). Diesmal ging es nicht um Schizophrenie oder Psychosen, sondern um die Identität des Menschen in der modernen Gesellschaft. Giddens' Ansatz ist relativ nahe am Lebenswelt-Konzept, das eingangs erwähnt wurde. Ontologische Sicherheit entspricht demnach der ‚natürlichen Sichtweise' auf die Welt und auf sich selbst; ein ontologisch sicherer Mensch ist mit sich und der Welt im Reinen. Dieser Mensch ist ‚emotional geimpft', wie Giddens es ausdrückt, er ist nicht existenziell verletzbar und er hat Antworten auf die Herausforderungen des Lebens in der modernen Gesellschaft.

Die moderne Gesellschaft macht es dem Menschen nicht leicht, diese ontologische Sicherheit zu erlangen und zu erhalten, so kann Giddens gelesen werden. Ein zentraler Faktor dafür ist die in den vorherigen Kapiteln angesprochene Pluralität und Diversität im sozialen Raum. Es bestehen heute, im Gegensatz zu früheren Gesellschaften, viel mehr

Wahlmöglichkeiten und auch Verpflichtungen zu wählen. Uns ist heute, wie ebenfalls zuvor schon erwähnt, deutlich weniger vorgegeben bezüglich unseres Lebenslaufs und wir müssen wichtige Dinge allein entscheiden, wo früher durch das soziale Milieu klarere Beschränkungen vorhanden waren.

Wenn wir die falschen Entscheidungen treffen, etwa in Bezug auf Ausbildung, Beruf oder Intim-Beziehung, dann kann dies längerfristige negative Konsequenzen haben. Leider stellt sich oftmals erst in Nachhinein heraus, welche Entscheidungen die richtigen und welche die falschen waren. Wer es heute nicht schafft, eine – und idealerweise die richtige – Berufsausbildung abzuschließen oder wer mit einem Partner ein Kind in die Welt setzt und dann erkennen muss, dass der Partner nicht willens oder in der Lage ist, das Kind auch nach dem Ende der Beziehung zu unterstützen, die Person wird es im weiteren Lebenslauf recht schwer haben – und das Kind im Übrigen auch.

Es sind aber nicht nur die individuellen Entwicklungen, welche es einem Menschen schwer machen, die ontologische Sicherheit zu erlangen und zu behalten. Nicht selten sind es gesellschaftliche Entwicklungen, die dazu führen können, dass eine Welt gewissermaßen zusammenbricht und nicht mehr dieselbe ist, die sie einst war. Es gehört quasi zur Grundanlage der modernen Gesellschaft, dass sie sich permanent verändert und Unsicherheiten hervorbringt. Der polnische Soziologe Zygmunt Bauman (Bauman, 2012) beschrieb dies einst als die zwei fundamentalen Überzeugungen dessen, was er die flüchtige oder verflüssigte Moderne nannte. Die erste Überzeugung ist, dass Veränderung das Permanente sei und die zweite Überzeugung, dass Unsicherheit das einzig Sichere in der modernen Gesellschaft sei.

Diese gesellschaftlich produzierten Unsicherheiten sind mittlerweile auch in der Psychologie aufgenommen worden und werden als zentrale Aspekte für individuelle Ängste und depressive Verstimmungen analysiert. Soziale Identitäten gelten in diesem Zusammenhang als vermittelnde Faktoren (‚Moderatoren'), die gesellschaftliche Unsicherheiten in individuelle Befindlichkeiten übersetzen oder verstärken können (Collins, 2025).

Aufgrund dieser Hintergründe kann denn auch davon ausgegangen werden, dass nicht nur – wie nachfolgend beschrieben – die illiberale Politik von der ontologischen Unsicherheit profitiert. Die Unsicherheit ist ein weit verbreitetes Phänomen in der modernen Gesellschaft. Man schaue nur in Webseiten großer Nachrichtenportale wie ‚Spiegel Online', ‚Neue Zürcher Zeitung' oder dem britischen ‚Guardian'. Gesundheits-, Wellness-, Dating- und Ratgeber-Content wird dort prominent platziert, deutlich mehr als in früheren Jahren. Offenbar zahlt sich dieser Content in Bezug auf Verweildauer und Paywall aus – was auf eine nicht unerhebliche Nachfrage nach entsprechenden Inhalten schließen lässt.

Oder man erinnere sich an den Erfolg des kanadischen Psychologen Jordan Peterson, dessen Buch der 12 Lebensregeln aus dem Jahr 2018 (‚*12 Rules for Life*'; das ich hier ausdrücklich nicht zitiere) sich insbesondere an junge Männer richtete. Eine dieser Regeln lautet, man solle aufrecht mit breiten Schultern stehen, eine andere, man solle zuerst sein eigenes Zimmer aufräumen, bevor man andere Menschen kritisiere. Was hier simpel bis lächerlich klingt, stieß jedoch auf eine außerordentlich große Resonanz. Peterson schuf damit ein eigenes Medienimperium mit Büchern, Podcasts, Social Media-Präsenz und weltweiten Vortragstourneen. Auch hier wurde offensichtlich ein Bedarf gedeckt, den offenbar viele junge Männer anderweitig nicht decken können.

Ein anderer Indikator kann im Zusammenhang mit der psychischen Gesundheit in der modernen Gesellschaft gesehen werden – einem meiner Forschungsschwerpunkte. Interessanterweise nehmen nämlich – mit Ausnahme von Jugendlichen und jungen Erwachsenen – psychische Störungen nicht zu. Hingegen steigt die Nachfrage nach psychologischen und psychiatrischen Therapien massiv an (Richter, 2020). Ein Erklärungsfaktor dafür ist die individuelle Unsicherheit in der modernen Gesellschaft, die Menschen vermehrt nach Bewältigungsmustern für ihre Probleme sehen lässt, obwohl diese eigentlich gar nicht zugenommen haben. Insofern kann die ontologische Unsicherheit als das gemeinsame Bindeglied für psychische Probleme und – wie gleich noch ausgeführt wird – für illiberale Tendenzen gelten (Richter, 2025).

Verlusterfahrungen und ontologische Unsicherheit

Schon Sigmund Freud konstatierte in einer seiner berühmtesten Schriften das menschliche Unbehagen in der modernen Kultur – seinerzeit als Folge des Verzichts auf Trieberfüllung durch die Zwänge der Gesellschaft. Die Idee des Unbehagens zieht sich in der Folge durch die gesamte sozialwissenschaftliche Literatur, mal als Heimatverlust (Berger et al., 1973) und zuletzt durch gesellschaftliche Überforderung und durch den Verlust kultureller Stabilitäten (Nassehi, 2021). Überhaupt wird der Verlust gegenwärtig als ein Hauptmerkmal der modernen Gesellschaft betrachtet (Reckwitz, 2024).

Es gibt zwei Formen des Verlusts in der modernen Gesellschaft, die zur ontologischen Unsicherheit beitragen. Die erste Form ist gerade schon angedeutet worden, es handelt sich um kulturelle Veränderungen, die als Verlust erlebt werden. Der französische Politologe Olivier Roy hat dies als Auslöschung eines geteilten impliziten Verständnisses beschrieben (Roy, 2024). Ganz ähnlich analysierte der Soziologe Armin Nassehi den Sachverhalt als Weltverlust, der entsteht, wenn man glaubt, auf ‚latente' kulturelle Normen verzichten zu können und alles transparent machen will. Demnach waren es die impliziten und latenten Annahmen, welche eine gemeinsame Weltsicht sichergestellt hatten, beispielsweise die nicht hinterfragten Geschlechterverhältnisse oder die ethnische Zugehörigkeit. Diese Aspekte waren – im Alltag – klar und mussten nicht thematisiert werden. Zu Beginn des Buches wurde der Verlust dieser Weltsicht mit dem Aufkommen der postmodernen Moderne irgendwo in der zweiten Hälfte des 20. Jahrhunderts zeitlich verortet.

Daher verwundert es nicht, wenn die soziologisch-historische Forschung die 1960er- und 1970er-Jahre als die Dekaden ausgemacht hat, in denen die bis heute andauernden und global ausgebreiteten Kulturkämpfe in den Vereinigten Staaten entstanden sind. Der amerikanische Soziologe James Davison Hunter, der den Begriff ‚*Culture war*' geprägt hat, machte die im zuvor bereits beschriebene Bildungsexpansion als den Hauptfaktor aus, der über den zunehmenden ökonomischen und politischen Einfluss von Frauen dazu führte, dass frühere Vorstellungen über das soziale Zusammenleben unterminiert wurden (Hunter, 1991). Bei den Kulturkämpfen ging es, seiner Analyse nach, um nichts weniger als die ‚Macht zur Definition der Wirklichkeit'.

Es ist wichtig, die Zeit vor diesem Verlust nicht zu romantisieren. Es war eine Zeit, in der Frauen (nicht nur) im globalen Norden relativ wenig zu sagen hatten, kaum politisch vertreten waren und in vielen Ländern nicht einmal eigene Bankkonten führen durften. Menschen mit Behinderungen und psychischen Problemen wurden unsichtbar gemacht, indem sie in Heimen und Kliniken meistens eher schlecht als recht versorgt wurden und Homosexualität wurde aus dem Alltag verbannt. Die Vorstellung eines konservativ und christlich geprägten ‚normativen Amerika', so der Historiker Andrew Hartman, wurde in dem Moment erschüttert als sich die zuvor aus dem Mainstream exkludierten Personengruppen politisch bemerkbar machten (Hartman, 2019). Die konservative Rechte beschreibt daher die nachfolgenden Entwicklungen als den Niedergang der USA – der erst durch Trump und die MAGA-Bewegung vermeintlich aufgehalten worden sei.

Der vorherige Verzicht auf die Repräsentanz dieser und anderer Menschen und ihrer Perspektiven war möglicherweise der Preis für eine Weltsicht, die eine gewisse Konsistenz und Kohärenz aufwies. Und der Verlust dieser Weltsicht war dann möglicherweise der Preis, der zu zahlen war, dass die einzig relevante kulturelle Perspektive weißer heteronormativer Männer in Frage gestellt wurde.

Die zweite Form des Verlusts ist materieller Art. Eines der Grundprobleme im Zusammenhang mit Verlusten in der heutigen Zeit ist wohl, dass diese in der Tendenz eher nicht erwartet werden, sondern dass zunehmender Fortschritt und Wohlstand mit gesellschaftlicher Entwicklung verbunden werden. Die Kinder-Generation soll es besser haben als die Eltern-Generation. Dieser materielle Fortschritt wurde spätestens mit der globalen Finanzkrise 2007–2009 in Frage gestellt. Viele Menschen verloren nicht nur die Darlehen für ihre Häuser, sondern auch ihre Ersparnisse und junge Menschen hatten in dieser Zeit erhebliche Probleme, erste einigermaßen gut bezahlte Jobs nach der beruflichen Ausbildung oder dem Studium zu erhalten.

Die Finanzkrise war jedoch nur die Spitze des Eisbergs ökonomischer Probleme. Darunter machten sich längerfristige Veränderungen in globalisierten Kapitalismus bemerkbar. Gemeint sind die zuvor beschriebenen Verlagerungen von Arbeitsplätzen aus traditionellen Industriezentren nach Asien oder Latein-Amerika. In den Vereinigten Staaten sind fatale Folgen dieser Verlagerungen als ‚Todesfälle aus Verzweiflung' bekannt geworden. Diese ‚*Deaths of*

Despair‘ machen sich als Suizide oder Opioid-Abhängigkeiten in bestimmten Regionen besonders bemerkbar. Die Ökonomen Anne Case und Angus Deaton (Case & Deaton, 2020), die den Terminus geprägt haben, beschreiben dies als langsamen und längerfristigen Verlust einer Lebensform, die insbesondere die geringer ausgebildete weiße Arbeiterschaft betrifft – und die in den letzten Jahren auch Menschen anderer ethnischer Hintergründe erfasst hat (Friedman & Hansen, 2024).

Bereits Anthony Giddens zählte den individuellen Stolz und ein basales Vertrauen zu den Grundbedingungen ontologischer Sicherheit. Wir wissen heute, dass vielen Menschen, die den Verzweiflungstod sterben, genau diese Aspekte abhandengekommen sind. Sie haben vor allem den Stolz auf die Lebensform verloren, die mit ihren Jobs verbunden war, etwa als (männliche) Minen- oder Stahlarbeiter. Für sie war diese Lebensform gewissermaßen alternativlos. Sie garantierte über Jahrzehnte hinweg ein relativ sicheres Einkommen. Zudem lebten die Arbeiter in den Vereinigten Staaten oftmals in recht abgelegenen Gegenden, die schlechte Verkehrsverbindungen aufwiesen und in denen kaum Bildungsmöglichkeiten und andere Jobs vorhanden waren.

Hinzu kam, so berichtet die Soziologin Arlie Russel Hochschild, die zu verschiedenen Zeitpunkten vor und während der ersten Trump-Administration diese Regionen wissenschaftlich beforscht hat (Hochschild, 2018, 2024), dass die betroffenen Arbeiter keine Hilfe vom Staat erwarteten und erwarten konnten. Das gängige Credo in weiten Teilen der amerikanischen Gesellschaft war und ist nach wie vor, der Staat solle sich aus wirtschaftlichen Belangen heraushalten. Daher hatten sie auch kein Vertrauen in Institutionen, die ohnehin im amerikanischen Hilfesystem nur ansatzweise vorhanden waren – und unter Trump 2.0 noch geringer ausgeprägt sind.

Die soeben beschriebenen Verlusterfahrungen reflektieren einen tiefgreifenden gesellschaftlichen Wandel. Gleichzeitig treffen diese Verlusterfahrungen auf die im vorherigen Kapitel beschriebene allgemeine Liberalisierung kultureller Werte. Es braucht nicht viel Fantasie, sich vorzustellen, was ein arbeitsloser Bergarbeiter aus einem Kohlerevier von post-materiellen ökologischen Einstellungen hält, die ihm vorrechnen, dass seine Tätigkeit die Klimakrise getriggert hat und dass seine Industrie besser abgeschafft gehört. Und es braucht auch keine Fantasie, sich vorzustellen, was er von neuen, weiblich dominierten Dienstleistungsjobs, beispielsweise in der Pflege, halten wird. Ist er zudem noch grundsätzlich konservativ eingestellt, dann ist die Wahrscheinlichkeit groß, dass er im Nachgang dieser Entwicklungen eher illiberal votieren gehen wird.

Ontologische Unsicherheit und bedrohte Identitäten

Die gerade beschriebenen Verlusterfahrungen und ihre Konsequenzen lassen darauf schließen, dass die betroffenen Personen sich oftmals in ihrer Identität bedroht sehen. Diese Identitäten betreffen sowohl den Sozialstatus (Einkommen, Prestige etc.) als auch die Zugehörigkeit zu einer bestimmten Gruppe (Ethnie, Nation etc.). Nicht selten vermischen sich diese Prozesse zu einer allgemeinen Bedrohung der individuellen und sozialen Identität (Manunta et al., 2025).

Diese bedrohten Identitäten können sich der neueren Forschung zur ontologischen Unsicherheit zufolge auch an ‚materiellen' Dingen wie bestimmten Landschaften oder Staatsgrenzen festmachen (Krickel-Choi, 2022). Die physischen Grenzen können auf diese Weise einen ‚Körper' markieren, der gesichert, aber auch bedroht werden kann. Eine solche Perspektive erlaubt meines Erachtens ein besseres Verständnis auf die sozial-emotionalen Folgen, wie sie sich etwa im Zusammenhang mit der großen Migrationsbewegung in den 2010er-Jahren in Europa und in den USA ergeben haben (Gazit, 2018). Während viele Menschen über lange Zeit eine positive Willkommenskultur oder auch nur eine akzeptierende Haltung entwickelt haben, ist bei anderen Menschen zunehmend das Erleben eines Souveränitäts-Verlusts aufgetreten. Ein solcher Souveränitäts-Verlust entsteht der Forschungslage zufolge insbesondere dann, wenn die erlebte Homogenität eines Staats oder einer Gesellschaft als bedroht erlebt wird (Kinnvall et al., 2018). Verstärkt werden können derartige Erlebensformen, wenn das gesellschaftliche Umfeld als instabil erlebt wird, beispielsweise durch ökonomische Entwicklungen wie Finanzkrisen oder Rezessionen.

Diese Entwicklung ist im Übrigen nichts Neues. Schon während des Aufkommens nationalistischer und ausländerfeindlicher Bewegungen Anfang der 1990er-Jahre wurde in der soziologischen Forschung festgestellt, dass die ‚Nation' als Schutzinstanz imaginiert wurde, wodurch klare Grenzen um die solidarische Gemeinschaft herum als unabdingbar betrachtet wurden, um Menschen fernzuhalten, die nicht ‚dazugehörten'. Das Konstrukt der ‚Nation' ist eine Form, über die Einschluss und Ausschluss geregelt werden kann (Richter, 1996).

Das Konzept der ontologischen Unsicherheit vermag über die Grenzziehung hinaus auch die Auswirkungen von Staats- oder Gebietsverlusten analytisch besser zu verstehen. In den nationalen Imaginationen Russlands (Ryan, 2023) oder Serbiens (Ejdus, 2020), beispielsweise, spielten und spielen nach wie vor die Ukraine und das Kosovo eine fundamentale Rolle. Der Verlust dieser Gebiete hat der gerade zitierten Forschung nach erhebliche ontologische Unsicherheiten ausgelöst. Und auch dies ist nichts Neues. Ein Klassiker der soziologischen Nationalismus-Forschung konzipierte bereits in den 1980er-Jahren Nationen als ‚vorgestellte Gemeinschaften' (Anderson, 1983). Doch obwohl sie ein soziales Konstrukt ist, hat die ‚Nation' seit ungefähr zwei Jahrhunderten ein erhebliches Mobilisierungspotenzial. Sie ist heute – neben dem ‚Staat' – das Konstrukt, über das kollektive Zugehörigkeit und Sicherheit betrachtet wird. Daher haben Gebietsverluste ein solches Mobilisierungspotenzial. Dies kann keinesfalls als legitime Rechtfertigung für kriegerische oder subversive Aktionen dienen, vermag allerdings bestimmte Reaktionen Russlands oder Serbiens politisch-emotional verstehbar zu machen, ohne die anschließenden aggressiven Akte zu verzeihen.

Ein weiteres Unsicherheitspotenzial hat – gerade im Zusammenhang mit der ‚Nation' – auch die Geschlechterfrage. Die zuvor beschriebene Liberalisierung kultureller Werte hat bekanntermaßen zu einer deutlichen Aufwertung von Frauen im sozialen Gefüge gespielt und wird von vielen Männern als Gefahr oder zumindest als Unsicherheit erlebt. Die Unsicherheit spielt sich beispielsweise im Umgang mit dem anderen Geschlecht ab (was ist eigentlich beim Flirten oder Daten noch erlaubt?) oder aber in der Sprache (was darf eigentlich noch gesagt werden?). Schließlich wird Männlichkeit in der Öffentlichkeit häufig kritisiert und als ‚toxisch' klassifiziert. Daher wundert es kaum, dass die illiberalen und nationalistischen Bewegungen von Ungarn über Indien bis in die USA ihre Positionen mit einem Anti-Feminismus versehen oder aber ihre Führer als ‚*Strongmen*' darstellen und agieren lassen (Kinnvall & Agius, 2025). Feministinnen gehören auf diese Weise genauso zu den ‚Feinden des Volkes' wie Angehörige der LGBT-Community und andere Personengruppen.

Ontologische Unsicherheit und illiberale Wählervoten

Ontologische Unsicherheit basiert also auf der Wahrnehmung soziokultureller Veränderungen, die als Verlust erfahren werden, und auf materiellen Statuseinbußen. Lässt sich ein Zusammenhang der Unsicherheit mit illiberalen Wählervoten empirisch belegen?

Die Frage, ob illiberales Wahlverhalten eher auf ökonomischen oder eher auf soziokulturelle Faktoren zurückzuführen ist, beschäftigt die sozialwissenschaftliche Forschung seit langem. Bezüglich wirtschaftlicher Einflüsse ist mittlerweile klar, dass Regionen, die der Globalisierung ausgesetzt sind und die Arbeitsmarkt-bezogene Konsequenzen erleben, in der Tendenz zunehmend illiberal votieren. Dieser Zusammenhang ist in verschiedenen Regionen Europas (Colantone & Stanig, 2018) (auch Deutschlands (Dippel et al., 2015)) und Nord-Amerikas festgestellt worden. Für die USA ist dabei insbesondere die Reaktion der Wählenden auf das Freihandels-Abkommen NAFTA mit Mexiko und Kanada untersucht worden. Die letzte große Studie hierzu hat erneut bestätigt, dass das schon in den 1990er-Jahren eine Absetzbewegung in der Arbeiterschaft von der Demokratischen Partei zu erkennen war, weil die Partei sich für NAFTA stark gemacht hatte (Choi et al., 2024). Interessanterweise wurde diese Absetzbewegung vor allem bei weißen Männern mit eher konservativen kulturellen Einstellungen gefunden. Aus dieser Sicht sind illiberale Voten sowohl ökonomisch als aus kulturell bedingt.

Dies zeigen auch neuere Studien, die einen Zusammenhang zwischen gesundheitlichen Aspekten und illiberalen Wählervoten untersucht haben. Traditionell haben gesundheitlich benachteiligte Wähler entweder gar nicht oder eher linke und sozialdemokratische Parteien gewählt. Nicht-

Wähler haben sich oftmals gar nicht in der Lage gesehen, wählen zu gehen und linke Wähler haben sich eher eine bessere gesundheitliche Versorgung erwartet (Gidengil & Wass, 2024). Diese Zusammenhänge haben sich der Forschung zufolge in den letzten Jahren verändert.

Dies war beispielsweise bei den Brexit-Voten in Großbritannien der Fall. Regionen in England und Wales, die unter einer höheren Sterblichkeitsrate aufgrund eines Suizids und eines Todesfalls aufgrund von Drogenkonsum zu leiden hatten, weisen der einschlägigen Forschung nach einen Zusammenhang mit höheren Voten für den Austritt des Landes aus der Europäischen Union auf (Koltai et al., 2020). Wichtig ist zu betonen, dass es sich um Aussagen auf der Ebene der Region handelt, nicht zwingend um unmittelbar betroffene Personen.

In ländlichen Gegenden der USA, die auch als ‚Landschaften der Verzweiflung' bezeichnet werden, sieht es ähnlich aus. In solchen Landschaften war schon die Präsidentschaftswahl 2016 mit einem höheren Zusammenhang mit einem ‚Swing' zu den Republikanern und Donald Trump verbunden (Wasfy et al., 2017). Dieser Trend hat sich in den letzten Jahren offenbar noch verstärkt und ist insbesondere in den Regionen zu finden, die massiv unter der Opioid-Krise zu leiden hatten (Arteaga & Barone, 2025).

Ontologische Unsicherheit als Trigger für illiberale Politik

Die ontologische Unsicherheit kann als der zentrale emotionale Trigger für illiberale Einstellungen, Wahl-Verhalten und politische Aktivitäten verstanden werden. Die Unsicherheit basiert auf längeren soziokulturellen Entwicklungen, aber auch auf konkreten Krisenerfahrungen. Sie bildet das Fundament für das Versprechen vermeintlicher Sicherheit und Nostalgie, die wegführen soll von einer Gegenwart, welche als unsicher und gefährlich erlebt wird, aber auch als gefährlich konstruiert wird.

Die Politik der letzten Jahre lebt zunehmend vom Erzeugen solcher Emotionen, aber auch von der Aufnahme bestimmter Gefühle aus der Bevölkerung. Wie die Soziologin Eva Illouz am israelischen Beispiel gezeigt hat, werden diese Gefühle von ‚Zu-kurz-kommen' sowie Unsicherheiten und von Ängsten allgemeiner Art durch politische Akteure für Ihre Ziele kanalisiert und in Ressentiments umgewandelt (Illouz, 2023). Diese Ressentiments gegenüber Minderheiten und anderen benachteiligten Gruppen bilden, wie im weiteren Verlauf noch deutlich werden wird, die Voraussetzungen für die Nachfrage nach illiberaler Politik.

Zusammenfassung – Kurz-Lektion 7

- Das Konzept der ontologischen Unsicherheit stammt ursprünglich aus der psychiatrischen Forschung und ist dann in der Soziologie und in den Politikwissenschaften weiterentwickelt worden.
- Ontologische Unsicherheit beschreibt das Fehlen psychischer und sozialer Stabilität sowie Identität.
- Das Leben in der modernen Gesellschaft ist für viele Menschen mit kulturellen und materiellen Verlusterfahrungen verbunden, welche den Nährboden für die ontologische Unsicherheit bilden.
- In Regionen mit ausgeprägten psychosozialen Problemen ist der Anteil rechts-populistischer Wählervoten vergleichsweise hoch.
- Ontologische Unsicherheit ist ein wichtiger Trigger für illiberale Politik.

Literatur

Anderson, B. (1983). *Imagined communities: Reflections on the origin and spread of nationalism*. Verso.

Arteaga, C., & Barone, V. (2025). *Republican support and economic hardship: The enduring effects of the opioid epidemic* (NBER Working Paper w33904).

Bauman, Z. (2012). *Liquid modernity*. Polity.

Berger, P. L., Berger, B., & Kellner, H. (1973). *The homeless mind: Modernization and consciousness*. Random House.

Case, A., & Deaton, A. (2020). *Deaths of despair – And the future of capitalism*. Princeton.

Choi, J., Kuziemko, I., Washington, E., & Wright, G. (2024). Local economic and political effects of trade deals: Evidence from NAFTA. *American Economic Review, 114*(6), 1540–1575. https://doi.org/10.1257/aer.20220425

Colantone, I., & Stanig, P. (2018). The trade origins of economic nationalism: Import competition and voting behavior in Western Europe. *American Journal of Political Science, 62*(4), 936–953. https://doi.org/10.1111/ajps.12358

Collins, C. R. (2025). Systemic psychological insecurity: A framework for understanding well-being in unstable societies. *Review of General Psychology, 29*(3), 293–310. https://doi.org/10.1177/10892680251357266

Dippel, C., Gold, R., & Heblich, S. (2015). *Globalization and its (dis-)content: Trade shocks and voting behavior*. https://www.nber.org/papers/w21812. Zugegriffen am 03.03.2026.

Ejdus, F. (2020). *Crisis and ontological insecurity: Serbia's anxiety over Kosovo's secession*. Palgrave Macmillan.

Friedman, J., & Hansen, H. (2024). Trends in deaths of despair by race and ethnicity from 1999 to 2022. *JAMA Psychiatry, 81*(7), 731–732. https://doi.org/10.1001/jamapsychiatry.2024.0303

Gazit, O. (2018). Van Gennep meets ontological (in)security: A processual approach to ontological security in migration. *International Studies Review, 21*(4), 572–597. https://doi.org/10.1093/isr/viy049

Giddens, A. (1991). *Modernity and self-identity: Self and society in the late modern age.* Polity.
Gidengil, E., & Wass, H. (2024). Healthy citizens, healthy democracies? A review of the literature. *International Political Science Review, 45*(3), 423–438. https://doi.org/10.1177/01925121231163548
Gustafsson, K., & Krickel-Choi, N. C. (2020). Returning to the roots of ontological security: Insights from the existentialist anxiety literature. *European Journal of International Relations, 26*(3), 875–895. https://doi.org/10.1177/1354066120927073
Hartman, A. (2019). *A war for the soul of America: A history of the culture wars.* University of Chicago Press.
Hochschild, A. R. (2018). *Strangers in their own land: Anger and mourning on the American right.* The New Press.
Hochschild, A. R. (2024). *Stolen pride: Loss, shame, and the rise of the right.* The New Press.
Hunter, J. D. (1991). *Culture wars: The struggle to define America.* Basic Books.
Illouz, E. (2023). *The emotional life of populism.* Polity Press.
Kinnvall, C., & Agius, C. (2025). Ontological insecurity and the gendered postcolonial subject. In J. Joachim, A. Kronseil, & N. Dalmer (Hrsg.), *Handbook on gender and security* (S. 37–48). Edward Elgar Publishing.
Kinnvall, C., Manners, I., & Mitzen, J. (2018). Introduction to 2018 special issue of European Security: "ontological (in)security in the European Union". *European Security, 27*(3), 249–265. https://doi.org/10.1080/09662839.2018.1497977
Koltai, J., Varchetta, F. M., McKee, M., & Stuckler, D. (2020). Deaths of despair and Brexit votes: Cross-local authority statistical analysis in England and Wales. *American Journal of Public Health, 110*(3), 401–406. https://doi.org/10.2105/ajph.2019.305488
Krickel-Choi, N. C. (2022). The embodied state: Why and how physical security matters for ontological security. *Journal of International Relations and Development, 25*(1), 159–181. https://doi.org/10.1057/s41268-021-00219-x

Laing, R. D. (1990). *The divided self: An existential study in sanity and modernity*. Penguin.

Manunta, E., Becker, M., Vignoles, V. L., Bertin, P., Crapolicchio, E., Contreras, C., Gavreliuc, A., González, R., Manzi, C., Salanova, T., & Easterbrook, M. J. (2025). Populism, economic distress, cultural backlash, and identity threat: Integrating patterns and testing cross-national validity. *Personality and Social Psychology Bulletin, 51*(9), 1760–1775. https://doi.org/10.1177/01461672241231727

Nassehi, A. (2021). *Unbehagen: Theorie der überforderten Gesellschaft*. Beck.

Reckwitz, A. (2024). *Verlust: Ein Grundproblem der Moderne*. Suhrkamp.

Richter, D. (1996). *Nation als form*. Westdeutscher Verlag.

Richter, D. (2020). Die vermeintliche Zunahme psychischer Erkrankungen – Gesellschaftlicher Wandel und psychische Gesundheit [The supposed increase of mental illness – Social change and mental health]. *Psychiatrische Praxis, 47*(07), 349–351. https://doi.org/10.1055/a-1228-9503

Richter, D. (2025). *Ontological Insecurity – The societal link between mental health problems and right-wing populism*. https://dirkrichter.substack.com/p/ontological-insecurity. Zugegriffen am 19.11.2025.

Roy, O. (2024). *The crisis of culture: Identity politics and the empire of norms*. Hurst.

Ryan, K. (2023). Russia's search for ontological security and the Ukraine invasion. *Australian and New Zealand Journal of European Studies, 15*(1), 82–93.

Wasfy, J. H., Stewart, C., III, & Bhambhani, V. (2017). County community health associations of net voting shift in the 2016 U.S. presidential election. *PLoS One, 12*(10), e0185051. https://doi.org/10.1371/journal.pone.0185051

8

Lektion: Wie ‚Fakten' und ‚Wahrheit' zu verstehen sind

‚Postfaktisch' war das deutsche Wort des Jahres 2016. Es reflektierte den Umgang mit ‚Wahrheiten' während und nach den US-amerikanischen Präsidentschaftswahlen im November gleichen Jahres. Die Journalistin und Harvard-Historikerin Jill Lepore hatte schon zuvor in einem viel beachteten Essay in der Zeitschrift ‚*New Yorker*' unter dem Titel ‚Nach der Tatsache' (‚*After the fact*') auf die Irrelevanz von Fakten und Wahrheiten aufmerksam gemacht (Lepore, 2016). Insbesondere die republikanischen Präsidentschaftskandidaten, darunter der Außenminister der zweiten Trump-Administration, Marco Rubio, sowie natürlich Donald Trump selbst, hatten sich während der Debatten gegenseitig als Lügner bezichtigt. Das alles wurde dann noch von der ‚alternativen Fakten' übertrumpft, als die Medienvertreterin Trumps schlichtweg bestritt, dass der Amtseinführung Trumps nur wenige Menschen beigewohnt hatten.

Fakten und Wahrheiten werden im westlichen Kulturkontext gemeinhin als zusammenhängend behandelt, daher

D. Richter, *Die resiliente Republik*,
https://doi.org/10.1007/978-3-658-50673-5_8

ist ‚postfaktisch' die (nicht ganz wörtliche) deutsche Übersetzung von *‚post-truth'*, dem britischen Wort desselben Jahres. Seit dieser Zeit haben ‚Fakten-Checks' Konjunktur. Die ‚Washington Post' hat beispielsweise für die ersten vier Jahre der Trump-Regierung dem Präsidenten 30.573 Falschbehauptungen nachgewiesen (Pillai et al., 2023). Dahinter steckt die Vorstellung, der Nachweis von Falschbehauptungen könne der Verteidigung der Demokratie dienen.

Fakten-Checks implizieren jedoch die Existenz ‚objektiver' Fakten und Wahrheiten und suggerieren, es gebe nur eine richtige Sichtweise, während die anderen eben mehr oder weniger falsch sein müssten. Dieses Kapitel steht in einem engen Zusammenhang mit dem nachfolgenden Kapitel über die veränderte Medienlandschaft. Hier soll es zunächst lediglich um die Frage gehen, ob die Vorstellung einer objektiven Wahrheit überhaupt gerechtfertigt ist – oder ob wir liberal und demokratisch eingestellten Menschen nicht auch hier einer Idee aufsitzen, die (leider) nicht zu halten ist.

Vier Arten der Wahrheit

Woher kommt die Vorstellung einer objektiven Wahrheit? Ein Blick in die Ideengeschichte des christlichen Abendlands, dessen nachfolgende Bewohnende wir sind, offenbart, dass beispielsweise die ‚Tatsache' keine immer selbstverständliche Vorstellung war. Der Tatsachen-Beweis stammt aus der Entwicklung des angelsächsischen Rechts und hat den Gottes-Beweis abgelöst. Erst in der frühen Neuzeit wurden etwa Zeugenaussagen als Quelle für Urteile zugelassen (Shapiro, 1994). Aus dem Rechtswesen heraus ist diese Vorstellung dann unter anderem in die Wissenschaft diffundiert, wo wir heute von Evidenz sprechen. Die Sachlage, dass es eine wissenschaftliche Wahrheit gibt, impliziert zugleich die Existenz auch anderer Wahrheiten. Grob gesprochen, kann von vier Arten der Wahrheit ausgegangen werden: eine philosophische Wahrheit, eine wissenschaftliche Wahrheit, eine psychologische Wahrheit und eine soziale Wahrheit.

Die philosophische Wahrheit

Die Philosophie gilt im Zusammenhang mit ‚Wahrheit' als die grundlegende Zugangsweise. Wer oder was, wenn nicht die Philosophie, kann festlegen, was denn eine ‚wirkliche' oder ‚objektive' Wahrheit ist? Schaut man jedoch die entsprechende philosophische Literatur, kommt auch bei diesem Thema etwas entgegen, was allgemein im Fach zu finden ist, nämlich erhebliche Pluralität und Diversität. Es gibt nicht nur eine Theorie der Wahrheit, sondern mehrere Theorien (Glanzberg, 2025; Walker, 2017). Der wohl wichtigste Ansatz der letzten Jahrzehnte ist die Korrespondenztheorie: „Die Grundidee der Korrespondenztheorie ist, dass das, was wir glauben oder sagen, wahr ist, wenn es mit dem, wie die Dinge wirklich sind – mit den Tatsachen – übereinstimmt" (Pedersen et al., 2023; Abschn. 1.1.1; meine Übersetzung, DR). Dabei handelt es sich um eine Aussage über die Existenz eines Dings, das als wahr bezeichnet wird, eine so genannte ontologische Aussage. Wenn das Ding nicht existiert, kann die Aussage nicht wahr sein.

Die zweite Großtheorie der Wahrheit ist die Kohärenztheorie: „Die Kohärenztheorie der Wahrheit setzt die Wahrheit eines Urteils mit seiner Kohärenz mit anderen Überzeugungen gleich. Verschiedene Versionen der Theorie liefern unterschiedliche Erklärungen für Kohärenz, aber in all ihren Formen geht es darum, Wahrheit als eine interne Beziehung zwischen Überzeugungen darzustellen" (Walker, 2017, S. 533; meine Übersetzung, DR). Das heißt, ‚Wahrheit' wird nicht durch das Erleben einer Tatsache hervorgebracht (wie bei der Korrespondenztheorie), sondern durch den Zusammenhang mit anderen Annahmen. Gern herangezogene Beispiele hierfür stammen aus der Mathematik, etwa der Satz ‚Ein Dreieck ist eine Figur, deren Innenwinkel immer 180 Grad betragen.' Diese Aussage ist kohärent zu Eigenschaften der Geometrie.

Die beiden Großtheorien unterscheiden sich also deutlich in Bezug auf ihre Voraussetzungen, sie gehen von divergierenden Grundlagen aus. Dies ist natürlich auch in der Philosophie der Wahrheit diskutiert worden und im Zusammenhang mit anderen – hier nicht auszuführenden – Varianten der Wahrheitstheorien ist sogar eine pluralistische Theorie der Wahrheit entwickelt worden:

> „Es wurde oft beobachtet, dass die Plausibilität von Wahrheitstheorien in verschiedenen Bereichen oder Diskursregionen variiert, manchmal sogar erheblich. Aufgrund dieser Varianz treten die internen Probleme jeder dieser Theorien deutlich zutage, da sie zu stark verallgemeinern. Eine naheliegende Schlussfolgerung ist daher, dass nicht alle (deklarativen) Sätze in allen Bereichen auf genau dieselbe Weise wahr sind. Sätze in Mathematik, Moral, Komödie, Chemie, Politik und Gastronomie können auf unterschiedliche Weise wahr sein, wenn sie überhaupt wahr sind. ‚Pluralismus in Bezug auf Wahrheit' bezeichnet die These, dass es mehr als eine Art gibt, wahr zu sein." (Pedersen et al., 2023: Absatz 1; meine Übersetzung, DR)

Obwohl die Pluralisten jeden Relativismus von sich weisen, wird solchen Positionen genau dies attestiert. Wenn es mehr als eine Wahrheit gebe, dann sei dem *‚Anything goes'* Tür und Tor geöffnet. Dies wird gerade im Zusammenhang mit der aktuellen Postfaktizitäts- und Kulturkampf-Diskussion den Theoretikern vorgeworfen, die – ob zurecht oder nicht – der so genannten Postmoderne zugerechnet werden. Philosophen wie dem Franzosen Michel Foucault wird unterstellt, sie hätten mit ihrer Skepsis gegenüber den Errungenschaften der Aufklärung das Wesen von Fakten bestritten, alles als sozial konstruiert darstellen und somit einem Kulturrelativismus Vorschub leisten.

Dies ist die These zweier Autoren, Helen Pluckrose und James Lindsay, die eine direkte Linie von postmodernen Theoretikern wie Foucault, Jean-François Lyotard und Richard Rorty zu den heutigen *Culture Wars* ziehen:

> „Diese allgemeine Skepsis gegenüber der Objektivität von Wahrheit und Wissen – und die Überzeugung, dass beides kulturell konstruiert ist – führt zu einer Beschäftigung mit vier Hauptthemen: der Verwischung von Grenzen, der Macht der Sprache, dem kulturellen Relativismus und dem Verlust des Individuums und des Universellen zugunsten der Gruppenidentität." (Pluckrose & Lindsay, 2021, S. 39)

Mit anderen Worten, wer nicht mehr an eine objektive Realität glaubt, der stellt potenziell alles in Frage, von der Existenz der Geschlechter über Fragen der Gerechtigkeit bis hin zu einer gemeinsamen Moral. Ob und inwieweit diese These zutrifft, das wird uns im weiteren Verlauf des Kapitels noch beschäftigen. Festzuhalten bleibt auf jeden Fall, dass schon innerhalb der Philosophie es kaum möglich ist, von einer unbestrittenen Wahrheits-Konzeption ausgehen zu können. Und wenn das schon in der Philosophie nicht vorhanden ist, wie sieht das erst in anderen Domänen aus?

Die wissenschaftliche Wahrheit

Sowohl in den Sozialwissenschaften als auch in den Gesundheitswissenschaften ist die Unterscheidung von qualitativer und quantitativer Forschung eine feste Größe. Qualitative

Forschung nutzt primär Interviews, Texte und Beobachtungen, die üblicherweise von den Forschenden interpretiert werden. Quantitative Forschung, so die landläufige Meinung, hat die ‚harten Daten', also klare Fakten, die im Verlauf mit angemessenen Methoden statistisch ausgewertet werden.

Umso überraschender ist es vermutlich für Menschen, die sich in der Statistik nicht so auskennen, ein unlängst erschienenes Buch von einem der bekanntesten und meistzitierten Wissenschaftler des Fachs zu sehen, das sich mit Unsicherheit auseinandersetzt. Das Werk des Briten David Spiegelhalter heißt ‚Die Kunst der Unsicherheit' (‚*The Art of Uncertainty*') (Spiegelhalter, 2024). Wir alle, so Spiegelhalter, haben eine persönliche Beziehung zur Welt, die von Unsicherheit geprägt ist. Es handelt sich in jedem Fall um subjektive Urteile, die wir über die Welt (da draußen) machen, was wir mit Bescheidenheit und Demut anerkennen müssen.

Keine Angst, Spiegelhalter rutscht nicht in Esoterik oder Theologie ab, denn nun kommt die Statistik ins Spiel. Die subjektiven Unsicherheiten, die uns mit der Welt verbinden, können in Zahlen umgewandelt werden. Wir haben die Möglichkeit, unsere Unsicherheiten in Wahrscheinlichkeiten auszudrücken. Eingeweihte ahnen bereits, worauf die ‚Kunst der Unsicherheit' hinauslaufen wird, nämlich auf das Bayes'sche Theorem. Dabei handelt es sich um eine heute weitverbreitete mathematische Prozedur, die von einem englischen Kleriker namens Thomas Bayes im 18. Jahrhundert entwickelt wurde. Einfach beschrieben: Es werden subjektive Annahmen über eine unbekannte Quantität neu berechnet, nachdem zusätzliche Daten oder Beobachtungen gemacht wurden. Unsere Einschätzungen werden quantitativ immer von neuem mit Updates versehen.

Bringt uns das der Objektivität und Sicherheit näher? Spiegelhalter ist dort sehr klar und verneint dies. Es handelt sich lediglich um Modelle über Dinge, nicht um die Realität:

> „Die Wissenschaft hat Methoden entwickelt, um mit Unsicherheiten umzugehen, und formale statistische Modelle sind nützlich, aber wir sollten uns nicht der Illusion hingeben, dass sie die Realität widerspiegeln." (Spiegelhalter, 2024, S. 427; meine Übersetzung, DR)

Folgt man dieser Vorgehensweise, kann ‚Wahrheit' in ‚empirische Angemessenheit' übersetzt werden, so sieht es etwa eine Wissenschaftstheorie, die auf dem Bayes'schen Theorem basiert (Sprenger & Hartmann, 2019). Diese Angemessenheit, das kann aus der Wissenschaftsgeschichte jedoch geschlussfolgert werden, muss immer wieder neu bestätigt werden und unter Umständen irgendwann als unangemessen verworfen werden.

Neue wissenschaftliche Paradigmen sind vor allem im 19. und zu Beginn des 20. Jahrhunderts relativ häufig entstanden; man denke etwa an die Mikrobiologie der Infektionskrankheiten, an die Psychoanalyse oder an die Quantenmechanik. Es kommt nicht oft vor, dass wissenschaftliche Weltbilder über den Haufen geworfen werden, aber es ist auch heute nicht ausgeschlossen. Wir alle erinnern uns an den Beginn der COVID-Pandemie, als die Weltgesundheitsorganisation lange Zeit über die gegenläufige Evidenz hinaus bestritten hat, dass das Virus durch Atemluft übertragen werden kann. Dies führte zu einer übermäßigen Aufmerksamkeit für die Händedesinfektion und zu einer Geringschätzung des Maskentragens – Effekte, die sich nahezu durch die gesamte Pandemiezeit gehalten haben.

Ausgerechnet in einer Paradedisziplin moderner Naturwissenschaften, in der physikalischen Quantenmechanik, gibt es bis heute erkenntnistheoretisch ungelöste, und vielleicht sogar unlösbare Probleme im Zusammenhang mit ‚Realität'. Die ‚Welle-Teilchen-Dualität' des Lichts beschreibt physikalische Eigenschaften, die von der Art der Beobachtung abhängig sind. Nicht wenige interpretieren die so genannte ‚Kopenhagener Interpretation der Quantenmechanik' so, dass das Faktum erst durch die Beobachtung entsteht – dass also ohne Beobachtung Dinge nicht existieren (Faye, 2024).

Was ‚Realität' ist und welche Rolle die Beobachtung oder die Messung dabei spielt, ist bis heute in der Physik nicht geklärt. Die Wissenschaftsphilosophin Alyssa Ney hat jüngst in der Zeitschrift ‚*Nature*' sich dieses Themas angenommen, und zwar unter dem konstruktivistisch anmutenden Titel ‚Schafft erst die Beobachtung die Realität?' (‚*Does observing reality make it happen?*') (Ney, 2025) Neben der Kopenhagener Interpretation wird seit Jahren ein weiterer Ansatz diskutiert, der aber – für Außenstehende – mindestens genauso kompliziert scheint, wenn sie nicht sogar noch deutlich verstörender ist. Es handelt sich um die ‚Viele-Welten-Interpretation', die davon ausgeht, dass bei der Messung parallele Universen entstehen, in denen sich die möglichen Ergebnisse widerspiegeln.

Man muss aber nicht in die Tiefen der Quantenmechanik abtauchen, um in der wissenschaftstheoretischen Diskussion zu erkennen, dass bis heute eigentlich keine klare Definition von Dingen existiert, die in den Naturwissenschaften erforscht werden, so genannten ‚natürliche Arten/Dinge' (‚*natural kinds*'). Bereits vor 20 Jahren kam der Wissenschaftshistoriker und -theoretiker Ian Hacking zu dem Schluss: „… there is no such thing as a natural kind" (Hacking, 2007, S. 239). Diese Ansicht wird bis heute zwar nicht in der gesamten Wissenschaftstheorie oder -philosophie geteilt (wie sollte sie auch), aber sie wird nach wie vor entsprechend akzeptiert (Soler-Parra, 2025).

Die Wissenschaft tut sich schwer, das sollte deutlich geworden sein, einen Zugang zu Objektivität, Realität und Wahrheit sicherzustellen – genauso wie die Philosophie. Doch wie sieht das mit unserer Psyche beziehungsweise mit unserem Bewusstsein aus? Wir bewegen uns in einer sozialen und materiellen Umwelt und kommen dort einigermaßen zurecht. Ist also das, was wir wahrnehmen auch tatsächlich ‚wahr'?

Die psychologische Wahrheit

Unsere Alltagswahrnehmung suggeriert uns wahre Wahrnehmungen: Ich sehe eine Tasse gefüllt mit schwarzem Tee auf meinem Schreibtisch vor dem Monitor stehen. Offenbar sendet die Tasse ein Signal an meine Augen, und dieses Signal wird dann in meinem Gehirn weiterverarbeitet, damit ich den Eindruck bekomme, die Tasse steht dort und wartet darauf, leergetrunken zu werden. Die Realität der Tasse ist unabhängig von meiner Wahrnehmung. Dass sie dort steht, ist die Wahrheit.

Leider entspricht diese Annahme unserer Alltagswahrnehmung nicht dem, wie unser Gehirn funktioniert. Die Biologie sieht vor, dass wir nicht Bottom-Up wahrnehmen (oder alltagsprachlich: von außen in das Gehirn), sondern umgedreht, Top-Down, also im Gehirn, was dann nach außen projiziert wird (Kuhn, 2024). Ebenso wie in der gerade beschriebenen Wissenschaftstheorie, die auf dem Theorem von Thomas Bayes basiert, arbeitet auch unser Gehirn mit Vorannahmen, die dann konstant upgedatet werden, wenn wir mit unserer Umwelt interagieren.

Wir gehen mit unseren besten Vermutungen über die Umwelt in diese Interaktion, um dann von dort unter Umständen eine Korrektur zu erleben (es ist kein heißer schwarzer Tee in der Tasse, sondern kalter abgestandener Kaffee). In den Neurowissenschaften wird diese Herangehensweise an die Umwelt als ‚kontrollierte Halluzination' bezeichnet. Dies meint, dass wir nicht ‚wahres' wahrnehmen, sondern unsere Vorstellungen permanent halluzinieren. Das heißt nun nicht, wie wären alle psychotisch oder schizophren. Es heißt aber, es gibt ein Kontinuum der Wahrnehmung zwischen Menschen ohne Psychose und Menschen, denen wir eine Psychose attestieren.

Solange die Halluzination über die Funktionsweise in meinem Gehirn kontrolliert werden kann, komme ich besser in meiner Umwelt zurecht. Kann sie nicht kontrolliert werden, stoße ich in der Interaktion permanent auf Probleme – die Menschen sehen ihre Realität dann nicht nur in Nuancen anders als, sondern deutlich anders. Das Problem ist, dass ich bei psychotischem Erleben, also bei unkontrollierter Halluzination, relativ allein mit meiner Vorstellung von Realität bin. Der britische Neurowissenschaftler Anil Seth hat diesen Umstand für die Konzeption von Realität folgendermaßen auf den Punkt gebracht: „Man könnte sogar sagen, dass wir alle ständig halluzinieren. Nur wenn man sich über seine Halluzinationen einig ist, nennen wir das die Realität" (Seth, 2021, S. 87; meine Übersetzung, DR).

Unsere Wahrnehmung ist, mit anderen Worten, ein Vorhersage-Prozess (‚*predictive processing*'), welcher laufend durch die Interaktion mit den Signalen aus der sozialen und materiellen Umwelt angepasst wird. Die Folgen für die Wahrheit sind evident, wie der britische Philosoph Andy Clark treffend zusammengefasst hat:

> „All dies deutet darauf hin, dass wir niemals einfach ‚die Dinge so erleben können, wie sie wirklich sind' oder das ‚wahre Signal aus der Welt' empfangen. (...) Wahrnehmen bedeutet, (gewichtete) Wahrnehmungen auf die eingehenden sensorischen Signale anzuwenden, und Erfahrungen entstehen, wenn diese beiden Elemente aufeinandertreffen. Das bedeutet nicht, dass wir niemals etwas falsch verstehen können. Aber es bedeutet, dass es nicht nur einen einzigen Weg gibt, Dinge richtig zu verstehen." (Clark, 2023, S. 142; meine Übersetzung, DR)

Ein für das generelle Thema dieses Buches relevanter Zugang zur ‚Wahrheit' in der Psychologie ist das ‚Narrativ' (Bruner, 1991). Es handelt sich, wie der Name suggeriert, nicht um eine logisch sich erschließende Form der Realität, sondern um eine Geschichte, die nach Wahrheit klingt. ‚Verisimilität' heißt der in den Geisteswissenschaften hierfür gebrauchte Fachausdruck. Dies meint so viel wie ‚Wahrheits-Ähnlichkeit'. Menschliche Erfahrungen, Erinnerungen und Identitäten werden in aller Regel in Form von solchen wahrheits-ähnlichen Narrativen abgespeichert, die für uns alle eine große Plausibilität haben.

Ich kann absolut nachvollziehen, wenn auch diese kurze Darstellung zur ‚Wahrheit' in der Psychologie und in den Neurowissenschaften bei Lesenden auf Skepsis stößt. Unser intuitiver Umgang mit dem Alltag steht dieser Darstellung diametral entgegen. Doch wenn man diese Erkenntnisse und Forschungsresultate ernst nimmt, so muss der Einsicht gefolgt werden, dass unsere eigenen Vorannahmen viel mehr über unsere wahrgenommene Realität aussagen als die Dinge ‚da draußen', die auf uns einwirken. Bleibt noch die Wahrheit, die uns die Gesellschaft nahelegt, die soziale Wahrheit.

Die soziale Wahrheit

Es dürfte die wenigsten Lesenden überraschen, aber von der sozialen Umwelt können wir tatsächlich noch weniger erwarten, ‚Wahrheit' in einer reinen Form vermittelt zu bekommen. Auch in den Sozialwissenschaften geht man, wie zuvor für die Wissenschaftstheorie und die Psychologie beschrieben, davon aus, dass der Zugang zu Fakten sich wesentlich über die Vorannahmen in sozialen Kontexten erschließt. „Fakten sind das Wissen, das Menschen als wahr behandeln" (Best, 2025, S. 3; meine Übersetzung, DR). Solcherart können sämtliche Tatsachen als sozial konstruiert bezeichnet werden. Damit schließen die Sozialwissenschaften nahtlos an die Psychologie und die Neurowissenschaften an, wie das Zitat über die Realität als Einigkeit von Halluzinationen im vorherigen Abschnitt nahelegt.

Ein weiterer Anschluss an die Psychologie besteht darin, die Inhalte von Vorannahmen und Narrativen als durch die jeweilige Kultur geformt zu sehen. Narrative, das wird selbst in der Psychologie anerkannt, entstehen nicht in einem kulturellen Vakuum, sondern im Rahmen eines symbolischen Systems, welches die umgebende Soziokultur bereitstellt (Bruner, 1991). In der gegenwärtigen modernen Gesellschaft, das wird das nachfolgende Kapitel noch ausführlich behandeln, können wir jedoch nicht mehr von einer einheitlichen Soziokultur ausgehen. Wir bewegen uns offenbar in unterschiedlichen sozialen Welten, die gerade im Zusammenhang mit Wahrheitsansprüchen häufig kollidieren:

> „Erst wenn diese Welten aufeinanderprallen, entdecken die Menschen, dass das, was sie für Tatsachen halten, nicht von allen außerhalb ihrer Welt so gesehen wird, was uns das Gefühl gibt, dass plötzlich eine neue, ungewohnte Ebene sozialer Konflikte entsteht." (Best, 2025, S. 27; meine Übersetzung, DR)

Die Kulturkämpfe der letzten Jahre basieren genau auf solchen Konflikten, wenn nämlich Wahrheitsansprüche über Geschlechter, Migration oder Klima in zunehmend abgeschotteten sozialen Welten entstehen. Der Soziologe Armin Nassehi sieht dies als den Grund für das allgemein sichtbare kulturelle Unbehagen, das entsteht, wenn „... der Boden der Kultur seine Stabilität verliert, weil man sich nicht mehr darauf verlassen kann, dass die Dinge so sind, wie sie bezeichnet werden" (Nassehi, 2021, S. 268).

Dieser Abschnitt über die soziale Wahrheit kann relativ knapp gehalten bleiben, da die Sachlage im nachfolgenden Kapitel über den veränderten Medienkonsum, so hoffe ich, plausibel und umfassender dargestellt werden soll. Festzuhalten bleibt auch hier, dass die Erwartung eindeutiger Wahrheiten sich im Sozialen genauso wenig erfüllen lässt, wie dies bei den vorherigen Domänen der Philosophie, der Wissenschaft und der Psychologie der Fall war.

Die komplizierte Wahrheit über Fakten und Wahrheiten

Die Wahrheit über die Wahrheit und die Fakten ist kompliziert. Die in liberalen und demokratischen Kreisen weitverbreitete Meinung, es gebe eine klare Wahrheit und diese müsste lediglich entsprechend kommuniziert werden, kann nicht bestätigt werden. Fakten und Wahrheiten bleiben der jeweiligen Perspektive und Narrative verhaftet.

Daher ist es nicht überraschend, wenn in der neueren Forschungsliteratur die Rede von ‚perspektivischer Diversität' oder ‚Sichtweisen-Diversität' ist (Langlitz & de Althaus, 2024). Diese wird vor allem in Bezug auf moralische Fragestellungen festgestellt und gefordert. Im Grunde ist es eine Konsequenz der Forschung über die moralisch-politischen

Einstellungen, die in Kap. 3 vorgestellt worden ist. Grundsätzlich unterscheiden sich die Vorstellungen in der Bevölkerung deutlich und lassen sich zum Teil kaum vereinbaren. Derartige Unterschiede finden sich beispielsweise im Zusammenhang mit dem Umgang mit Autorität oder der Frage, ob die eigene Gruppe Bevorzugung genießen sollte (Haidt, 2007).

Diese Sichtweise wird auch von der empirischen Forschung über die Wirkung von Fakten-Checks bestätigt. Es gibt mittlerweile hunderte solcher Studien und es gibt – zum Glück – so genannte Meta-Analysen. Das sind statistische Analysen von Studien über eine gewisse Fragestellung, in diesem Falle also die Wirkung von Fakten-Checks. In der Gesundheitsforschung, in der ich jahrzehntelang gearbeitet habe, ist man der Überzeugung, dass einzelne Studien allein keine hinreichende Evidenz bringen, weil die einzelnen Studien immer unterschiedlichen Bedingungen ausgesetzt sind in ihrer Durchführung. Für eine klare Evidenz braucht man Meta-Studien, wie eine Meta-Analyse.

Eine solche Meta-Analyse hat zahlreiche Studien in ihre Analyse eingeschlossen, darunter waren experimentelle Studien und solche mit realen Szenarien. Insgesamt kamen die Autoren zur folgenden Schlussfolgerung:

> „(…)die Auswirkungen von Faktenchecks auf Überzeugungen sind recht schwach und werden noch schwächer, je mehr das Studiendesign einem realen Szenario der Konfrontation mit Faktenchecks ähnelt. So kann ein Faktencheck zwar dazu dienen, bereits bestehende Überzeugungen zu stärken, doch seine Wirksamkeit als Methode zur Korrektur von Fehlinformationen (d. h. als Faktencheck gegen bestimmte Einstellungen) ist erheblich eingeschränkt. Auch wenn Journalisten und Eliten oft die Unabhängigkeit und Objektivität von Faktenprüfungsorganisationen loben, zeigen die Ergebnisse doch deutliche Unterschiede zwischen

> der Interpretation von Faktenprüfungsinformationen durch Demokraten/Liberale und Republikaner/Konservative. Während Demokraten/Liberale gleichermaßen offen für Informationen sind, die ihre Ideologie stützen oder ihr widersprechen, sind Republikaner/Konservative eher bereit, korrigierende Informationen zu akzeptieren, die ihrer Einstellung entsprechen, und weniger geneigt, ideologisch inkonsistente Informationen zu übernehmen. In Übereinstimmung mit früheren Untersuchungen scheint es, dass die Qualität der Objektivität, die Faktenprüfungsorganisationen oft zugeschrieben wird, politische und ideologische Gräben nicht überwindet. Offensichtlich könnte diese Erkenntnis auf inhärente Unterschiede zwischen Republikanern/Konservativen und Demokraten/Liberalen hindeuten, wobei erstere eher zu einer voreingenommenen Verarbeitung neigen." (Walter et al., 2020, S. 367; meine Übersetzung, DR; Zitationen entfernt)

Mit anderen Worten, diejenigen, die wir gerne mit Fakten überzeugen wollen, neigen eher dazu, die Fakten-Checks zu ignorieren und bei ihren Einstellungen zu verbleiben. Nach den Erkenntnissen der Lektion über die Wahlentscheidungen (Lektion 3) vermag diese Schlussfolgerung kaum zu überraschen. Wir müssen offenbar hier eine weitere Lektion lernen, dass nämlich Fakten-Checks – leider – nicht die Wirkung haben, die wir uns von ihnen versprechen.

Was heißt das nun für unseren eigenen Umgang mit Wahrheit und Fakten? Persönlich gehe ich davon aus, dass uns eine objektive Wahrheit und damit zusammenhängende Fakten niemals vollständig zugänglich sind. Das heißt aber nicht, dass Evidenz nutzlos ist. Evidenz kann, wie oben bezüglich der Wissenschaftstheorie beschrieben, angemessen und nützlich sein. Wir nutzen sie täglich, etwa bei Gesundheitsentscheidungen. Aber auch die beste Evidenz ist von Methoden und Randbedingungen abhängig und wird sich absehbar in näherer oder ferner Zukunft als überholt erweisen. Eine entsprechende Zurückhaltung und Demut in der Kommunikation von Wahrheiten sind daher angebracht. Selbst wenn ich persönlich von einer ‚Wahrheit' überzeugt bin, muss ich damit rechnen, dass diese früher oder später revidiert werden könnte. Die aktuellen Wahrheiten sind, wie jemand Kluges mal gesagt hat, immer nur der gegenwärtige Stand des Irrtums.

Zusammenfassung – Kurz-Lektion 8

- Der Umgang mit Fakten und Wahrheit von populistischen und illiberalen Politikern wird vielfach kritisiert.
- Fakten-Checks werden herangezogen, um Aussagen dieser Politiker zu entlarven und kritisieren.
- Fakten-Checks setzen Wahrheiten voraus, die unumstößlich sind.
- Weder in der Philosophie noch in der Wissenschaft noch in der Psychologie oder in den Sozialwissenschaften existieren eindeutige und unumstößliche Wahrheiten.

Literatur

Best, J. (2025). *Just the facts: Untangling contradictory claims*. University of California Press.

Bruner, J. (1991). The narrative construction of reality. *Critical Inquiry, 18*(1), 1–21. http://www.jstor.org/stable/1343711

Clark, A. (2023). *The experience machine: How our minds predict and shape reality*. Allen Lane.

Faye, J. (2024). Copenhagen interpretation of quantum mechanics. In E. N. Zalta & U. Nodelman (Hrsg.), *The Stanford encyclopedia of philosophy (Summer 2024 Edition)*. https://plato.stanford.edu/archives/sum2024/entries/qm-copenhagen. Zugegriffen am 03.03.2026.

Glanzberg, M. (2025). Truth. In E. N. Zalta & U. Nodelman (Hrsg.), *The Stanford encyclopedia of philosophy (Fall 2025 Edition)*. https://plato.stanford.edu/archives/fall2025/entries/truth

Hacking, I. (2007). Natural kinds: Rosy Dawn, scholastic twilight. *Royal Institute of Philosophy Supplement, 61*, 203–239. https://doi.org/10.1017/S1358246107000203

Haidt, J. (2007). The new synthesis in moral psychology. *Science, 316*(5827), 998–1002. https://doi.org/10.1126/science.1137651

Kuhn, R. L. (2024). A landscape of consciousness: Toward a taxonomy of explanations and implications. *Progress in Biophysics and Molecular Biology, 190*, 28–169. https://doi.org/10.1016/j.pbiomolbio.2023.12.003

Langlitz, N., & de Althaus, C. (2024). The moral economy of diversity: How the epistemic value of diversity transforms late modern knowledge cultures. *History of the Human Sciences, 37*(1), 3–27. https://doi.org/10.1177/09526951231166533

Lepore, J. (2016, März 14). After the fact. *The New Yorker*. https://www.newyorker.com/magazine/2016/03/21/the-internet-of-us-and-the-end-of-facts. Zugegriffen am 03.03.2026.

Nassehi, A. (2021). *Unbehagen: Theorie der überforderten Gesellschaft*. Beck.

Ney, A. (2025). Does observing reality make it happen? *Nature, 642*, 294–297.

Pedersen, N., Linding, J. L., & Wright, C. (2023). Pluralist theories of truth. In E. N. Zalta & U. Nodelman (Hrsg.), *The Stanford encyclopedia of philosophy (Fall 2023 Edition)*. https://plato.stanford.edu/archives/fall2023/entries/truth-pluralist/

Pillai, R. M., Kim, E., & Fazio, L. K. (2023). All the President's lies: Repeated false claims and public opinion. *Public Opinion Quarterly, 87*(3), 764–802. https://doi.org/10.1093/poq/nfad032

Pluckrose, H., & Lindsay, J. A. (2021). *Cynical theories: How activist scholarship made everything about race, gender, and identity – and why this harms everybody*. Swift.

Seth, A. (2021). *Being You: A New Science of Consciousness*. Faber.

Shapiro, B. (1994). The concept "Fact": Legal origins and cultural diffusion. *Albion: A Quarterly Journal Concerned with British Studies, 26*(2), 227–252. https://doi.org/10.2307/4052306

Soler-Parra, J. (2025). Overcoming the concept of natural kind. *Agora. Papeles de Filosofía, 44*(2). https://doi.org/10.15304/ag.44.2.10244

Spiegelhalter, D. (2024). *The art of uncertainty: How to navigate chance, ignorance, risk and luck*. Penguin.

Sprenger, J., & Hartmann, S. (2019). *Bayesian philosophy of science*. Oxford University Press.

Walker, R. C. (2017). Theories of truth. In B. Hale, C. Wright, & A. Miller (Hrsg.), *A companion to the philosophy of language* (S. 532–555). Wiley.

Walter, N., Cohen, J., Holbert, R. L., & Morag, Y. (2020). Fact-checking: A meta-analysis of what works and for whom. *Political Communication, 37*(3), 350–375. https://doi.org/10.1080/10584609.2019.1668894

9

Lektion: Wie der Wandel der Medientechnologie zu verstehen ist

Der in diesem Buch schon verschiedentlich zitierte amerikanische Politikwissenschaftler Francis Fukuyama hat unlängst versucht, den Hauptfaktor für das Erstarken des globalen Populismus und Illiberalismus zu entschlüsseln (Fukuyama, 2025). Er führte hierzu neun wesentliche Faktoren an, von denen hier zunächst 8 wiedergegeben werden: (1) wirtschaftliche Ungleichheit; (2) Rassismus und andere Ansichten bei Bevölkerungsgruppen, die an Status verloren haben; (3) allgemeine gesellschaftliche Veränderungen, die zu Ressentiments gegen ‚Eliten' geführt haben; (4) besondere demagogische Talente von Personen wie Donald Trump; (5) das Versagen von Mainstream-Parteien, wirtschaftliches Wachstum und Arbeitsplätze zu sichern; (6) Hass auf die kulturelle Agenda der Linken; (7) fehlende Führungspersonen der progressiven Linken; (8) die Neigung der menschlichen Natur zu Gewalt, Hass und Ausgrenzung.

D. Richter, *Die resiliente Republik*,
https://doi.org/10.1007/978-3-658-50673-5_9

Fukuyama diskutiert diese 8 Faktoren, schließt aber aus, dass diese entscheidend für die Attraktivität des Populismus seien. Der Grund: Das Timing für das globale Auftreten der Bewegungen. Dieses Timing könne, so Fukuyama, nur durch den Grund Nummer 9 geleistet worden sein, und das sei das Internet. Das Internet hat, so seine Überzeugung, die vormals vorhandenen Filterfunktionen von Massenmedien entfernt und es hat den Verschwörungstheorien gegen die ‚Eliten' Vorschub geleistet.

Ich gebe ihm, wie zumeist, wenn Francis Fukuyama analysiert, überwiegend Recht. Allerdings möchte ich auch in diesem Kapitel zeigen, dass die Gründe für die Auswirkungen des medientechnologischen Wandels tiefer liegen und dass sie verzahnt sind mit dem soziokulturellen Wandel der modernen Gesellschaft – von der modernen Kultur zur postmodernen Kultur. Und ich bin überzeugt, dass viele liberale und demokratisch eingestellte Menschen diesen Wandel und dessen Folgen nicht hinreichend verstanden haben. Wir müssen auch die medientechnologische Lektion lernen.

Was hatte es noch mit der postmodernen Moderne auf sich?

Der Begriff der postmodernen Moderne ist aufmerksamen Lesenden mit Sicherheit im Gedächtnis geblieben. Er tauchte bereits in Kap. 4 auf und wurde gebraucht, um den fundamentalen Wandel zu beschreiben, den moderne Gesellschaften im globalen Norden ab den 1960er-Jahren durchmachten. Insbesondere die 1970er-Jahre waren ein Jahrzehnt vieler Krisen, etwa der Ölkrise in der ersten Hälfte oder des europäischen Terrorismus, der sich vom britischen Nordirland über das spanische und französische

Baskenland bis nach Deutschland und Italien erstreckte – selbst die Schweiz erlebte eine unblutige Variante davon im Zusammenhang mit der jurassischen Autonomiebewegung in den 60er-Jahren.

Mit den Krisen entstand das kulturelle Gefühl, bekannte Gewissheiten wie der Fortschrittsglauben würden verschwinden. Die vormals vorhandene – mehr oder weniger – einheitliche Sicht auf die Dinge wich einer Multiperspektivität. Der Schweizer Zeithistoriker Philip Sarasin hat dies folgendermaßen auf dem Punkt gebracht:

> „Aus sehr unterschiedlichen Gründen, aber in einer fast synchronen Bewegung seit den Siebzigerjahren schwächte sich die Geltung und Anerkennung des 'Allgemeinen' merklich ab, während sich die 'Individualität' beziehungsweise das Einzelne und Besondere in Gestalt von sogenannten 'Kulturen' und 'Identitäten', aber auch von hochgradrig individualisierten Lebensstilen (…) und der Inszenierung von Unverwechselbarkeit und Einzigartigkeit in den Vordergrund schoben." (Sarasin, 2021, S. 30)

Parallel führte die ‚neoliberale' Wirtschaftspolitik, die im Allgemeinen mit den Namen Thatchers und Reagans im angloamerikanischen Raum verbunden wird, auch im weiteren globalen Norden zu Schüben von Privatisierungen staatlicher oder halbstaatlicher Betriebe wie der Post oder des öffentlichen Verkehrs. Der Einfluss von Gewerkschaftsbewegungen begann zu schwinden, die ‚alten' Klassenkämpfe zwischen Kapital und Arbeit nahmen in der Bedeutung ab und wurden ersetzt durch Identitäts-Kämpfe, etwa im Zusammenhang mit dem Feminismus sowie anderer Bevölkerungsgruppen, die um Anerkennung kämpfen.

Damit wurden jahrhundertelange Vorstellungen von Hierarchien, beispielsweise bezüglich ‚Eliten' oder der Macht des männlichen Geschlechts in Frage gestellt. Ein seinerzeit schlagzeilenträchtiges Ereignis war die Veröffentlichung des so genannten ‚Hite Reports' (Hite, 1976). Dabei handelte es sich um eine Befragung von mehreren tausend amerikanischen Frauen zu allen Aspekten ihrer Sexualität. Der Report setzte einen Kontrapunkt zu der bis weit in die siebziger Jahre reichenden nahezu ausschließlich männlichen Sicht auf Sex und Beziehungen. Naheliegenderweise löste der Report in allen Ländern, in denen er veröffentlicht wurde, eine massive Kontroverse über die richtige Sichtweise auf die weibliche Sexualität aus (Nelson, 2025). Vormals kulturell gesicherte Perspektiven auf einen zentralen Aspekt des menschlichen Zusammenlebens waren auf einmal hoch umstritten. Es gab neben der männlichen Perspektive auch eine weibliche – die identitätsbezogene Multiperspektivität der postmodernen Moderne machte sich an dieser Stelle prominent bemerkbar.

Die Tatsache, dass ein solches Vorhaben wie der Hite Report in der Gegenwart wohl kaum mehr die Kontroversen auslösen könnte, die es in den 1970er-Jahren tat, zeigt die Bedeutung der identitätsbezogenen Anerkennungskämpfe. Diese Anerkennungskämpfe werden nicht nur von linksliberalen Wissenschaftlern gewürdigt, auch auf der eher konservativen Seite wird, etwa vom deutschen Historiker Andreas Rödder analysiert, dass „… die postmoderne Dekonstruktion tradierter Ordnungsvorstellungen …" in der Zwischenzeit zu einer Kultur der Inklusion und Diversität geführt hat (Rödder, 2015, S. 116).

Die Diversität von Standpunkten und Perspektiven ist denn auch der Anschluss an das vorherige Kapitel über Fakten und Wahrheit. Die Erkenntnis, es gibt keine allgemeingültige Wahrheit, steht in einem engen Zusammenhang mit dem Thema dieses Kapitels, des medialen und technologischen Wandels. Dieser medientechnologische Wandel der vergangenen Jahrzehnte, so meine Überzeugung, hat mindestens ebenso, wenn nicht sogar noch mehr zu der Dekonstruktion tradierter Ordnungsvorstellungen beigetraten. Der mediale Wandel hat die ohnehin vorhandenen Kräfte der Diversität in der modernen Gesellschaft noch weitergetrieben als sie es zuvor ohnehin schon waren.

Der medientechnologische Wandel

Die Medienlandschaft der modernen Gesellschaft der unmittelbaren Nachkriegszeit kann charakterisiert werden als eine Epoche der Massenmedien. Zeitungen, Zeitschriften, Bücher, Kino und Radio wurden im hohen Maße konsumiert. Allerdings war die Technologie bereits vor dem Zweiten Weltkrieg im Wesentlichen entwickelt worden, und es fand eigentlich bis in die 1970er-Jahre hinein keine Innovation statt. Lediglich das Aufkommen des Fernsehens ab dem Ende der 1950er-Jahre sorgte für Veränderungen im Medienkonsum; die Technologie hingegen war schon etwas älter. Im Gegensatz zu den Vereinigten Staaten dauerte die Verbreitung des TV vor allem in Europa deutlich länger, was mit den Auswirkungen des Zweiten Weltkriegs und der erst langsam anwachsenden Wirtschaftskraft in den Jahrzehnten nach dem Krieg zu tun hatte (Kaelble, 2007).

Ein wesentlicher Begleitumstand der oben bereits erwähnten ‚neoliberalen' ökonomischen Wende ab den 1970er-Jahren war ein technologischer Wandel in den Medien im globalen Norden. Die digitale Technik, etwa über Kabel und Satellit, hielt vor allem Einzug in das Fernsehwesen. Vormals wurden TV-Sender über analoge Antennen empfangen, die auf oder unter den Hausdächern installiert waren. Nun wurden Satelliten-Empfangsschüsseln installiert und es wurden insbesondere in städtischen Räumen Kabelabschlüsse für TV und Radio in die Gebäude verlegt.

Mit der neuen Technologie veränderte sich der Medienkonsum, da nun deutlich mehr TV- und Radiokanäle zur Verfügung standen als zuvor. Der massenmediale Konsum diversifizierte sich, weil sich die neuen privaten Anbieter nach Marktanteilen und Werbeeinnahmen richteten und ihre Sendezeit gewinnbringend einsetzten mussten. Bereits Ende der 1990er-Jahre wurde etwa in den USA registriert, dass sich mit dem Kabelfernsehen die Aufmerksamkeit für die Politik entscheidend verändert hatte. Präsidenten-Ansprachen wurden nicht mehr, wie noch unter den alten Bedingungen, von den TV-Stationen automatisch übernommen, sondern unter Umständen in eine Tageszeit verlegt, wo kaum jemand zusah oder sie wurden schlicht ignoriert (Baum & Kernell, 1999). Der mediale ‚Durchgriff' von tradierten Informationsquellen wurde damit immer weniger möglich.

Gleichzeitig entwickelte sich in den Vereinigten Staaten mit dem ‚*Talk Radio*' eine mediale Form, die in Europa weitgehend unbekannt blieb. Es handelte sich um Sendungen mit konservativen und rechten Moderatoren, die sowohl politische Kommentare enthielten als auch die Möglichkeit, an der Sendung per Telefon teilzunehmen. Talk Radio-Hosts wie Rush Limbaugh gelten heute als die medialen Wegbereiter für den politischen Rechtsruck in den USA (Sobieraj & Berry, 2011).

In Deutschland wurde das Privatfernsehen ab Mitte der 1980er-Jahre von konservativen Politikern zudem mit der von ihnen angestrebten ‚geistig-moralischen Wende' begründet. Schon damals war der öffentlich-rechtliche Rundfunk eine Zielscheibe eher rechter Politiker, die zu viel Kritik und zu wenig Staatstragendes dort vorzufinden meinten. Die Ironie der Geschichte führte jedoch dazu, dass im deutschen Privatfernsehen zunehmend sehr leichte Unterhaltung mit mehr nackten Frauenbrüsten und mehr Action-Filmen stattfand als in den Öffentlich-Rechtlichen. So hatten sich das die konservativen Politiker nicht vorgestellt. Günther Oettinger, der seinerzeitige CDU-Ministerpräsident des deutschen Bundeslandes Baden-Württemberg nannte die neuen Sendeanstalten sogar „Scheiß Privatsender“ (Mängel, 2008).

Eine Diversifizierung der Medienlandschaft fand jedoch nicht nur auf der konservativen Seite statt. Ende der 1970er-/Anfang der 1980er-Jahre entwickelte sich eine links-alternative Medienszene in Europa mit Tageszeitungen wie der französischen *Libération* oder der deutschen *Tageszeitung/TAZ*. In der Schweiz, wo sich eine tägliche Zeitung wegen der vergleichsweise geringen Auflage wirtschaftlich nicht gelohnt hätte, wurde die *Wochenzeitung/WOZ* etabliert. Die genannten Organe existieren bis heute, die TAZ allerdings nur noch in digitaler Form. Diese Medienlandschaft reagierte auch auf eine veränderte Parteienlandschaft, in der sich viele Linke von den traditionellen Parteien der Sozialdemokratie abwandten und beispielsweise zu den ebenfalls in diesen Jahren gegründeten grünen oder alternativen Parteien stießen.

Die Diversifizierung der Medienlandschaft ab den 1970er-Jahren kann aus heutiger Sicht als ein Vorläufer der Echo-Kammern gesehen werden, die sich dann mit der Verbreitung des Internets ab Mitte der 1990er-Jahre und dann mit den sozialen Medien ab den 2010er-Jahren entwickelten. Bereits in den 1990ern kam es, so die seinerzeitige amerikanische empirische Forschung zu einem ‚beschleunigten Pluralismus‘. Damit war gemeint,

> „... dass das Internet vor allem den Prozess der Bildung und der Aktion von Interessengruppen beschleunigt und damit die Struktur der politischen Macht in den USA verändert, jedoch nicht revolutioniert oder qualitativ in eine neue Epoche oder Ära der Demokratie verwandelt. Die bedeutendsten und interessantesten Veränderungen könnten

> darin bestehen, dass eine gruppenorientierte Politik weniger Kohärenz und weniger Übereinstimmung mit etablierten privaten und öffentlichen institutionellen Strukturen aufweisen wird.“ (Bimber, 1998, S. 136; meine Übersetzung, DR)

Ein wesentlicher Aspekt, der schon in den 1990ern diskutiert wurde, war die direkte interagierende Kommunikation, die das Internet erlaubte, beispielsweise in den so genannten *Newsgroups* (ältere Lesende werden sich an *Usenet* erinnern), die im weiteren Verlauf von Foren und dann von sozialen Medien abgelöst worden sind. Das Entscheidende an dieser Form der Kommunikation war die Dezentralisierung der Konversation und die Möglichkeit der direkten Antwort auf bestimmte Nachrichten. Dies hatte es zuvor nicht oder nicht in dem Ausmaß gegeben.

Die klassische massenmediale Kommunikation in der modernen Kultur der modernen Gesellschaft war quasi einseitig, von einem oder wenigen zentralisierten Kanälen zu einer Vielzahl von Konsumenten. Dies änderte sich, wie beschrieben, in einer pluralisierten und diversifizierten Kultur mit neuen Medien und Technologien ab den 1970er-Jahren, wo mehrere Anbieter sich an viele Konsumenten richteten. Mit dem Internet und schlussendlich mit den sozialen Medien wandelte sich dies in eine Beziehung von vielen zu vielen (Lewiński & Dutilh Novaes, 2025). Nunmehr sind wir endgültig in der postmodernen Kultur der modernen Gesellschaft angekommen.

Wir können bereits jetzt einen Bezug zum vorherigen Kapitel über Fakten und Wahrheit herstellen. Mit den verschiedenen Kommunikationsbeziehungen diversifizierten sich nämlich auch die Wahrheitsformen. Die Eins-zu-Viele-Kommunikation in der modernen Kultur der Nachkriegszeit erlaubte nur wenige Wahrheiten. Indem sie zahlreiche Perspektiven unterdrückte, beispielsweise die von Frauen oder die von Minderheiten, schuf sie eine (vermeintliche) Sicherheit über moralische oder politische Sachverhalte. Die postmoderne Kommunikation und Kultur (erst Wenige-zu-Viele, dann Viele-zu-Viele) ließ die vormals unterdrückten Wahrheiten zu und erlaubte eine Multiperspektivität. Entscheidend hierfür war, wie der Medienwissenschaftler Kalev Leetaru formulierte, die Umgehung der Redakteure und Herausgeber als Gatekeeper in den traditionellen Medien:

> „Wenn wir einen Schritt zurücktreten, leben wir nicht in einer 'postfaktischen' Welt, da es nie 'Wahrheit' oder 'Fakten' gegeben hat. Wir leben in einer Welt nach dem erzwungenen Konsens, in der uns die zunehmende Zugänglichkeit von Informationen ermöglicht hat, unsere traditionellen Gatekeeper zu umgehen und die Welt in ihrer ursprünglichen Form zu erleben. Anstatt in einer 'postfaktischen' Ära leben wir in einer postelitären Ära, in der unser Zugang zu Informationen es uns ermöglicht hat, unsere traditionellen Narrative zu hinterfragen, im Guten wie im Schlechten." (Leetaru, 2019; meine Übersetzung, DR)

Die Umgehung der Gatekeeper hatte jedoch einen klaren Preis: Die vormalige Sicherheit über das, was richtig und geboten erschien, war vorbei. Gleichzeitig verstärkte der medientechnologische Wandel die zuvor beschriebene Individualisierung:

> „Die digitale Kommunikation hat (…) soziale Kontakte und Bindungen fragmentiert, indem sie Menschen von den ihnen bekannten Gemeinschaften trennt, in denen Entscheidungen getroffen und Handlungen gestaltet werden können. Dies hat sowohl physische als auch soziale Auswirkungen, da der Kontakt zur Realität medial vermittelt

> wird, sodass der menschliche Körper von seiner physischen und natürlichen sowie seiner sozialen Umgebung getrennt wird." (Mohr, 2023, S. 217; meine Übersetzung, DR)

Die in Kap. 7 skizzierte ontologische Unsicherheit ist eben auch eine Folge der veränderten Medientechnologie. Die bereits jetzt schon zu ahnenden Folgen der Nutzung von KI-Chatbots als Ersatz für romantische oder sexuelle Beziehungen lässt erahnen, dass die Individualisierung noch einmal in eine neue Dimension vorstossen wird.

Die Diversität der Echokammern

Heute sind wir gezwungen, mit dieser Diversität zu leben, im Schlechten wie im Guten, wie das Zitat zuvor ausdrückte. Doch was genau ist das Schlechte und was ist das Gute im Zusammenhang mit einem demokratischen Staatswesen? Eine systematische Literaturübersicht zu diesem Thema kam zu folgendem Ergebnis:

> „Unsere Ergebnisse zeigen auch, dass digitale Medien ein zweischneidiges Schwert sind, das sowohl positive als auch negative Auswirkungen auf die Demokratie hat. Was als positiv oder negativ angesehen wird, hängt zumindest teilweise vom jeweiligen politischen System ab: Die Verstärkung des Populismus und der Netzwerkhomophilie kann einem populistischen Regime oder einem populistischen Politiker zugutekommen, aber eine pluralistische Demokratie untergraben. Für demokratische Länder gibt es eindeutige Belege dafür, dass digitale Medien die politische Beteiligung erhöhen. Weniger eindeutig, aber dennoch aufschlussreich sind die Ergebnisse, dass digitale Medien positive Auswirkungen auf das politische Wissen und die Auseinandersetzung mit unterschiedlichen Standpunkten in den Nachrichten haben. Negativ zu vermerken ist jedoch,

> dass die Nutzung digitaler Medien mit einer Erosion des 'Klebstoffs, der Demokratien zusammenhält' verbunden ist: dem Vertrauen in politische Institutionen.“ (Lorenz-Spreen et al., 2023, S. 83; meine Übersetzung, DR)

Mit anderen Worten, die Partizipation an der politischen Auseinandersetzung hat zugenommen, ein Faktum, das sich auch an der vermehrten Wahlbeteiligung von vormals Nicht-Wählenden zeigt. Allerdings untergräbt diese Tendenz das Gemeinsame, das den demokratischen Wettbewerb auch ausmacht. Das Vertrauen in den Staat und in die damit verbundenen Institutionen geht mehr und mehr verloren. Dies ist insofern aufschlussreich, als üblicherweise nur die Steuerung und andere Leistungen staatlicher Stellen mit dem Vertrauensverlust in Verbindung gebracht werden (‚es wird nicht geliefert‘). Offenbar ist jedoch auch die moderne Medienlandschaft wesentlich an der Erosion des Zutrauens in staatliche Leistungen beteiligt.

Diese Schlussfolgerung wird gestützt durch die aktuelle Forschung zur Existenz und zu den Folgen von Echokammern. Auch wenn die Studienlagen nicht komplett einheitlich ist, so kann davon ausgegangen werden, dass insbesondere in den sozialen Medien Echokammern existieren und dass sie polarisierende Auswirkungen haben (Hartmann et al., 2025).

In gewisser Weise existieren solche Echokammern aber generell bei der Mediennutzung. Dies kann beispielsweise an der Nutzung verschiedener Medientechnologien festgemacht werden. Es gibt – im globalen Norden – einen Zusammenhang zwischen dem Alter der Nutzenden und der Medientechnologie. Während ältere Menschen tendenziell eher TV-Quellen und Printmedien nutzen, stehen diese bei jüngeren Menschen so gut wie gar nicht mehr im Repertoire. Ein relativer neuer Trend ist die Nutzung von (Video-) Podcasts nicht nur zur Unterhaltung und Information, sondern auch für Nachrichten. In den Vereinigten Staaten lag der Anteil derer, die Podcasts als Nachrichtenquelle genutzt haben, im Jahr 2025 bereits bei 15 % (Schweiz: 10 %, Deutschland: 9 %) (Reuters Institute, 2025).

Nicht von ungefähr ist die US-Präsidentschaftswahl 2024 auch als erste ‚Podcast-Wahl' charakterisiert worden (Galloway, 2024). Die Unterschiede in der Mediennutzung machten sich auch in den politischen Wahlpräferenzen bemerkbar. Bei einer Umfrage vor der Wahl und vor der Nominierung von Kamala Harris zeigte sich, dass potenzielle Biden-Wähler deutlich mehr traditionelle Medien wie Zeitungen und TV nutzten, während Trump-Wähler eher digitale und soziale Medien konsumierten (Kamisar, 2024).

Nachrichten-Vermeidung durch kognitive Überforderung

Die Diversifizierung des Medienkonsums hat noch einen weiteren Aspekt, der in den letzten Jahren relevant geworden ist, aber nur wenig Beachtung findet. Gemäß der aktuellen Forschung nimmt der Anteil von Menschen zu, die Nachrichten – gleich aus welcher Quelle – zu vermeiden suchen. In Südosteuropa liegt dieser Anteil an der Bevölkerung bei über 50 %, in Deutschland und in der Schweiz sind es etwas weniger als 40 % (Reuters Institute, 2025).

Wie so häufig im Bezug mit der Mediennutzung zeigt sich auch hier ein Zusammenhang mit dem Alter und mit dem Bildungsniveau. Jüngere Menschen und Menschen mit einer geringeren Schulbildung weisen den größten Anteil bei den Nachrichten-Vermeidenden auf. Die Gründe für die Vermeidung der Nachrichten sind vielfältig, ein wesentlicher Faktor ist die Flut von Nachrichten, die bewältigt werden muss. Zudem kann von einer gewissen kognitiven Überforderung ausgegangen werden: Nachrichten sind zu negativ, ihnen ist nicht zu trauen, sind schwierig zu verstehen und irrelevant für das eigene Leben, repräsentieren die eigene Sichtweise nicht hinreichend und man ist durch den Alltagsstress überfordert bzw. hat einfach keine Zeit, sich damit zu befassen (Robertson, 2025).

Ein weiterer Zusammenhang lässt besonders aufhorchen. In verschiedenen Ländern wie den USA (Kamisar, 2024) oder Neuseeland (AUSsmc, 2024) hat sich gezeigt, dass diejenigen, die Nachrichten zu vermeiden suchen, eher zu linksextremen und zu rechtsextremen politischen Einstellungen neigen. Typischerweise sind diese Einstellungen mit klaren moralischen und politischen Vorstellungen verbunden, die oftmals Komplexitäten vermeiden.

Das alles erinnert nicht von ungefähr an Jonathan Haidts Metapher vom Reiter und Elefanten (Haidt, 2012), die ich in Kap. 4 beschrieben habe – und damit schließt sich der Kreis zum Anfang. Intuitive politische oder moralische Entscheidungen führen eher zu unterkomplexen rigiden (und meistens eher konservativen bis illiberalen) Ansichten. Der kanadische Philosoph Joseph Heath hat diese Sachlage auf den kurzen Titel ‚*Populism fast and slow*' gebracht (Heath, 2025), eine Reminiszenz an den Buchtitel von Daniel Kahneman ‚Schnelles Denken, langsames Denken' (Kahneman, 2011). Heath sieht den Populismus als eine Rebellion nicht gegen wirtschaftliche Eliten, sondern gegen die kognitiven Eigenschaften, die man braucht, um in der modernen Gesellschaft zurecht zu kommen:

> „Die Menschen rebellieren nicht gegen wirtschaftliche Eliten, sondern gegen kognitive Eliten. Eng gefasst handelt es sich um eine Rebellion gegen die Exekutivfunktion (des menschlichen Gehirns, DR). Allgemeiner gesagt handelt es sich um eine Rebellion gegen die moderne Gesellschaft, welche die unablässige Ausübung kognitiver Hemmung und Kontrolle erfordert, um Ausbeutung, Marginalisie-

rung, Sucht und Stigmatisierung zu entgehen. Die Eliten haben im Grunde genommen die gesamte Gesellschaft so manipuliert, dass man zunehmend die kognitiven Fähigkeiten der Eliten einsetzen muss, um sich erfolgreich in der sozialen Welt zurechtzufinden." (Heath, 2025; meine Übersetzung, DR)

Heath macht hier sehr plausibel die kognitive Überforderung zum Thema, die viele Menschen erleben. Unser Alltag ist durch mediale Vielfalt, Bürokratisierung und Digitalisierung mittlerweile so komplex gestaltet, dass – beispielsweise – ältere Menschen oftmals darin nicht mehr zurechtkommen. Ein weiterer Aspekt der kognitiven Überforderung ist die Informationsflut, der wir uns ausgesetzt sehen – aber auch aktiv aussetzen. Die Informationsflut allein kann, wie die empirische Forschung zeigt, zu Nachrichtenvermeidung führen, die wiederum mit der Neigung zu Verschwörungstheorien verbunden ist (Heiss et al., 2023). Kein Wunder, wenn dies alles zusammen die Sehnsucht nach Nostalgie, Einfachheit und ‚gesundem Menschenverstand' wachsen lässt, das die Illiberalen geschickt auszunutzen verstehen.

Zusammenfassung – Kurz-Lektion 8

- Die Kultur der postmodernen Moderne ist durch Perspektiven-Vielfalt und Diversität gekennzeichnet.
- Die medientechnologische Entwicklung hat die Diversität seit der ersten Welle der Digitalisierung von TV und Radio deutlich vorangetrieben.
- Die Echokammern der heutigen sozialen Medien sind lediglich auf die Spitze getriebene Fortsetzungen des Trends.
- Viele Menschen fühlen sich kognitiv überfordert, wenn sie mit der heutigen Medienwelt Kontakt haben.
- Nachrichtenvermeidung ist mit dem Risiko illiberaler politischer Einstellungen verbunden.

Literatur

AUSsmc. (2024). *Why are so many of us avoiding the news?* https://www.smc.org.au/news/why-are-so-many-of-us-avoiding-the-news. Zugegriffen am 30.12.2025.

Baum, M. A., & Kernell, S. (1999). Has cable ended the golden age of presidential television? *The American Political Science Review, 93*(1), 99–114. https://doi.org/10.2307/2585763

Bimber, B. (1998). The internet and political transformation: Populism, community, and accelerated pluralism. *Polity, 31*(1), 133–160. https://doi.org/10.2307/3235370

Fukuyama, F. (2025). *It's the internet, stupid – What caused the global populist wave? Blame the screens.* https://www.persuasion.community/p/its-the-internet-stupid. Zugegriffen am 25.12.2025.

Galloway, S. (2024). *The podcast election.* https://www.profgalloway.com/the-podcast-election/. Zugegriffen am 30.12.2025.

Haidt, J. (2012). *The righteous mind: Why good people are divided by politics and religion.* Pantheon.

Hartmann, D., Wang, S. M., Pohlmann, L., & Berendt, B. (2025). A systematic review of echo chamber research: Comparative analysis of conceptualizations, operationalizations, and varying outcomes. *Journal of Computational Social Science, 8*(2), 52. https://doi.org/10.1007/s42001-025-00381-z

Heath, J. (2025). *Populism fast and slow.* https://josephheath.substack.com/p/populism-fast-and-slow. Zugegriffen am 06.01.2026.

Heiss, R., Nanz, A., & Matthes, J. (2023). Social media information literacy: Conceptualization and associations with information overload, news avoidance and conspiracy mentality. *Computers in Human Behavior, 148*, 107908. https://doi.org/10.1016/j.chb.2023.107908

Hite, S. (1976). *The hite report : A nationwide study of female sexuality.* Macmillan.

Kaelble, H. (2007). *Sozialgeschichte Europas: 1945 bis zur Gegenwart.* Beck.

Kahneman, D. (2011). *Thinking, fast and slow*. Farrar, Straus and Giroux.

Kamisar, B. (2024). Poll: Biden and Trump supporters sharply divided by the media they consume. *NBC News*. https://www.nbcnews.com/politics/2024-election/poll-biden-trump-supporters-sharply-divided-media-consume-rcna149497. Zugegriffen am 30.12.2025.

Leetaru, K. (2019). We live in a post-gatekeeper world not a post-truth world. *Forbes*. https://www.forbes.com/sites/kalevleetaru/2019/03/18/we-live-in-a-post-gatekeeper-world-not-a-post-truth-world/. Zugegriffen am 27.12.2025.

Lewiński, M., & Dutilh Novaes, C. (2025). The many-to-many model: Communication, attention, and trust in online conversations. In P. Connolly, S. Goldberg, & J. Saul (Hrsg.), *Conversations online: Explorations in philosophy of language* (S. 37–63). Oxford University Press.

Lorenz-Spreen, P., Oswald, L., Lewandowsky, S., & Hertwig, R. (2023). A systematic review of worldwide causal and correlational evidence on digital media and democracy. *Nature Human Behaviour, 7*(1), 74–101. https://doi.org/10.1038/s41562-022-01460-1

Mängel, A. (2008). Oettingers Scheiß-Privatsender. *Blätter für deutsche und internationale Politik, 2*, 111.

Mohr, R. (2023). Technologies of individualism: Remaking subjectivity in an age of crises [Journal Article]. *Law, Technology and Humans, 5*(1), 209–220. https://search.informit.org/doi/10.3316/informit.139176941544937

Nelson, C. (2025). *'Orgasms are a marvellous happiness'. Shere Hite gave voice to female sexuality in a landmark book – But the backlash was fierce*. Zugegriffen am 26.12.2025.

Reuters Institute. (2025). *Reuters institute digital news report 2025*. https://reutersinstitute.politics.ox.ac.uk/digital-news-report/2025. Zugegriffen am 30.12.2025.

Robertson, C. E. (2025). *People are turning away from the news. Here's why it may be happening*. Reuters Institute/University of Oxford. https://reutersinstitute.politics.ox.ac.uk/news/people-are-turning-away-news-heres-why-it-may-be-happening. Zugegriffen am 30.12.2025.

Rödder, A. (2015). *21.0 – Eine kurze Geschichte der Gegenwart*. Beck.

Sarasin, P. (2021). *1977 – Eine kurze Geschichte der Gegenwart*. Suhrkamp.

Sobieraj, S., & Berry, J. M. (2011). From incivility to outrage: Political discourse in blogs, talk radio, and cable news. *Political Communication, 28*(1), 19–41. https://doi.org/10.1080/10584609.2010.542360

10

Lektion: Das Zwischenfazit

Bevor ich zu den Lektionen komme, welche die Ansätze beschreiben, die zur Stärkung der demokratischen Resilienz notwendig sind, soll hier ein kurzes Zwischenfazit gezogen werden. Dieses Fazit ist die Grundlage der in den beiden verbleibenden Kapiteln beschriebene Strategie sein, die – aus meiner Sicht – zur Rettung der liberalen Demokratie notwendig ist.

Die Abb. 10.1 auf der Seite 188 enthält die wesentlichen Aspekte, die von liberalen Demokraten selbstkritisch gewürdigt werden müssen. Eines der zu lösenden sozialwissenschaftlichen Rätsel im Zusammenhang mit der Erstarkung von illiberalen und populistischen Bewegungen ist der Widerspruch zwischen der allgemeinen Liberalisierung von moralisch-politischen Einstellungen und der Nachfrage nach illiberalen Politik-Angeboten. Generell haben sich Gesellschaften des globalen Nordens deutlich liberalisiert, beispielsweise betreffend Homosexualität, Beteiligung von Frauen am Arbeitsleben und in gesellschaftlichen Institu-

D. Richter, *Die resiliente Republik*,
https://doi.org/10.1007/978-3-658-50673-5_10

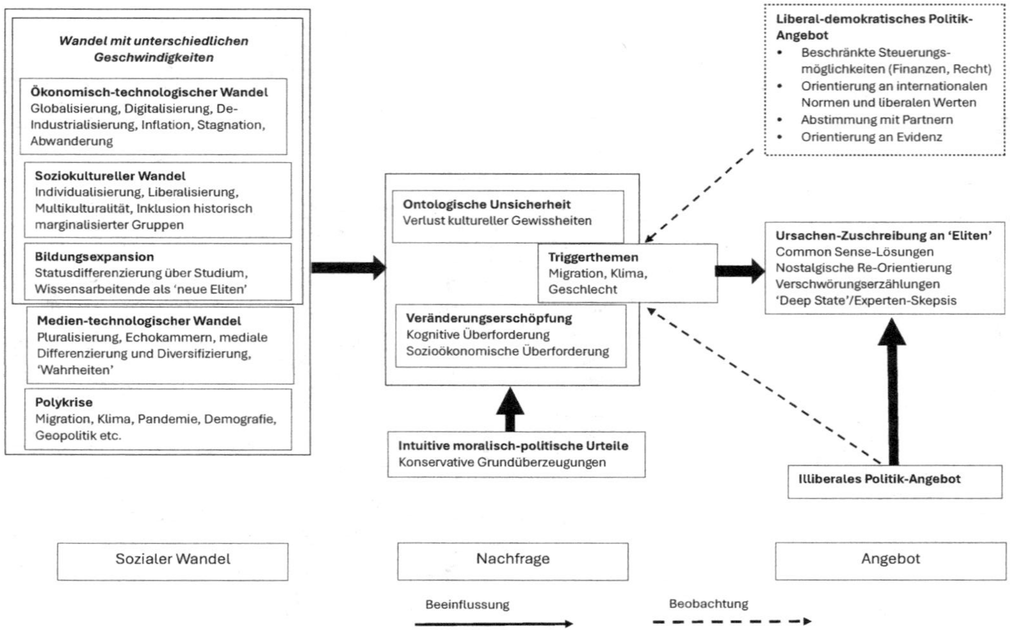

Abb. 10.1 Sozialer Wandel, Nachfrage nach und Angebot von illiberaler Politik. (Quelle: Eigene Darstellung)

tionen oder dem Zusammenleben von Menschen unterschiedlichen Geschlechts ohne formale Rechtsgrundlage. Dies gilt, wie man an mehreren Beispielen deutlich machen kann, auch für konservative, illiberale und rechts-extreme Bewegungen und Parteien. Denken wir etwa an die AfD-Co-Vorsitzende Alice Weidel, die in einer weithin bekannten lesbischen Beziehung lebt oder denken wir an die offen gelebte Homosexualität des eher konservativ eingestellten Fraktionsvorsitzenden der CDU im deutschen Bundestag, Jens Spahn. Gleichzeitig gehört das Thema ‚Geschlechtsidentität/sexuelle Orientierung' zu den zentralen Triggerthemen, die von illiberalen und konservativen Parteien aufgenommen werden, mit dem Ziel, vorhandene liberale Umgangsweisen wieder abzuschaffen oder diese einzuschränken. Die Frage ist, wie die zunehmende Akzeptanz vormals nicht-konformer sexueller Orientierungen mit dem Triggerthema ‚Geschlecht' zusammenhängen könnte.

Der soziale Wandel

Des Rätsels Lösung liegt darin, drei größere Felder zu unterscheiden: den *sozialen Wandel*, die *Nachfrage nach Politik-Angeboten* und die *Angebote* selbst. Im Hintergrund des Erstarkens illiberaler Politikangebote stehen fünf relevante Bereiche des allgemeinen gesellschaftlichen Wandels. Der erste Bereich ist der *ökonomisch-technologische Wandel*. Darunter fallen Aspekte wie die ökonomische Globalisierung, die Digitalisierung, die Verlagerung von Industriearbeitsplätzen aus westlichen Ländern nach Asien, die Inflation und die hohen Lebenshaltungskosten, die wirtschaftliche Stagnation und auch die Abwanderung von Arbeitskräften und Menschen aus Regionen, die sich heute als ‚abgehängt' erleben. Als zweiter Bereich kann der *soziokulturelle Wandel* identifiziert werden. Dahinter verbergen sich Trends wie die Individualisierung der modernen Gesellschaft und die Auflösung traditioneller Milieus, die schon angesprochene Liberalisierung der politischen und moralischen Einstellungen, die Multikulturalisierung der Gesellschaft und die Inklusion vormals marginalisierter Personengruppen wie Frauen, LGBT-Menschen oder Menschen mit Behinderungen. Ein dritter Bereich ist die *Bildungsexpansion*, also die Ausweitung der höheren Schulbildung und der Hochschulbildung, die auf eine früher kaum vorhandenen Statusdifferenzierung über das Studium hinausgelaufen ist. ‚Wissensarbeitende' werden in dem Zusammenhang als die ‚neuen Eliten' betrachtet. Letzteres ist, wie beschrieben, für die illiberale Politik von elementarer Bedeutung, da der Gegensatz von ‚Volk' und ‚Eliten' die zentrale populistische Argumentation ist.

Was die drei zuvor genannten Bereiche verbindet, ist die Tatsache, dass der Wandel in unterschiedlichen Geschwindigkeiten und mit sozialen Ungleichheiten verläuft. Die wirtschaftliche Globalisierung und De-Industrialisierung hat Menschen, die im Dienstleistungssektor arbeiten, mit einer deutlichen Verzögerung erfasst, während viele Industriearbeitende schon früh betroffen waren. Die Liberalisierung der Einstellungen hingegen ist bei Menschen einer höheren formalen Bildung stärker ausgeprägt als bei Menschen mit einem niedrigeren Bildungsabschluss. Die unterschiedlichen Geschwindigkeiten und Ungleichheiten sind für die ‚Nachfrage' äußerst relevant, da sie für die ontologische Unsicherheit und Veränderungserschöpfung mit verantwortlich sind.

Zu den drei genannten Bereichen müssen für den sozialen Wandel noch zwei weitere betrachtet werden, die jedoch nicht so ohne weiteres in die unterschiedlichen Geschwindigkeiten passen. Der erste Bereich ist der *medientechnologische* Wandel mit der Pluralisierung der Medien, den Echo-Kammern und dem unterschiedlichen Umgang mit Fakten und Wahrheiten. Der zweite Bereich betrifft die *Polykrise*, die wir seit einigen Jahrzehnten erleben, angefangen von der Klima-Krise über die Migration bis hin zur Pandemie und zur Geopolitik.

Nachfrage: Intuition, Ontologische Unsicherheit, Veränderungserschöpfung und Triggerthemen

Die fünf Bereiche des sozialen Wandels insgesamt führen bei vielen Menschen zu einer psychischen und sozialen Situation, welche die Nachfrage nach illiberalen politischen Angeboten wahrscheinlicher macht. Eine wesentliche Zutat hierfür, wie im Kapitel über das Wahlverhalten deutlich geworden ist, kommt den moralisch-politischen Intuitionen zu. Diese Intuitionen sorgen für moralische Entscheidungen, die nicht bewusst getroffen werden, um in der Regel anschließend rational begründet zu werden. Vor allem die konservativ ausgerichteten Intuitionen verstärken in erster Linie die ontologische Unsicherheit, da diese gegen den liberalen Zeitgeist der letzten Jahrzehnte laufen. Die ontologische Unsicherheit äußert sich daher bei einem Teil der Bevölkerung als Verlust kultureller Gewissheiten (‚was darf man noch sagen?'; ‚wer ist Mann und wer Frau?'; ‚wer gehört zur eigenen Gruppe dazu, wer nicht?'). Zudem macht sich vielerorts eine Veränderungserschöpfung breit. Man fühlt sich kognitiv überlastet und versucht Nachrichten aus dem Weg zu gehen oder aber man ist sozioökonomisch überlastet durch Inflation und Lebenshaltungskosten sowie durch erwartete Kostensteigerungen durch ökologische Modernisierungen. Der soziale Wandel, die Verunsicherung und die Erschöpfung führen zu einer besonderen Aufmerksamkeit für bestimmte Themen, welche die gesellschaftlichen und politischen Diskussionen triggern und emotionalisieren: Migration, Klima und Geschlecht. Sowohl individuell als auch teilweise gesellschaftliche wächst die Suche nach Eindeutigkeiten und nach der Vermeidung von Überlastung.

Angebot: liberale und illiberale Politik

Auf diese Gemengelage von sozialem Wandel, Verunsicherungen und Triggerthemen müssen sowohl die liberalen als auch die illiberalen Angebote reagieren. Die liberale Politik sieht sich mit dem Wandel konfrontiert, ist jedoch nicht grundsätzlich kritisch eingestellt, beispielsweise was die Liberalisierung gesellschaftlicher Normen betrifft. Gleichwohl beobachtet sie die Diskussion und nimmt wahr, dass Unsicherheiten und Veränderungsprobleme bestehen und auch darauf muss sie reagieren. Ihr Nachteil gegenüber der illiberalen Politik ist – vor allem wenn die liberalen Parteien in einer Regierungsverantwortung sind – die beschränkte Steuerungsmöglichkeit. Finanzielle Ressourcen und rechtliche Restriktionen erlauben viele Antworten nicht, die eigentlich gegeben werden könnten. Hinzu kommt die Rücksichtnahme auf internationale Normen (Menschenrechte!) und die Abstimmung mit Partnerländern (EU, Schengen!) und die Orientierung an zu erwartenden Wirkungen, also an Evidenz.

Die illiberale, populistische und rechts-extreme Politik beobachtet diese Diskussionen ebenfalls, wenn sie die Themen nicht sogar selbst getriggert hat. Der illiberalen Politik sind diese Rücksichten, welche die liberalen-demokratischen Parteien nehmen müssen, fremd. Ganz im Gegenteil, sie versucht die juristischen Einwände als eine ‚elitäre' Zumutung zu verkaufen, die es verhindert, dass Common Sense-Lösungen (Abschiebung, Todesstrafe, Kohlekraftwerke!) umgesetzt werden. Darüber hinaus werden nostalgische Re-Orientierungen (‚D-Mark statt Euro', ‚*Make America Great Again*!') sowie Verschwörungserzählungen (QAnon, *Deep State*) angeboten, welche die ‚Eliten' und ‚Experten' für viele reale und nicht-reale Probleme verantwortlich machen.

Die Emotionalisierung der politischen Auseinandersetzung wird im Wesentlichen über die Triggerthemen geführt, welche die illiberalen Bewegungen aufnehmen und verstärken. Damit wird die illiberale Politik anschlussfähig an die Alltagskommunikation (so was hat es früher nicht gegeben; die Migranten sollen Deutsch sprechen, wir sind schließlich in Deutschland; es gibt nur zwei biologische Geschlechter!), die sich zunehmend in sozialen Medien abspielt, was noch einmal zur Emotionalisierung beiträgt. Auf diese Triggerthemen müssen auch die liberalen Politik-Angebote reagieren. Man braucht ein politisches Konzept im Umgang mit Migration, Klimakrise und Geschlechtsfragen (Abb. 10.1).

Ansatzpunkte für eine Strategie gegen illiberale Politik

Bevor nun anschließend konkrete Hinweise zur Abwehr rechts-populistischer und anderer illiberaler Politik-Angebote skizziert werden sollen, können auf der Basis des Fazits Ansatzpunkte identifiziert werden. Diese Ansatzpunkte sollten in erster Linie darauf abzielen, die Bereitschaft zur Nachfrage nach illiberalen Politik-Angeboten zu reduzieren, indem die Unsicherheiten und Veränderungserschöpfungen adressiert werden. Dazu gehören unter anderem:

- Ein angemessener Umgang mit den unterschiedlichen Geschwindigkeiten des sozialen Wandels, um soziokulturelle und soziale Sicherheit zu vermitteln.
- Eine liberale Medienstrategie, welche die digitale Kommunikation in den Mittelpunkt stellt.
- Die Lösung zentraler gesellschaftlicher Probleme und Krisenmanagement.
- Angemessene Reaktionen der liberalen und demokratischen Parteien auf den sozialen Wandel und illiberale Herausforderungen.
- Pragmatische Politik-Ansätze im Zusammenhang mit den Triggerthemen Migration, Klima und Geschlecht.

11

Lektion: Resiliente Politik – Strategische Grundlagen

Welche Resilienz-Strategie lässt sich aus den vorherigen Kapiteln schlussfolgern für eine liberal-demokratische Politik, die in der Lage ist, illiberale Kräfte abzuwehren? Will eine demokratische Politik diesen Tendenzen begegnen, steht sie unter erheblichem Druck. Sie muss ‚liefern', wie man heute etwas flapsig zu sagen pflegt. Doch was genau muss die Politik liefern, um eine Unterstützung in der Bevölkerung zu erhalten und um zu verhindern, dass illiberale Kräfte Zulauf bekommen? Diese Frage ist unlängst von einer Autorengruppe um den Nobelpreisträger Daron Acemoğlu empirisch untersucht worden. Aus der Studie lassen sich folgende politische Implikationen ableiten:

> „Sie legen (…) nahe, dass die Fähigkeit demokratischer Regierungen, Wohlstand, geringe Korruption, Frieden und politische Stabilität sowie Umverteilung zu gewährleisten, und die Verfügbarkeit glaubwürdiger Informationen über

D. Richter, *Die resiliente Republik*,
https://doi.org/10.1007/978-3-658-50673-5_11

> die positiven Auswirkungen der Demokratie liefern zu können für die Sicherung der demokratischen Stabilität von Bedeutung sein könnten.“ (Acemoglu et al., 2024, S. 652)

Deutlich wird, dass die Vermittlung von Sicherheit in jedweder Form offenbar zentral für die demokratische Stabilität ist – was ein weiterer empirischer Beleg für die vorher beschriebene Bedeutung der Unsicherheit für das Anwachsen illiberaler Parteien ist. Eine liberale und demokratische Politik muss dabei mit vier Problemen umgehen. Das erste Problem besteht darin, einen medialen Zugang zu Bevölkerungsgruppen zu erhalten, die konventionelle Medien so gut wie gar nicht mehr konsumieren. Zweitens muss die Politik sicherstellen, dass sie zum einen angemessene Lösungen für die drängenden sozialen, ökonomischen und ökologischen Probleme finden muss. Zum anderen muss sie mit diesen Lösungen Menschen überzeugen, sich nicht (mehr) von illiberaler Politik zu entsprechenden Wahlentscheidungen verleiten zu lassen. Das heißt beispielsweise, wirksame Klimapolitik zu betreiben, ohne dass dies erhebliche finanzielle Belastungen für die Bevölkerung zur Folge hat und auch Lebensgewohnheiten nicht grundsätzlich infrage stellt.

Das dritte Problem besteht darin, einerseits pragmatisch und weitgehend unideologische Lösungsansätze zu präsentieren und andererseits idealerweise ein positives Narrativ zu entwickeln. Dieses positive Narrativ sollte so kommuniziert werden, dass es über pragmatische Kälte hinausgeht und Menschen – idealerweise – emotional anspricht. Die Frage ist: Wie kann über politische Lösungen eine Identifikation hergestellt werden, die davor bewahrt, narrative Losungen aus dem illiberalen Lager attraktiver zu finden als liberal-demokratische Grundsätze und die zugleich aus der politischen Polarisierung herausfindet?

Viertens hat die liberal-demokratische Politik das Problem, dass sie mit pragmatischen Lösungen das Risiko eingeht, Wählende zu verlieren, die etwa eine striktere Klima- oder Gender-Politik verlangen, welche aber potenziell zu einer Stärkung illiberaler Kräfte führen könnte. Die Frage hier ist: Wie können Wählende aus dem eher linksprogressiven politischen Spektrum davon überzeugt werden, dass eine pragmatische Politik letztendlich mehr Klimaschutz und Gender-angemessene Programme bringt als eine striktere Politik, die dann höchstwahrscheinlich zu einem Rückschlag und Abbau bisheriger Maßnahmen führen wird – wie es in den Vereinigten Staaten unter Trump 2.0, aber auch in diversen EU-Staaten oder in der Schweiz deutlich zu sehen ist.

Grundzüge einer Medienstrategie

Bevor im weiteren Verlauf des Kapitels die Grundzüge einer liberalen und demokratischen Politik zur Abwehr illiberaler Tendenzen skizziert werden, soll hier in einem ersten Schritt auf die Problemstellung des medialen Zugangs eingegangen werden. Wie sicher erinnert wird, hat die liberale Politik das Problem, dass viele potenzielle Interessierte und Wählende sich heute nicht mehr in den konventionellen Medien wie dem öffentlichen Radio und Fernsehen oder den Tageszeitungen informieren. Stattdessen wird über das Netz, über soziale Medien und neuerdings auch über Podcasts nach Informationen gesucht. Und leider haben in diesem medialen Sektor die illiberalen Politikansätze die Oberhand bei der Reichweite.

Ein Ansatzpunkt für eine Medienstrategie besteht in regulatorischen Bemühungen. Diese umfassen beispielsweise die Stärkung öffentlich-rechtlicher Medien, die Regulierung von Online-Plattformen und die Bekämpfung von Angriffen auf die Pressefreiheit. Der ‚*Digital Services Act*' (DSA) der Europäischen Union ist ein Versuch, genau dies zu erreichen (European Commission, 2025) – und ist gerade deshalb auch ein Angriffspunkt der amerikanischen Tech-Konzerne sowie der Trump 2.0-Administration. Der DSA zielt unter anderem auf die Stärkung der Nutzenden-Rechte, indem etwa die Entfernung von Content in sozialen Medien begründet werden muss oder indem bessere Beschwerdemöglichkeiten geschaffen werden. Auch sollen illegale Inhalte einfacher gemeldet werden können und die Plattformbetreibenden müssen darauf reagieren.

Ein weiterer, und wohl vielversprechenderer, Ansatzpunkt ist eine eigene digitale Kommunikationsstrategie. Es gibt bereits Vorbilder für eine solche nicht-konservative liberale Strategie. Die Wahl des für US-amerikanische Verhältnisse relativ weit links stehenden Demokraten Zohram Mamdani zum Bürgermeister von New York City im November 2025 basierte zu wesentlichen Teilen auf seiner persönlichen Social Media-Präsenz. Während des Wahlkampfs konnte er über eine Million Follower auf Instagram sowie mehrere Hundertausende auf TikTok und X für sich einnehmen (Yang & Horvath, 2025). Als ‚*Digital Native*' verstand Mamdani es, eine glaubwürdige und nicht anbiedernde Wahlkampagne zu fahren, die medientechnisch auf dem neuesten Stand war und die gleichzeitig die zentralen Probleme insbesondere der jungen Wählenden adressieren konnte: unbezahlbarer Wohnraum und hohe Lebenshaltungskosten.

Mit dieser Strategie erfüllte Zohran Mamdani mehr oder weniger exakt die Forderungen, welche Kommunikationsexperten für die Abwehr populistischer und illiberaler Politik empfehlen. Gemäß dieser Erkenntnisse wird folgende Strategie entworfen:

> „Eine grundlegende, strukturelle Asymmetrie prägt die moderne Medienlandschaft. Die populistische Rechte betreibt eine koordinierte, emotional geladene Medienmaschinerie über soziale Plattformen, Podcasts und Influencer, setzt die Narrative und erreicht Millionen nicht engagierter Wähler, die traditionelle Nachrichten meiden. Im Gegensatz dazu ist das Ökosystem der Mainstream-Linken fragmentiert, reaktiv und durch eine veraltete, aus dem 20. Jahrhundert stammende Rundfunkmentalität eingeschränkt. Dies ist nicht nur eine taktische Lücke, sondern ein systemisches Versagen. Um wettbewerbsfähig zu sein, brauchen die Mainstream-Parteien eine Zwei-Fronten-Strategie. Erstens eine sofortige taktische Reaktion: die Schaffung halbautonomer, kreativ unabhängiger ‚Digital Narrative Units', um den täglichen Kampf um Aufmerksamkeit auf Plattformen wie TikTok und YouTube zu führen. Zweitens eine langfristige kulturelle Umgestaltung: die Transformation der Parteien, um eine neue Generation von Führungskräften zu identifizieren, zu rekrutieren und zu fördern, die natürliche, authentische Kommunikatoren sind und sich mit der Grammatik des neuen Medienökosystems auskennen." (Cowan & Powell, 2025; meine Übersetzung, DR)

Zu dieser Strategie gehört auch die Wortwahl, die bei liberalen und demokratisch gesinnten oftmals abstrakt, rational und prozessual orientiert ist. In der Neujahrsansprache 2026 formulierte der deutsche Kanzler Friedrich Merz die wirtschaftliche Lage folgendermaßen:

> „In der Weltwirtschaft sehen wir eine Rückkehr zum Protektionismus. Unsere strategische Abhängigkeit von Rohstoffen wird zunehmend als politischer Hebel gegen unsere Interessen eingesetzt. Diese geopolitischen Umbrüche haben große Auswirkungen auf unseren Wohlstand – und das spüren wir als Exportnation in besonderer Weise." (ZDFheute, 2026)

Derartige Begrifflichkeiten (‚Protektionismus', ‚strategische Abhängigkeit', ‚geopolitische Umbrüche') gehen am Alltag vieler Wählender deutlich vorbei, wie Untersuchungen aus Grossbritannien ergeben haben (McShane, 2026). Hier wie dort haben die Regierungen zum Jahreswechsel 2025/2026 erhebliche Probleme, ihre Lösungen umzusetzen und in beiden Ländern steht eine illiberale oder populistische Partei in Umfragen vor oder knapp hinter der Regierungspartei. Die Schlussfolgerung der Forschenden war: Eine solche Sprache vergrößert die Distanz zwischen Politik und Wählenden. Meine Schlussfolgerung ist: Eine solche Sprache macht es den illiberalen Parteien einfach, ihre emotionalen Trigger dagegen zu setzen und einfache Lösungen für komplexe Probleme zu präsentieren. Die Wortwahl einer liberalen und demokratischen Politik muss sich drastisch ändern, um die Perspektive der Wählenden zu treffen.

Grundzüge einer liberalen und demokratischen Politik

Die in diesem Kapitel skizzierten Grundzüge einer liberalen und demokratischen Politik lassen sich aus den folgenden fünf Elementen zusammensetzen:

- Soziale Sicherheit
- Soziokulturelle Sicherheit
- Lösung zentraler gesellschaftlicher Probleme und Krisenbewältigung
- Progressiv-linke Zurückhaltung und konservativ-rechte Distanz
- Das Narrativ einer inklusiven Gesellschaft

Soziale Sicherheit

Soziale Sicherheit heute muss zwei Aspekte adressieren: die ökonomische Absicherung von Risikolagen und die Sicherstellung der Verwirklichung von Lebenschancen. Bleiben wir zunächst bei der Absicherung. Der erhebliche soziale und technologische Wandel der Arbeitswelt führt zu großen Verunsicherungen. Waren vormals lebenslange Beschäftigungsverhältnisse üblich, die oftmals sogar über mehrere Jahrzehnte im gleichen Betrieb vorhanden gewesen sind, hat sich dies in der jüngeren Vergangenheit deutlich gewandelt. Automatisierung, Digitalisierung und der globale ökonomische Wettbewerb führen immer häufiger dazu, dass Arbeitnehmende sich von Befristung zur Befristung hangeln und die Stelle wechseln müssen, wenn ihnen nicht sogar gekündigt worden ist.

Vor diesem Hintergrund ist ein stabiles soziales und finanzielles Auffangnetz elementar für die moderne Gesellschaft. Dies gilt insbesondere angesichts steigender Lebenshaltungskosten und inflationärer Tendenzen wie wir sie in den letzten Jahren bedingt durch die COVID-Pandemie und die ökonomischen Konsequenzen der russischen Aggression in der Ukraine erlebt haben.

Illiberale politische Kräfte aus dem rechten Spektrum machen sich nicht selten zu eigen, die Sozialausgaben einschränken oder gar in vielen Bereichen streichen zu wollen. Hintergrund dieser Politik ist die Ansicht, dass die ‚Falschen' von der Sozialpolitik profitieren, nämlich Menschen mit Migrationshintergrund oder Personen, die vermeintlich nicht arbeiten wollen. Diese Ansichten haben konservative Ökonomen dazu verleitet, von einer guten Sozialpolitik als Mittel gegen den Rechts-Populismus Abstand zu nehmen (Bergmann & Diermeier, 2024). Sie empfehlen dagegen den Ausbau regionaler Investitionen in die heimische Wirtschaft.

So richtig diese Empfehlung im Ansatz auch sein mag, so fragwürdig ist der Verzicht auf Sozialpolitik, wenn man sich die ökonomischen Grundlagen des Erfolgs illiberaler Parteien ansieht. Es gibt zahlreiche empirische Untersuchungen, die beispielsweise zeigen, dass Einsparungen bei Sozialleistungen wie Renten zu den Ursachen des Anwachsens nicht nur linker, sondern auch extrem rechter Parteien führen (Hübscher et al., 2023). Auch der Brexit, das Referendum zum Austritt Großbritanniens aus der Europäischen Union, ist nicht unwesentlich auf die extreme Spar- und ‚*Austerity*'-Politik der Konservativen und der Liberal-Demokratischen Partei in der ersten Hälfte der 2010er-Jahre zurückzuführen (Fetzer, 2019).

Die illiberalen Folgen restriktiver Ausgabenpolitik machen sich in erster Linie in Regionen bemerkbar, die wirtschaftlich angeschlagen sind (Baccini & Sattler, 2025). Es handelt sich um Gegenden, aber auch um Einzelpersonen, welche befürchten, zu den Verlierern der sozioökonomischen Entwicklung zu gehören. Derartige Befürchtungen werden, so die einschlägige Forschung, durch die Wahrnehmung des ökonomischen Niedergangs, beispielsweise durch den Leerstand in Einkaufsstrassen, noch erheblich verstärkt (Fetzer et al., 2025). Der Leerstand signalisiert darüber hinaus nicht nur wirtschaftliche Stagnation oder Niedergang, er indiziert zudem auch den Wegfall von Gemeinschaft und Lebenswelt.

Aus diesem Grund ist es relevant, Sozialpolitik nicht nur auf finanzielle Absicherung zu reduzieren, sondern die Lebenschancen mehr in den Blick zu nehmen. Die Krise der Lebenshaltungskosten speist sich in Europa zu einem großen Teil aus dem Fehlen eines ausreichenden und bezahlbaren Wohnraums. Einen ‚Liberalismus, der baut' fordern daher die beiden US-amerikanischen Journalisten Ezra Klein und Derek Thompson in ihrem Buch

‚Abundance‘, das über die USA hinaus sehr viel Aufsehen erregt hat (Klein & Thompson, 2025). Der Titel des Buchs ist ins Deutsche etwa mit ‚Fülle‘ oder ‚Reichtum‘, unter Umständen aber auch mit ‚Überfluss‘ zu übersetzen. Klein und Thompson zielen darauf, dass eine liberale Politik es schaffen muss, die Lebensverhältnisse der meisten Menschen zu verbessern, und das geht neben einem guten Lohn heute in erster Linie über eine funktionierende öffentliche Infrastruktur und über ausreichenden sowie bezahlbaren Wohnraum.

Was hat eine dysfunktionale Infrastruktur sowie fehlender und finanzierbarer Wohnraum mit Illiberalismus und Rechts-Populismus zu tun? Diese beiden Aspekte sind die – im wörtlichen Sinne – sichtbaren Fehlleistungen der liberalen und demokratischen Politik, welche die westliche Welt in den Jahrzehnten nach dem Zweiten Weltkrieg regiert hat. Diese Fehlleistungen tragen nicht wenig dazu bei, dass illiberale Kräfte demokratische Regierungen und ihre Verwaltungen als unfähig attackieren und den radikalen Abbau fordern. So unsinnig dies auch ist, und so nachhaltig negativ sich das gerade auf die öffentliche Infrastruktur auswirken wird, wie in den Vereinigten Staaten bereits zu erkennen ist, so populär scheint doch die Kritik daran zu sein.

Die Ursachen für den fehlenden und bezahlbaren Wohnraum der letzten Jahrzehnte sind sicher unterschiedlich in verschiedenen Staaten und Regionen. Interessant ist aber, dass die Wohnungsnot nahezu im gesamten globalen Norden ein Problem ist, was eigentlich zu einschlägigen soziologischen Studien zur Verursachung führen müsste, die mir aber trotz intensiver Suche nicht begegnet sind. Lediglich die finanzielle De-Regulierung, beispielsweise von Krediten für die Wohnungswirtschaft, und die Privatisierung ehedem öffentlicher Wohnungen sind entsprechend untersucht und kritisiert worden (Marcuse & Madden, 2024).

Die finanzielle De-Regulierung ist sicher ein relevanter Faktor gerade für die Wohnungsnot. Hinzu kommen aber noch einige weitere Faktoren. Der demografische Wandel trägt nicht unwesentlich dazu bei, indem viele ältere Menschen auf überdurchschnittlich großem Wohnraum leben. Dies ist insbesondere dann der Fall, wenn die Kinder ausgezogen und verstärkt sich in höherem Lebensalter, wenn ein Lebenspartner verstorben ist oder im Pflegeheim leben muss. Bei Mietwohnungen ist ein Umzug in eine kleinere Wohnung aus ökonomischer Sicht oftmals für diese Personen nicht sinnvoll. Es ist billiger in der zu großen Wohnung mit dem alten Mietvertrag zu bleiben, als in eine neue Wohnung zu ziehen, die im Zweifel um einiges teurer ist als die bisherige. Und bei Wohneigentum sehen viele Eigentümer keine Alternative, zumal sie das Haus lange finanziert und unter Umständen selbst gebaut haben. Zudem steigen die Ansprüche auf die Ausstattung des Wohnraums deutlich, etwa die Verfügbarkeit eines Arbeitszimmers, welches in Zeiten des Homeoffice in einer Dienstleistungs-Ökonomie heutzutage notwendig ist.

Und schließlich sind auch die Folgen der Migration in Rechnung zu stellen. Seit Mitte der 2010er-Jahre sind mehrere Millionen Menschen aus dem Nahen und Mittleren Osten sowie aus der Ukraine nach Westeuropa gekommen, die heute mit vielen anderen Menschen im Niedrig-Einkommens-Sektor um Wohnraum konkurrieren. Der Wohnraum wird gerade von Rechts-Konservativen und -Populisten gerne als Anti-Migrations-Argument herangezogen, beispielsweise in der Schweiz bei diversen Abstimmungs-Initiativen.

Was also ist in diesem Zusammenhang zu tun? Wir brauchen mehr Wohnungen, wir brauchen mehr öffentlich geförderte und nicht-privat verwaltete Wohnungen. Ich selbst habe in Bern die Vorzüge einer genossenschaftlichen

Mietwohnung genießen dürfen, und diese Vorteile reichen von einem angemessenen mietzins über eine gute Durchmischung der Mietparteien bis hin zur Schaffung von gemeinschaftlichen Aktionen. Weiterhin müssen Anreize zu einer Umverteilung des Wohnraums für diejenigen geschaffen werden, die auf zu vielen Quadratmetern wohnen, wie sie selbst häufig wahrnehmen. Für die Schweiz hat eine Untersuchung beispielsweise bei 10 % der Haushalte einen ‚subjektiven Überkonsum' festgestellt (Delbiaggio & Wanzenried, 2018). Der objektive Überkonsum ist mit Sicherheit noch deutlich größer.

Zusätzlich müssen wir über eine finanzielle De-Regulierung hinaus auf eine baurechtliche De-Regulierung setzen. Viele Bau- und Infrastrukturprojekte werden verzögert, wenn nicht sogar verhindert, durch baurechtliche oder umweltrechtliche Einsprüche und Klagen. Als jemand, der sich beim Aufbau der Grünen in Deutschland anfangs der 1980er-Jahre engagiert hat, weiss ich natürlich um die Brisanz solcher Aussagen. Gleichwohl muss auch ich einsehen, dass es keinen Sinn macht, auf Prinzipien zu bestehen, wenn diese zu einem illiberalen Backlash führen, der eine ökologische Politik noch weiter diskreditieren wird. Dazu später mehr im nachfolgenden Kapitel.

Was für den Wohnungsbau gilt, trifft auch auf die Infrastruktur zu. Es ist bekannt, dass in diesem Bereich nahezu in der gesamten westlichen Welt oder im globalen Norden erheblicher Nachholbedarf besteht. Die marode Infrastruktur ist kein rein deutsches Problem – auch wenn dies in den (sozialen) Medien häufig kolportiert wird. Als passionierter Bahnfahrer, der in vielen Ländern Europas und auch darüber hinaus öffentliche Verkehrsmittel genutzt hat, weiß ich um den Zustand des Transportwesens, der – mit Ausnahme von Ländern wie der Schweiz oder Japans – vielerorts problematisch und schlimmer ist.

Dies alles ist kostspielig, und es ist auch nur ein Kostentreiber in öffentlichen Haushalten neben der inneren und äußeren Sicherheit, den steigenden Kosten in Gesundheit und sozialer Sicherheit sowie den Zinslasten, welche durch die immense Verschuldung der öffentlichen Hand in vielen Ländern entstehen. An dem Tag, an dem ich diesen Abschnitt schreibe, erscheint die ‚Economist'-Titelseite mit einer großen Warnung vor einer Schuldenkrise im globalen Norden.

Diese Warnung ist zweifelsohne berechtigt. Im Detail zeigt der Bericht auf, dass sowohl die von progressiv-links propagierte Migration als auch das von konservativ-rechts favorisierte Wirtschafts-Wachstum keine fundamentalen Lösungen für das Schuldenproblem mit sich bringen. Das eine, so die ökonomische Theorie, verlagert die Problematik in die Zukunft und das andere geht mit einer Zinserhöhung einher, welche die Schuldenlast vergrößert (Economist, 2025a).

Das heißt, ohne die Verbesserung der Einnahmesituation öffentlicher Haushalte und die Verringerung bestimmter Soziallasten wird eine gute Infrastruktur-Politik und eine gute Sozialpolitik nicht gehen. Wie könnte eine moderate Finanzpolitik aussehen, die versucht, Einnahmen zu erhöhen und notwendige Einsparungen schrittweise in die Wege zu leiten? Zunächst einmal ist zu konstatieren, dass Vermögen im Allgemeinen in den letzten Jahrzehnten in vielen Ländern erheblich angewachsen ist und dies auch zu nicht unerheblichen Ungleichheiten geführt hat (Blanchet & Martínez-Toledano, 2023). Zudem ist bekannt, dass dieses Vermögen in großem Umfang durch Erbschaften zustande gekommen ist.

Diese beiden Faktoren, große Vermögensbestände und Erbschaften, legen nahe, entsprechende Steuertatbestände zu schaffen oder diese zu erhöhen. Interessanterweise ist die

Einführung einer Vermögenssteuer in vielen Ländern des globalen Nordens bis dato nicht gelungen (Scheuer & Slemrod, 2021). Lediglich Spanien, Norwegen und die Schweiz verfügen über eine umfassende Vermögenssteuer. In Belgien, den Niederlanden, Luxemburg und Italien unterliegen spezifische Vermögenwerte einer entsprechenden Steuer.

Die schweizerischen Verhältnisse kenne ich aus eigener steuerlicher Erfahrung sehr gut. Die Vermögenssteuer im Land ist, wie häufig in der Schweiz, kantonal geregelt und weist erhebliche Unterschiede auf. Aktuell werden mehr als vier Prozent der gesamten Steuereinnahmen der Schweiz über die Vermögenssteuer generiert, die in einzelnen Kantonen auch schon bei kleineren Vermögen zum Zuge kommt. Bevor nun eine allgemeine Entrüstung über diesen Tatbestand entsteht, muss fairerweise hinzugefügt werden, dass die Einkommensteuern (auch von Kanton zu Kanton unterschiedlich) im Schnitt deutlich niedriger sind als beispielsweise in Deutschland.

Daher besteht bei Vermögens- und Erbschaftssteuer aus meiner Sicht viel Potenzial, um zum einen die Einnahmesituation der öffentlichen Hand zu verbessern und zum zweiten einen Beitrag gegen die soziale Ungleichheit zu leisten. Um dem zu erwartenden Unmut zu begegnen, könnten schrittweise Einführungen bzw. Erhöhungen ein Weg sein, über den sich die Steuerbürger an die steigenden Lasten gewöhnen können. Apropos schrittweise: Dies wäre auch eine Möglichkeit, die Probleme in der deutschen Sozialversicherung anzugehen, indem beispielsweise neue Beamte und auch junge Selbstständige nicht mehr außerhalb der Rentenversicherung bleiben könnten.

Und noch ein Apropos in diesem Zusammenhang: In Deutschland muss dringend über den Beamtenstatus nachgedacht werden, der erstens erhebliche Pensionslasten für die öffentliche Hand zur Folge hat und zweitens die Ungleichheit bei Einkommen, Renten und auch bei der Krankenversicherung erhöht (für Nicht-Deutsche: Beamte sind gewissermassen automatisch privat versichert und genießen in diesem Zusammenhang viele Privilegien). Meine deutschen Gesprächspartner sind immer verwundert, wenn ich berichte, dass in der Schweiz nicht einmal Polizisten verbeamtet werden. Alle sind angestellt und alle sind verpflichtet, in die allgemeine Rentenversicherung AHV einzuzahlen und sich am Pensionskassensystem zu beteiligen. Der Beamtenstatus gehört schlicht abgeschafft, und dies gilt vor den Polizisten auch für lehrpersonen und Hochschullehrer (der ich selbst einer bin).

Soziokulturelle Sicherheit

Warum hat sich eine Mehrheit der Briten im Jahr 2016 für den Brexit, also den Ausstieg des Landes aus der Europäischen Union entschieden, der schon seinerzeit und heute immer deutlicher mit erheblichen wirtschaftlichen, administrativen und am Ende auch geopolitischen Risiken verbunden war? Die britische Wochenzeitung ‚Economist' kam im Sommer 2025 mit einer – wie ich finde – sehr plausiblen Hypothese daher:

> „Als die Fernsehberichterstattung über die EU, die einst von Bildern zuverlässig grauer Männer in grauen Büros geprägt war, sich zu Szenen von Molotowcocktails in Athen verlagerte, und Migranten, die auf Kos an Land gingen, und dem Blutbad in Paris (Bataclan, DR), vollführte die Leave-Kampagne einen Wahlzaubertrick und lud die Last des Risikos auf ihre Gegner. Der Brexit, so behauptete sie, sei das letzte Rettungsboot, um den Status quo zu bewahren; der Verbleib in einem krisengeschüttelten Block sei die eigentliche

> Gefahr. Das war die Bedeutung von ‚Take back control'. Oder wie es der weniger bekannte Slogan der Kampagne formulierte: ‚Vote Leave ist die sicherere Option.'" (Economist, 2025b; meine Übersetzung, DR)

Selbstverständlich ist die jahrzehntelange britische Skepsis gegenüber der EU in Rechnung zu stellen, die im Übrigen nicht nur bei den Konservativen, sondern auch in der britischen Linken weit verbreitet war. Aber über der Tradition stand meines Erachtens – eben sehr plausibel – zurecht rekonstruiert eine allgemeine soziokulturelle Verunsicherung. Es ging nicht zuletzt um die Abwehr von politischem und gesellschaftlichem Chaos und die Rückbesinnung auf ‚Normalität'.

Das Konzept der Normalität ist – historisch gesehen – übrigens ein relativ junges Konstrukt. Es entstand im Wissenschaftskontext des 19. Jahrhunderts (‚Normalverteilung') und konnte sich erst in der ersten Hälfte des 20. Jahrhunderts ausbreiten und seine Wirkmächtigkeit im Alltag entfalten. Normalitätsvorstellungen haben, wie die einschlägige historische Forschung eindrücklich herausgearbeitet hat (Cryle & Stephens, 2017), immer auch eine andere Seite, die des ‚Abnormalen', wie man früher zu sagen pflegte. Wenn man das Normale sich vorstellt, dann gehört das Nicht-Normale automatisch dazu. Dieses wird oftmals abgewertet, wenn es nicht sogar pathologisiert wird. Das ‚Normale' hat immer auch normative Kraft.

Aus dieser Sicht verwundet es dann wenig, wenn beispielsweise ‚nicht-normale' geschlechtliche Beziehungen oder Identitäten abgewertet oder eben pathologisiert werden. Die Abwertung oder Pathologisierung dient zur Aufrechterhaltung von Identität in der modernen Gesellschaft, zur Abwehr des vermeintlich drohenden Chaos, das entstünde, wenn man das ‚Nicht-Normale' zuließe. Und es verwundert auch nicht, wenn illiberale Politiker einerseits

Untergangs- und Verfalls-Szenarien an die Wand malen und andererseits die Rückkehr zu einer – wie auch immer gearteten – Normalität für sich in Anspruch nehmen. Solche Politiker verstärken die Wahrnehmung ontologischer Unsicherheit in ihrer Wählerschaft und sehen sich als die einzige Position, die in der Lage ist, diese Unsicherheit abzuschaffen, indem alte Normalität wieder hergestellt wird (Homolar & Scholz, 2019). Bekanntermaßen geschieht dies oft durch soziale Exklusion und Diskriminierung von Minderheiten. Für eine liberal-demokratische Politik wird es daher eine erhebliche Herausforderung sein, einerseits die ontologische Sicherheit zu vermitteln und andererseits die Rechte der Menschen zu wahren, die in der gesellschaftlichen Normalität auf der anderen Seite gesehen werden. Wie dies im Kontext von Migration und Gender gelingen könnte, dazu mehr im nachfolgenden Kapitel.

Lösung zentraler gesellschaftlicher Probleme und Krisenbewältigung

Eines der gängigen Argumente gegen liberale Demokratien ist ihre Ineffektivität bei der Lösung von Problemen, insbesondere im Vergleich mit autoritären Regimen. Ein gern genutztes Beispiel ist der Ausbau des chinesischen Hochgeschwindigkeits-Netzes der Bahn im Vergleich zu europäischen und insbesondere deutschen Verhältnissen. Nach chinesischen Regierungsangaben sind dort zwischen 2021 und 2024 10.000 km Hochgeschwindigkeitsstrecken gebaut worden (Hauberg, 2025). Dagegen dauert es in Europa deutlich länger, und man muss hier gar nicht erst in den deutschen Südwesten schauen, wo der Umbau des Stuttgarter Bahnhofs im Jahr 2009 beschlossen wurde und dessen Eröffnung noch immer auf sich warten lässt.

Der Stuttgarter Bahnhof ist jedoch zugleich ein gutes Beispiel für die Probleme, die Demokratien in dieser Hinsicht haben. Schon der Planungsprozess war begleitet von Demonstrationen, medialen Auseinandersetzungen und einem Referendum. Der amerikanische Politikwissenschaftler Marc Dunkelman kritisiert für die US-Verhältnisse in diesem Zusammenhang gerade progressive Kräfte, die es verstehen, solche Proteste anzuführen und sie bis in rechtliche Auseinandersetzungen weiter zu treiben (Dunkelman, 2025). Damit, so seine These, verhindert progressive Politik eine Verbesserung der Lebensverhältnisse für viele Menschen. Ein diesbezügliches Thema ist die Wohnungsnot, von der hier schon des Öfteren die Rede war. Wir brauchen in der gesamten westlichen Welt mehr Wohnungen, aber oftmals sind es Gutverdienende und liberal Eingestellte, die es verhindern, dass neue Wohnungen oder Wohnblocks in ihrer Nachbarschaft gebaut werden. Damit stellen sich, so Dunkelman, gerade Linke und Progressive vor ein selbstgemachtes Dilemma: Gute Infrastruktur vs. Ortsbilderhaltung oder Bahnstrecken vs. Eingriffe in die Natur.

Die politischen Konflikte entstehen aber nicht erst bei konkreten Bauprojekten. Die Auseinandersetzungen beginnen schon grundsätzlich vorher bei der Frage, ob Wirtschaftswachstum gebraucht wird, und wenn ja, welches. Null-Wachstum, da sind sich die meisten Ökonomen sicher, werde in der Tendenz eher zu mehr Armut und schlechteren Lebenschancen für viele Menschen führen (Susskind, 2024). Angesichts der immensen ökologischen, geopolitischen sozialen und demografischen Herausforderungen moderner Gesellschaften scheint dies absolut plausibel. Allein die Finanzierung der Sozial- und Gesundheitssysteme der kommenden Jahrzehnte wird ohne ökonomisches Wachstum nicht zu bewältigen sein.

Autokratien brauchen solche Konflikte nicht zu fürchten. Planungsverfahren und Enteignungen werden hier in der Regel schlicht durchgesetzt. Mediale Störfeuer oder juristische Einsprüche sind üblicherweise nicht zu erwarten. Daher sind autokratische Regierungen oftmals (aber nicht immer, siehe etwa die Verhältnisse in Russland) effektiver in der Verwirklichung von Infrastrukturprojekten.

Der kanadische Philosoph Dan Wang hat in seinem Vergleich der Verhältnisse in China und in den USA diese Thematik unlängst auf die Formel gebracht, dass China ein Ingenieursstaat sei, dessen Bauvorhaben kaum zu stoppen sind, und die Vereinigten Staaten eine Juristen-Gesellschaft, die bereit sei, alles zu verhindern. Hier macht sich aus Sicht einer liberalen Demokratie das Dilemma vor allem in Bezug auf den liberalen Anteil bemerkbar, denn die Einspruchsrechte der Bürger werden in einem hochfunktionalen Ingenieursstaat wie China schlicht ignoriert:

> „Der Grundgedanke des Ingenieursstaates besteht darin, Menschen als Kollektiv und nicht als Individuen zu betrachten. Die Kommunistische Partei versteht sich als großer Meister, der einheitliche Maßnahmen in Staat und Gesellschaft koordiniert und strategische Manöver durchführen kann, die das Verständnis ihrer Bürger übersteigen. Ihre Philosophie besteht darin, die Entscheidungsfreiheit des Staates zu maximieren und die Rechte des Einzelnen zu minimieren." (Wang, 2025, S. 8; meine Übersetzung, DR)

Mit anderen Worten, will ich eine liberale Demokratie beibehalten, muss ich die entsprechenden medialen und juristischen Einsprachemöglichkeiten beibehalten, was dann nicht selten zu Verzögerungen oder Verhinderungen von Projekten führt. Die politische Kunst besteht somit darin, eine akzeptable Balance zwischen der Durchsetzung von allgemeinen Interessen einerseits und den Rechten von

Bürgern und Kommunen andererseits sicherzustellen. Unter Umständen bedeutet dies effektives und effizientes Regieren auch gegen die eigene potenzielle Wählerschaft. Geschieht dies nicht, wird dem illiberalen Narrativ der ineffizienten Demokratie Vorschub geleistet und es werden nach den zu erwartenden rechten Wahlerfolgen die Bürgerrechte absehbar weiter eingeschränkt als dies im Rahmen einer liberalen Demokratie geschehen könnte.

Zur Stärkung der Effizienz in der liberalen Demokratie gehört schließlich ein deutlich besseres Krisenmanagement und eine vorausschauende Krisenplanung. In den Zeiten der Polykrise ist zu erwarten, dass auch zukünftig erhebliche Probleme entstehen, die sich massiv negativ auf das Funktionieren von staatlichen Institutionen und auf den Alltag der Bevölkerung auswirken werden. Es geht, unter anderem, um die Sicherung der kritischen Infrastruktur (z. B. Energie- und Kommunikationsnetze), die Reaktionsmöglichkeiten des Gesundheitswesens (z. B. Behandlungskapazitäten bei Grossschadenslagen) sowie insbesondere die Sicherstellung des Vertrauens der Bevölkerung in die staatlichen Institutionen. letzteres lässt sich wohl durch das Erleben erfolgreicher Krisenbewältigung und -vorausschau bewirken. Wie man es nicht machen sollte, zeigt sich in den Tagen des Abfassens dieses Kapitels zum Beginn des Jahres 2026, wo in Berlin ein Brandanschlag auf eine Stromtrasse zu tagelangen Energieausfällen für zehntausende Bewohner geführt hat und wo im schweizerischen Crans-Montana offenbar die zuständige Gemeindeverwaltung die Aufsicht über den Brandschutz vernachlässigt hat. Bei der Brandkatastrophe am Silvesterabend waren 40 Menschen ums Leben gekommen.

Nicht nur nach den Erfahrungen dieser Ereignisse, sondern weit darüber hinausgehend, sollte sowohl in der Politik, in den staatlichen Institutionen, aber auch in der

Bevölkerung klar sein, dass die Überheblichkeit und Selbstgewissheit im Umgang mit Krisen in die Sackgasse führen. Die (liberale) Hybris, die im Zusammenhang mit der Polykrise erkennbar wurde, sollte einem vorausschauenden Krisenmanagement weichen, das unter Umständen auch unbequeme und unpopuläre Entscheidungen erfordert. Mir ist wichtig zu betonen, dies gilt nicht nur für Politik und Institutionen, sondern eben auch für die Bevölkerung, bei der ebenfalls Überheblichkeit und Nicht-Sehenwollen weitverbreitet sind. Die abnehmende Impfbereitschaft nach der COVID-Pandemie spricht Bände in diesem Zusammenhang.

Progressiv-linke Zurückhaltung und konservativ-rechte Distanz[1]

Es ist eine der Gretchen-Fragen der liberalen Demokratie: Wie schaffen es liberale und demokratische Parteien, illiberale Konkurrenten klein zu halten? Um diese Frage beantworten zu können, braucht es auch eine Analyse zur Funktionsweise des politischen Systems.

Wie reagieren politische Systeme liberaler Demokratien auf den soziokulturellen Wandel und Krisenwahrnehmung und die ontologische Unsicherheit? Die Parteien und die sie repräsentierenden Personen tun in der Regel das, was man von politischen Kräften erwartet, nämlich zu versuchen, ihr Stimmenpotenzial auszuschöpfen. Parteien zielen in aller Regel auf die politische Macht, und daran ist nichts Ehrenrühriges. Macht ist ein Kernelement politischer Systeme und solange Machtwechsel ohne Probleme möglich sind,

[1] Teile dieses Abschnitts sind einem unter Open Access-Lizenz veröffentlichten Artikels des Verfassers entnommen: Richter & Richter, 2024.

kann das politische System als demokratisch charakterisiert werden; zumindest in einem minimalen Sinne.

Daher ist es kaum verwunderlich, wenn sich politische Parteien an den Themen orientieren, welche zu einem jeweiligen Zeitpunkt durch Medien und Umfragen in der Bevölkerung als relevant betrachtet werden. Progressiv-links propagiert eine liberale Migrationspolitik, steht Gender- und Identitätsdiskursen eher positiv gegenüber und macht sich für aktiven Klimaschutz stark. Konservativ-rechts setzt auf eine restriktive Migrationspolitik, betont die biologische Zweigeschlechtlichkeit und versucht, den Klimaschutz abzuschwächen.

Diese Themen triggern also beide Seiten des liberalen Spektrums. Ist ein Abbau von Migrationsrechten zu befürchten, werden diese von progressiv-links selbstverständlich verteidigt. Werden neue Erkenntnisse zur Klimakrise bekannt, die verschärfte Emissionsregeln verlangen, werden diese von progressiv-links entsprechend propagiert, worauf hin von konservativ-rechts und illiberal dies als vollkommen überzogen, wirtschaftsfeindlich und für Menschen mit geringerem Einkommen als Armutsrisiko gebrandmarkt wird – wenn überhaupt der menschliche Einfluss auf das Klima nicht geleugnet wird.

Beide Seiten versuchen auf diese Weise, ihr Reservoir in der Stimmbevölkerung auszuschöpfen, indem sie die als relevant wahrgenommenen Themen entsprechend kommunizieren. Medial werden die Auseinandersetzungen in Form von Kulturkämpfen geführt. Konventionelle Medien nehmen diese Sachverhalte gerne auf, da sie ohnehin an Konflikten und Problemen interessiert sind (Luhmann, 2002). Und in den sozialen Medien werden diese Themen zu Selbstläufern. Negative Emotionen wie Ärger über Einstellungen anderer Menschen werden offenbar mehr und schneller geteilt als positive Emotionen (Schöne et al., 2023). Auf diese Weise orientiert sich die Stimmbevölkerung an der politisch und medial vermittelten Konfliktlinie und ordnet sich dann zu einem gewissen Teil identitätsstiftend ein. Ein nicht zu unterschätzender Nebeneffekt dieser Auseinandersetzungen ist, dass ein erheblicher Teil der Stimmbevölkerung wichtige und emotional relevante Anliegen nicht angemessen in der Politik aufgenommen sieht und dies zu einem weiteren Vertrauensverlust ins politische System führt (Berman, 2021). Auch ist eine weitere Radikalisierung nicht auszuschließen. An den Rändern beider politischer Lager werden Untergangsszenarien propagiert und zu entsprechenden Gegenreaktionen aufgerufen – einmal gegen die wahrgenommene Klimakrise und das andere Mal gegen die wahrgenommene Migrationskrise.

Von dieser Konfrontation profitieren überwiegend rechtpopulistische und illiberale Kräfte. Was also können demokratische Parteien und Politikansätze von progressiv-links bis konservativ-rechts tun, um die Entwicklung nicht weiter zu fördern? Auch an dieser Stelle geht es darum, nicht nur über die politischen Inhalte und die möglichen Stimmengewinne zu reflektieren, sondern sich die Konsequenzen für das demokratische System insgesamt zu vergegenwärtigen.

Die Lösung liegt meiner Einschätzung nach in einer klaren Aufgabenzuweisung an die beiden grossen liberaldemokratischen Lager. Progressiv-links muss sich mit den Forderungen und Zumutungen an die Bevölkerung zurückhalten und konservativ-rechts muss eine eindeutige Distanz zu illiberalen Kräften und Positionen schaffen (Richter & Richter, 2024).

Das heißt beispielsweise, eine progressiv-linke Migrationspolitik muss immer auch die Reaktionen im Auge behalten muss, will sie nicht riskieren, mit den eigenen Forderungen illiberale Kräfte zu stärken. Progressiv-linke Politik muss es schaffen, eine ontologische Sicherheit sicherzustellen, wenn sie ihre Veränderungswünsche anmeldet. Menschen dürfen nicht das Gefühl haben, ihre Vorstellungen über die Zweigeschlechtlichkeit aufgeben zu müssen oder aber wegen der Klimaprogramme sich kein neues Auto mehr leisten zu können. Soziokultureller Wandel braucht Zeit und der Versuch, Einstellungen gegen Widerstände durchzusetzen, birgt das Risiko, die erwünschten Ziele auf längere Sicht eben nicht zu erreichen.

Nach der Sicherheit auf der progressiv-linken Seite nun zur Distanz auf der konservativ-rechten Seite. Ein erwartbar typisches Verhalten konservativ-rechter Kräfte ist die Anpassung an rechtspopulistische Einstellungen, beispielsweise in der Migrationsfrage. Dies gilt insbesondere dann, wenn Stimmverluste geschehen sind oder diese aber drohen (Bayerlein, 2021). Wären diese Anpassungen erfolgreich, gäbe es den Zuwachs der rechtspopulistischen Stimmenverhältnisse nicht. Durch die versuchte Anpassung an die illiberalen Einstellungen wird jedoch in aller Regel das Gegenteil erreicht. Rechtskonservative Parteien profitieren zumeist wenig oder gar nicht und rechtspopulistische Themen und Ansätze werden durch die Übernahme von entsprechenden Diskursen durch etablierte politische Kräfte legitimiert und mit medialer Aufmerksamkeit bedacht. Die Gründe für nicht erfolgreiche Anpassung liegen der Forschung zufolge klar auf der Hand. Rechtspopulistische Parteien sind konsistenter in ihren Einstellungen (Bossetta, 2017) und sie vertreten diese auch authentischer (Lacatus & Meibauer, 2022).

Hinzu kommt ein von vielen Politikern unterschätztes Phänomen, das für die Wahlentscheidung zentral ist: Parteien stehen für bestimmte Themen. In der Politikwissenschaft nennt man dies ‚Themeneignerschaft' (‚*issue ownership*'). Man würde – für die deutschen Verhältnisse – der bayerischen CSU normalerweise keine ökologische

Programmatik zutrauen (sondern den Grünen) und den Grünen in der Regel keine Politik für die konventionelle Landwirtschaft (sondern der CDU). In der Wahrnehmung der Wählenden stehen bestimmte Parteien für bestimmte Themen, daher wird illiberalen Parteien grundsätzlich mehr vertraut, wenn es um eine harte Migrationspolitik geht als konservativen Parteien – selbst wenn die Programmatik identisch ist. Die Wahlentscheidung umfasst, wie die Forschung gezeigt hat, zwei Aspekte, die für die wählende Person wichtigen Werte und die Themeneignerschaft. Die Werte legen grob fest, welche Parteien potenziell infrage kämen (eher links oder eher rechts), aber die Themeneignerschaft bestimmt letztlich die Wahlentscheidung (Karlsen & Aardal, 2016).

Die Schlussfolgerung aus diesen Forschungsergebnissen liegt auf der Hand. Genauso, wie sich progressiv-linke Kräfte bei ihren Forderungen um die Vermittlung von Sicherheit für die betroffenen Personengruppen bemühen sollten, ist es die Aufgabe von konservativ-rechten Kräften sich bei den der Übernahme von Themen und Diskursen zurückzuhalten, wenn sie rechtspopulistischen Parteien in die Karten spielen. Dazu gehören etwa der Gebrauch von Stereotypen über Menschen mit Migrationshintergrund, aber auch das Ansprechen von ‚Wokeness' und anderen Terminologien. Wer meint, ‚das wird man doch wohl noch sagen dürfen', sollte sich im Klaren sein, wem das Ansprechen und das Anheizen des Kulturkampfes am Ende hilft. Hilfreich für die Stärkung einer liberalen Demokratie ist es in aller Regel nicht. Die viel bemühte Brandmauer zwischen konservativ-rechten Kräften und Illiberalen sollte nicht in erster Linie das Abstimmungsverhalten beschreiben, sondern die Rhetorik, mit der über Trigger-Themen kommuniziert wird.

Das Narrativ einer inklusiven Gesellschaft

Was macht illiberale Politik-Ansätze und Bewegungen so stark in den letzten Jahren? Worin liegt ihr Geheimnis, Menschen an sich zu binden und zu einem Wahlverhalten zu verleiten, welches ihren sozialpolitischen und auch ökologischen Interessen offenbar widerspricht? Wir hatten oben schon gesehen, dass politisch-moralische Einstellungen nicht immer mit ökonomischen Interessen korrespondieren müssen. Anders als in früheren Jahrzehnten dominieren jedoch in den letzten Jahren bei vielen illiberal Wählenden die eher konservativen moralischen Einstellungen über die sozialen Forderungen. Und die Frage ist: Warum?

Neben vielen Merkmalen, die in den vorherigen Kapiteln ausführlicher beschrieben wurden, gehört sicher dazu, dass diese Bewegungen eine Erzählung anbieten können, welche Menschen emotional anspricht und eine Zukunftsrichtung nahelegt. ‚*Make America Great Again*', ‚*Take Back Control*', ‚Wir holen uns unser Land zurück', das sind rechts-populistische Slogans, die zum einen historische Anspielungen einer vermeintlich besseren Zeit haben und die zum zweiten eine klare Stossrichtung der politischen Agenda aufweist. Es geht wieder einmal um liberale ‚Eliten', die sich – so die Imagination – des Landes bemächtigt haben und die es nun gilt, von den Schaltstellen von Macht, Einfluss und Kommunikation zu entfernen.

Eine dritte Komponente dieser Slogans erscheint eher indirekt. Es ist die Vorstellung einer Gemeinschaft. ‚*Imagined Communities*', vorgestellte Gemeinschaften, ist der Titel eines Soziologie-Klassikers aus den 1980er-Jahren, der sich mit der Entstehung von Nationalismen befasst (Anderson, 1983). Benedict Anderson, der Verfasser dieses Buches, beschreibt darin wie soziale Konstruktionen von nationalen Gemeinschaften gerade zu einer Zeit entstehen, in der traditionelle Gemeinschaften dem sozialen Wandel der Modernisierung zum Opfer fallen.

Nationalismen waren nicht nur in dieser Hinsicht paradox; es war auch nicht immer klar, wohin ihre politische Stossrichtung gehen sollte. Historisch gesehen sind viele Nationalismen, trotz ihrer Rückwärtsgewandheit, liberaler Natur gewesen, indem sie sich gegen Feudalismus und Monarchie richteten. Viele tendenziell links ausgerichtete Theorien sind vor diesem Hintergrund entwickelt worden, mit der Idee, einen ‚linken Nationalismus' zu kreieren. Die Idee der ‚guten Nation' ist schon vom amerikanischen Soziologen Talcott Parsons in den 1950er-Jahren entwickelt worden – und hat sich als großes Missverständnis herausgestellt (Richter, 1994).

Der Sozialphilosoph Jürgen Habermas hat in den 1980er-Jahren im Zusammenhang mit dem seinerzeitigen Historikerstreit mit dem Konzept des ‚Verfassungspatriotismus' eine ähnliche Idee aufgenommen. In einem späteren Interview beschrieb Habermas diesen als emotional schwach, aber rational verankert (Habermas, 2020). Der amerikanische Philosoph Michael Sandel hat jüngst verwandte Vorstellungen entwickelt. In einem Interview sagte er:

> „Die Mitte-Links-Parteien haben einen Fehler begangen, indem sie die Sprache des Patriotismus der Rechten überlassen haben. Das ist verständlich, denn heute wird Patriotismus allzu oft mit Fremdenfeindlichkeit und Feindseligkeit gegenüber Einwanderern assoziiert. Aber das muss nicht die einzige Version sein. Die Alternative zu Trump muss die Bedeutung der nationalen Gemeinschaft und Identität anerkennen. Die Linke muss lernen, die Sprache des Patriotismus, der Gemeinschaft und der Zugehörigkeit zu sprechen." (San José, 2025; meine Übersetzung, DR)

Sowohl die Habermas'sche Charakterisierung ‚emotional schwach, aber rational verankert' als auch die Anmerkungen von Sandel zeigen auf, wo die Probleme und Risiken eines solchen Patriotismus liegen – er ist nämlich kaum in der Lage, eine emotionale Bindung zu entwickeln. Wenn ein Patriotismus emotional anziehend wirkt, dann hat sich – empirisch gesehen – in der Regel in einen nationalismus verwandelt, der bestimmte Menschen in einer Gegnerschaft sieht und diese aus der vorgestellten Gemeinschaft ausschließt (Richter, 1996).

Das basale Dilemma einer überzeugenden liberal-demokratischen Geschichte oder eines liberal-demokratischen Narrativs ist also, dass es eine Gemeinschaft sich vorstellen muss, die sozial inkludierend ist, aber nicht emotional bindend, oder aber emotional bindend und dann sozial exkludierend wirkt. Dieses kaum zu lösende Dilemma von Einschluss und Ausschluss ist denn auch ein grundlegendes Problem der progressiven Identitäts-Politik. Wie an anderer Stelle bereits betont, ich verstehe die Intention und in gewisser Weise auch die Notwendigkeit einer sprachlich und institutionell inklusiven Praxis. Faktisch jedoch führte diese zum Ausschluss vieler Menschen, welche sich unter Identitäts-Politik nichts vorstellen konnten, fundamental andere politisch-moralische Vorstellungen hatten oder schlicht genervt waren von den moralischen und sprachlichen Ansprüchen, denen sie genügen sollten.

Bis hierher sollte deutlich geworden sein, warum es ein liberal-demokratisches Narrativ schwer haben wird, gerade auch in emotionaler Hinsicht. Die Konstruktion einer inklusiven Gemeinschaft wird angesichts der Unterschiede in Bildung, Einkommen und vor allem auch beim Medienkonsum kaum gelingen können, jedenfalls dann nicht, wenn nicht gleichzeitig ein äußerer Gegner oder gar ein Feind definiert wird, den es zu bekämpfen gilt. Ich fürchte, der Preis für ein Gegen-Narrativ zu illiberalen Gemeinschaftsideologien wird darauf hinauslaufen müssen, auf die Gemeinschaft und die emotionale Bindung zu verzichten. Meine Vorstellung von politischer Inklusion ist es, prinzipiell nicht zu exkludieren. Prinzipiell auf Exklusion zu verzichten, bedeutet jedoch nicht, in jedem Fall auf Exklusion zu verzichten. Extreme illiberale Positionen können unter Umständen mit diesem Prinzip unvereinbar sein, denn es setzt die Bereitschaft zur Akzeptanz von Diversität voraus.

Aber was ist die Alternative zur exklusiven, aber emotional bindenden Gemeinschaft? Die Soziologie kennt seit dem 19. Jahrhundert die Unterscheidung zwischen der bindenden ‚Gemeinschaft' und der eher lose verbundenen ‚Gesellschaft' (Clausen & Schlüter, 1991). Dieses Gegensatzpaar beschreibt den sozialen Wandel von einer vormodernen zu einer modernen Sozialformation. Anstelle einer inklusiven, aber exkludierenden Gemeinschaft schlage ich das Narrativ einer inklusiven gesellschaft vor, die weitestgehend ohne emotionale Bindung auskommen muss.

Wie könnte das Narrativ einer inklusiven Gesellschaft aussehen? Zunächst einmal braucht eine inklusive Gesellschaft ein tragendes ökonomisches Fundament der sozialen Sicherheit. Ohne ein Wirtschaftswachstum, das in der Lage ist, Infrastruktur-, ökologische Transitions- und Soziallasten zu tragen, werden die sozialen Spannungen und Ausgrenzungen nicht zu überwinden und eine liberal-demokratische Politik auf Dauer nicht zu verwirklichen sein. Der amerikanische Philosoph Richard Rorty bemerkte einmal trocken, Demokratien würden am besten funktionieren, wenn alle zuversichtlich seien bezüglich ihrer eigenen und ihrer Kinder Zukunft (Rorty, 2022). Das ist – leider – zutreffend und verweist auf die Grundprämisse einer inklusiven Gesellschaft. Sie beginnt mit der ökonomischen Inklusion bzw. einer ausreichenden ökonomischen Absicherung. Alles weitere kann und muss erst danach erfolgen.

Auch ökonomische Entwicklungen verursachen Ängste, wie wir in der Geschichte verschiedentlich erfahren mussten. Eine inklusive Gesellschaft, basierend auf liberaldemokratischen Prinzipien muss darauf eine Antwort geben können. Die Antwort, welche nach meiner Ansicht am besten passt, ist die folgende: Niemand sollte Angst haben in dieser Gesellschaft, die eigenen Ziele auszuleben – so lange, wie gesagt, niemand anders darunter zu leiden hat. Das heißt übersetzt, eine inklusive Gesellschaft muss Chancen bieten, nicht nur ethnische, geschlechtliche oder religiöse Identitäten entwickeln und ausleben zu dürfen, sondern auch edukative und ökonomische Ziele. Wörtlich hat es die aus Deutschland stammende amerikanische Philosophin Judith Shklar so formuliert:

> „Der Liberalismus hat nur ein übergreifendes Ziel: die politischen Bedingungen sicherzustellen, welche für die Ausübung der persönlichen Freiheit notwendig sind. Jeder Erwachsene sollte in der Lage sein, ohne Furcht oder Bevorzugung so viele wirksame Entscheidungen über so viele Aspekte seines Lebens zu treffen, wie dies mit der gleichen Freiheit jedes anderen Erwachsenen vereinbar ist." (Shklar, 1989, S. 21; meine Übersetzung, DR)

Doch wie können wir sicherstellen, dass in der inklusiven Gesellschaft alle Erwachsenen tatsächlich die Entscheidungen nach den eigenen Präferenzen treffen können? Eine zentrale Voraussetzung hierfür ist ein starker, aber demokratisch kontrollierter Staat. Die amerikanischen Ökonomen und Nobelpreisträger Daron Acemoğlu und James Robinson haben in diesem Zusammenhang das Konzept der inklusiven politischen Institutionen entwickelt (Acemoğlu & Robinson, 2016). Auf der Basis umfangreicher empirisch-historischer Arbeiten haben sie an anderer Stelle die Verbindung staatlicher Institutionen und menschlicher Freiheit als ‚engen Korridor' formuliert, den freiheitliche Gesellschaften gehen müssen:

> „Ein starker Staat ist notwendig, um die Gewalt zu kontrollieren, Gesetze durchzusetzen und öffentliche Dienstleistungen bereitzustellen, die von entscheidender Bedeutung sind für ein Leben, in dem Menschen befähigt werden, ihre Entscheidungen zu treffen und zu verfolgen. Eine starke, mobilisierte Gesellschaft ist notwendig, um den starken Staat zu kontrollieren und einzuhegen." (Acemoğlu & Robinson, 2020, S. XVII; meine Übersetzung, DR)

Ein starker Staat und eine starke, den Staat kontrollierende Gesellschaft reichen jedoch angesichts jüngster Erfahrungen nicht aus, um die individuelle Freiheit zu garantieren. Demokratische Prinzipien verlangen eine gewisse Zurückhaltung bei den eigenen politischen Zielen, wie der amerikanische Politikwissenschaftler Francis Fukuyama unlängst beschrieben hat (Fukuyama, 2023). Angesichts der sich ausbreitenden Kulturkämpfe hat Fukuyama folgenden Vorschlag gemacht: Eher konservativ eingestellte Menschen sollten die demografische Diversität moderner Gesellschaften akzeptieren und einen Konservatismus leben, der nicht auf identitären Merkmalen beruht. Und eher progressiv-links eingestellte Menschen sollten akzeptieren, dass ein grosser Teil der Bevölkerung mit ihren politisch-moralischen Haltungen nicht einverstanden ist und darüber hinaus erkennen, dass sich Diversität nicht nur in Sachen Gender und ethnischer Zugehörigkeit ausdrückt, sondern auch in politisch-moralischen Haltungen. Es braucht, mit anderen Worten, von allen Beteiligten eine gewisse Mäßigung und die Anerkennung des ‚Anders-Seins' der Menschen, die einem – in welcher Hinsicht auch immer – nicht so nahestehen.

Das positive Narrativ einer inklusiven Gesellschaft formuliert somit die Perspektive auf die Verwirklichung der eigenen Lebensentwürfe, solange die Verwirklichung nicht andere Menschen einschränkt. Die vergleichende empirische Wirtschafts- und Sozialforschung zeigt nun, dass liberal und demokratisch verfasste Gesellschaften die Verwirklichung deutlich besser umsetzen können als dies illiberale oder autoritäre Politiksysteme können. Zu dem Narrativ, die inklusive Gesellschaft ist diejenige, wo ich mein Leben ohne Furcht verwirklichen kann, gesellen sich – wie zu Beginn des Buchs bereits genannt – zahlreiche weitere Elemente, die nach meiner Erfahrung so gut wie keine Erwähnung in der öffentlichen Kommunikation finden, wie etwa die Auswirkungen auf die Gesundheit, auf die Wirtschaft und auf die Bildung der Bürger.

Dies gilt natürlich im Durchschnitt, nicht immer für den Einzelfall. Die Volksrepublik China, beispielsweise, hat insbesondere bei den ökonomischen Indikatoren wie Wirtschaftswachstum oder auch bei der Bildung sehr gute Ergebnisse vorzuweisen. Denkt man jedoch an den Umgang mit ethnisch-religiösen Minderheiten wie den Uiguren oder den Tibetern, gilt das friedliche Zusammenleben auf gar keinen Fall. Und eine ähnliche Skepsis ist auch bei dem liberalen Versprechen angebracht, dass jeder und jede ihre Lebensentwürfe verwirklichen darf. Natürlich ist dies in liberalen Demokratien auch nicht vollständig der Fall, aber die Wahrscheinlichkeit der Verwirklichung ist deutlich größer.

Die Attraktivität liberal-demokratisch verfasster Gesellschaften zeigt sich auch an den Migrationsdaten. Autokratische Staaten wie China oder Russland haben relativ geringe Migrationsbewegungen von extern, sondern überwiegend sind es Binnen-Migranten, welche sich räumlich verändern. Bis vor kurzem sah dies in Nord-Amerika und in West-Europa bekanntermaßen anders aus. Und wenn man den Berichten aus den Herkunftsländern glauben darf, bleibt der Migrationsdruck auch in Zukunft hoch.

Der exkludierenden Gemeinschafts-Rhetorik illiberaler Politik muss daher ein Narrativ einer inklusiven Gesellschaft entgegengesetzt werden, das zugleich eine positive Ausstrahlung vermittelt und nicht in den allgemeinen Niedergangs-Groove einstimmt. Wir haben in der liberalen und/oder progressiven Politik Beispiele hierfür, etwa die ‚*Yes, we can*' Kampagne von Barack Obama im Jahr 2008 oder die überraschend erfolgreiche Wahlkampagne der niederländischen D66-Partei bei den Parlamentswahlen 2025 mit ihrem Slogan ‚Es ist möglich' (‚*Het kan wél*').

Zusammengefasst: Die inklusive Gesellschaft, die wir heute zu grossen Teilen in liberal-demokratisch verfassten Staaten vorfinden, ermöglicht mehr Rechte, mehr Sicherheiten und mehr Möglichkeiten, die eigenen Vorstellungen zu verwirklichen. Dieses Narrativ gilt es mehr und besser zu kommunizieren – und effektiv umzusetzen. Liberale Demokratien müssen eine positive Zukunftsperspektive liefern, welche sich von der weitverbreiteten Wahrnehmung des Niedergangs absetzt. Gleichzeitig müssen liberale Demokratien liefern, was die Bevölkerung vom politischen System erwartet. Bleibt die Performance hinter den Erwartungen und auch hinter den vom politischen System selbst formulierten Zielen zurück, stärkt dies nahezu zwangsläufig die illiberale Seite.

Soziale Sicherheit plus soziokulturelle Sicherheit plus Lösungskompetenz plus gute Partei-Politik plus positives Narrativ, das sind die strategischen Grundlagen einer resilienten Politik zur Abwehr illiberaler Kräfte. Resiliente Politik darf die Sicherheiten, darf die eigenen Zumutungen und Abgrenzungen und darf den eigenen Zukunftsentwurf nicht aus den Augen lassen, will sie die liberale Demokratie bewahren. Natürlich, das alles ist überwiegend aus den Höhen der Theorie heraus formuliert. Ob und wie sich das in den Niederungen der Politik umsetzen lässt, das steht auf einem anderen Blatt. Dieses Blatt wird jedoch mit dem nachfolgenden Kapitel – hoffentlich – ein wenig transparenter.

Zusammenfassung – Kurz-Lektion 10

- Die Grundlagen einer resilienten Politik-Strategie basieren auf dem Ziel einer umfassenden Sicherheit für die Bevölkerung.
- Elementar ist die Entwicklung einer Medienstrategie, die regulatorische Elemente und die digitale Kommunikation in den Mittelpunkt stellen.
- Eine liberale und demokratische Politik muss soziale und soziokulturelle Sicherheit vermitteln und zentrale gesellschaftliche Probleme lösen sowie Krisen vorausschauend bewältigen.
- Die demokratischen Parteien müssen sich einerseits zurückhalten mit Forderungen an die Bevölkerung und andererseits klare Distanz zu illiberalen Parteien halten.
- Das Narrativ einer inklusiven Gesellschaft sollte nicht auf Ausschluss, sondern auf Einschluss unterschiedlicher Personengruppen setzen.

Literatur

Acemoglu, D., Ajzenman, N., Aksoy, C. G., Fiszbein, M., & Molina, C. (2024). (Successful) Democracies breed their own support. *The Review of Economic Studies, 92*(2), 621–655. https://doi.org/10.1093/restud/rdae051

Acemoğlu, D., & Robinson, J. A. (2016). Paths to inclusive political institutions. In J. Eloranta, E. Golson, A. Markevich, & N. Wolf (Hrsg.), *Economic history of warfare and state formation* (S. 3–50). Springer. https://doi.org/10.1007/978-981-10-1605-9_1

Acemoğlu, D., & Robinson, J. A. (2020). *The narrow corridor: How nations struggle for liberty*. Penguin.

Anderson, B. (1983). *Imagined communities: Reflections on the origin and spread of nationalism*. Verso.

Baccini, L., & Sattler, T. (2025). Austerity, economic vulnerability, and populism. *American Journal of Political Science, 69*(3), 899–914. https://doi.org/10.1111/ajps.12865

Bayerlein, M. (2021). Chasing the other "populist zeitgeist"? Mainstream parties and the rise of right-wing populism. *Politische Vierteljahresschrift, 62*(3), 411–433. https://doi.org/10.1007/s11615-021-00299-x

Bergmann, K., & Diermeier, M. (2024). Warum der Ausbau des Sozialstaats gegen die AfD nicht hilft. *Der Spiegel*. https://www.spiegel.de/wirtschaft/soziales/afd-warum-der-ausbau-des-sozialstaats-gegen-die-populisten-nicht-hilft-meinung-a-721c9ade-1c45-4721-8f7c-00ec839f2ebf. Zugegriffen am 03.03.2026.

Berman, S. (2021). The causes of populism in the West. *Annual Review of Political Science, 24*(1), 71–88. https://doi.org/10.1146/annurev-polisci-041719-102503

Blanchet, T., & Martínez-Toledano, C. (2023). Wealth inequality dynamics in Europe and the United States: Understanding the determinants. *Journal of Monetary Economics, 133*, 25–43. https://doi.org/10.1016/j.jmoneco.2022.11.010

Bossetta, M. (2017). Fighting fire with fire: Mainstream adoption of the populist political style in the 2014 Europe debates between Nick Clegg and Nigel Farage. *The British Journal of Politics and International Relations, 19*(4), 715–734. https://doi.org/10.1177/1369148117715646

Clausen, L., & Schlüter, C. (Hrsg.). (1991). *Hundert Jahre „Gemeinschaft und Gesellschaft": Ferdinand Tönnies in der internationalen Diskussion*. Leske & Budrich.

Cowan, D., & Powell, C. (2025). *Seven learnings to stem the populist tide*. https://www.winningagainstpopulists.com/wp-content/uploads/sites/21/2025/11/Seven-Learnings-to-Stem-the-Populist-Tide-A4.pdf. Zugegriffen am 03.01.2026.

Cryle, P., & Stephens, E. (2017). *Normality: A critical genealogy.* Chicago University Press.

Delbiaggio, K., & Wanzenried, G. (2018). Perceived housing space overconsumption: Empirical evidence for Switzerland. *Raumforschung und Raumordnung | Spatial Research and Planning, 76*(4), 309–326. https://doi.org/10.1007/s13147-018-0541-4

Dunkelman, M. J. (2025). *Why nothing works: Who Killed progress — And How to bring it back.* Public Affairs.

Economist. (2025a, Oktober 13). Economic growth is unlikely to prevent fiscal crisis. *The Economist.* https://www.economist.com/special-report/2025/10/13/economic-growth-is-unlikely-to-prevent-fiscal-crisis. Zugegriffen am 03.03.2026.

Economist. (2025b). The polycrisis theory of Brexit – An unfashionable view of why the divorce happened. *The Economist.* https://www.economist.com/britain/2025/08/27/the-polycrisis-theory-of-brexit. Zugegriffen am 03.03.2026.

European Commission. (2025). *The Digital Services Act.* https://digital-strategy.ec.europa.eu/en/policies/digital-services-act. Zugegriffen am 06.01.2026.

Fetzer, T. (2019). Did Austerity Cause Brexit? *American Economic Review, 109*(11), 3849–3886. https://doi.org/10.1257/aer.20181164

Fetzer, T., Edenhofer, J., & Garg, P. (2025). Local decline and populism. *Economics Letters, 252*, 112360. https://doi.org/10.1016/j.econlet.2025.112360

Fukuyama, F. (2023). *Liberalism and its discontents.* Profile Books.

Habermas, J. (2020). Moralischer Universalismus in Zeiten politischer Regression. Jürgen Habermas im Gespräch über die Gegenwart und sein Lebenswerk. *Leviathan, 48*(1), 7–28. https://www.jstor.org/stable/27113485

Hauberg, S. (2025, Juli 28). Chinas Eisenbahn-Revolution lässt den Rest der Welt alt aussehen. *Merkur.* https://www.merkur.de/wirtschaft/eisenbahn-revolution-laesst-deutschland-alt-aussehen-neue-superzuege-und-immer-mehr-strecken-chinas-zr-93848786.html. Zugegriffen am 03.03.2026.

Homolar, A., & Scholz, R. (2019). The power of Trump-speak: populist crisis narratives and ontological security. *Cambridge Review of International Affairs, 32*(3), 344–364. https://doi.org/10.1080/09557571.2019.1575796

Hübscher, E., Sattler, T., & Wagner, M. (2023). Does Austerity cause polarization? *British Journal of Political Science, 53*(4), 1170–1188. https://doi.org/10.1017/S0007123422000734

Karlsen, R., & Aardal, B. (2016). Political values count but issue ownership decides? How stable and dynamic factors influence party set and vote choice in multiparty systems. *International Political Science Review, 37*(2), 261–276. https://doi.org/10.1177/0192512114558456

Klein, E., & Thompson, D. (2025). *Abundance.* Avid Reader Press.

Lacatus, C., & Meibauer, G. (2022). 'Saying it like it is': Right-wing populism, international politics, and the performance of authenticity. *The British Journal of Politics and International Relations, 24*(3), 437–457. https://doi.org/10.1177/13691481221089137

Luhmann, N. (2002). *Die Politik der Gesellschaft*. Suhrkamp.

Marcuse, P., & Madden, D. (2024). *In defense of housing: The politics of crisis* (2. Aufl.). Verso Books.

McShane, A. (2026, January 02). What are politicians talking about? *Financial Times.* https://www.ft.com/content/6587862d-4c7b-444d-aaeb-7e37a4c811d2. Zugegriffen am 03.03.2026.

Richter, D. (1994). Der Mythos der ‚guten' Nation: Zum theoriegeschichtlichen Hintergrund eines folgenschweren Mißverständnisses. *Soziale Welt, 45*(3), 304–321. http://www.jstor.org/stable/40878072

Richter, D. (1996). *Nation als Form*. Westdeutscher Verlag.

Richter, D., & Richter, M. (2024). Progressive-left security and conservative-right distance-How democracy can save itself from populism. *SocArxiv*. https://osf.io/preprints/socarxiv/2p38n. Zugegriffen am 03.03.2026.

Rorty, R. (2022). Can American egalitarianism survive a globalized economy? In *What can we hope for? Essays on politics* (S. 128–137). Princeton University Press.

San José, E. (2025, September 13). Michael J. Sandel: 'The left needs to learn to speak the language of patriotism'. *El Pais*. https://english.elpais.com/culture/2025-09-13/michael-j-sandel-the-left-needs-to-learn-to-speak-the-language-of-patriotism.html. Zugegriffen am 03.03.2026.

Scheuer, F., & Slemrod, J. (2021). Taxing our wealth. *Journal of Economic Perspectives, 35*(1), 207–230. https://doi.org/10.1257/jep.35.1.207

Schöne, J. P., Garcia, D., Parkinson, B., & Goldenberg, A. (2023). Negative expressions are shared more on Twitter for public figures than for ordinary users. *PNAS Nexus, 2*(7). https://doi.org/10.1093/pnasnexus/pgad219. Zugegriffen am 03.03.2026.

Shklar, J. N. (1989). The liberalism of fear. In N. L. Rosenblum (Hrsg.), *Liberalism and the moral life* (S. 21–38). Harvard University Press.

Susskind, D. (2024). *Growth: A reckoning*. Penguin.

Wang, D. (2025). *Breakneck: China's quest to engineer the future*. Allen Lane.

Yang, A., & Horvath, B. (2025). Zohran Mamdani's social media strategy was about more than viral videos. *NBC News*. https://www.nbcnews.com/tech/internet/zohran-mamdani-social-media-cuomo-nyc-mayor-win-rcna215051. Zugegriffen am 03.01.2026.

ZDFheute. (2026). *Merz wirbt für Zuversicht und Geduld*. https://www.zdfheute.de/politik/deutschland/ansprache-neujahr-bundeskanzler-merz-2026-100.html. Zugegriffen am 03.01.2026.

12

Lektion: Resiliente Politik – Migration, Klima, Geschlecht

Die Vermittlung von Sicherheit im umfassenden Sinne ist das Fundament einer resilienten Politik zur Abwehr illiberaler Parteien – das ist die oberste Prämisse der folgenden Ausführungen. Das grundsätzliche Problem besteht darin, dass eine progressive und liberale Politik oftmals (nicht immer) rational richtig ist, aber übersieht, dass Politik heute über Emotionen, Narrative und Identitäten funktioniert. Diese Emotionen, Narrative und Identitäten dienen zur Reduktion komplexer Sachverhalte und daher müssen wir uns mit der Frage befassen, wieviel soziale und kulturelle Veränderung Menschen zugemutet werden kann, die sich ontologisch unsicher fühlen und sich eher über Narrative als über rationale und evidenz-basierte Argumente ihre Meinungen und ihr Wahlverhalten bilden.

Wir haben es, wie schon verschiedentlich in diesem Buch festgestellt wurde, mit bestimmten Triggerthemen zu tun, welche die politische Diskussion seit Jahren immer wieder

D. Richter, *Die resiliente Republik*,
https://doi.org/10.1007/978-3-658-50673-5_12

dominieren: Migration, Klima und Geschlecht. Um besser verstehen zu können, wieso gerade diese Themen sich besonders anbieten für eine polarisierende und emotionale Auseinandersetzung sei hier kurz auf die Hintergründe eingegangen. Das Soziologen-Team um Steffen Mau, das die ‚Triggerpunkte' systematisch erforscht hat, fand die folgenden Trigger heraus: Ungleichbehandlungen (z. B. ‚Sonderrechte' für Minderheiten), Normalitätsverstöße (z. B. Transfrauen in Frauenumkleiden), Entgrenzungsbefürchtungen (z. B. ‚offene Grenzen') und Verhaltenszumutungen (z. B. ‚Sprechverbote') (Mau et al., 2023, S. 276).

Die drei genannten Triggerthemen bedienen diese Trigger mindestens in einem Punkt, manchmal sogar mehrfach. So haben manche Zeitgenossen etwa im Zusammenhang mit der Migration das Gefühl der Ungleichbehandlung (‚Die bekommen alles, wir nicht'), erleben Normalitätsverstöße (‚In diesem Land hat man Deutsch zu sprechen'), haben entsprechende Grenzbefürchtungen (‚Alle dürfen bei uns rein') und sehen Verhaltenszumutungen (‚Man darf die nicht kritisieren').

Was ist daraus für die Entwicklung einer resilienzfördernden Politik zu schlussfolgern? Maßgeblich für eine solche Politik ist das Narrativ der inklusiven Gesellschaft, wie es im vorherigen Kapitel beschrieben wurde. Um dies umzusetzen, sollten drei Aspekte beachtet werden: die wissenschaftliche Evidenz, die soziokulturellen und politischen Auswirkungen und das Wohlergehen der betroffenen Menschen. Ich nehme damit einen Vorschlag des britischen Politikwissenschaftlers Ben Ansell auf, den er für das Thema Migration entwickelt hat (Ansell, 2025). Konkret: Es geht ihm um eine Migrationspolitik, die sowohl den zu erwartenden positiven Effekten von Migration auf die Wirtschaft als auch den migrationsskeptischen Befürchtungen der Bevölkerung und den im Land lebenden Migranten gerecht wird. Dieser Gemengelage kommt man nur mit einem pragmatischen Vorgehen bei. Wie eine inklusive und gleichzeitig resilienzfördernde Politik ausgestaltet werden könnte, soll hier nachfolgend skizziert werden.

Resilienzfördernde Migrationspolitik

Ich starte mit der Evidenz. Wo stehen wir Mitte der 2020er-Jahre bezüglich der Migration im globalen Norden? Lassen wir einmal Nord-Amerika außen vor, wo die Grenzen zunehmend unüberwindbar geworden sind, zeigt sich in der EU bzw. dem Schengen-Raum (zu dem auch die Schweiz, Norwegen, Island und Liechtenstein gehören) eine rückläufige Migrationsbewegung in den Raum und ebenso eine rückläufige Zahl von Asylbewerbenden (Eurostat, 2026). Die Gründe hierfür liegen zum einen in der nahezu vollständigen Beendigung des syrischen Bürgerkriegs sowie zum anderen in der Abschottungspolitik der Europäischen Union. Angaben von Nicht-Regierungsorganisationen zufolge sollen im Jahr 2024 mehr als 100.000 so genannter Pushbacks erfolgt sein (Euronews, 2025). Bei Pushbacks handelt es sich um – rechtlich mindestens umstrittene – Zurückweisungen von Migranten an den Außengrenzen der Union.

Die zwischenstaatliche Migration hat sich in den letzten Jahren zu einem der Themen entwickelt, welche die politische Polarisierung und den damit einhergehenden politischen Rechtsruck triggern (Noury & Roland, 2020). Hierbei spitzt sich oftmals die Diskussion um die Frage von Grenzkontrollen zu – etwa bezüglich der mexikanisch-US-amerikanischen Grenze, des EU-Frontex-Einsatzes im Mittelmeer oder des Versuches, die Kleinboote auf dem Weg über den Ärmelkanal nach Großbritannien zu stoppen. Von progressiv-linker Seite wird in dem Zusammenhang zumeist die Forderung nach offenen Grenzen aufgestellt und dies wird mit grundsätzlichen moralischen Erwägungen begründet, aber auch mit ökonomischen Erwägungen (Altundal, 2022). Und in der Tat: die Migrationsforschung sieht ebenfalls in geschlossenen Grenzen ein erhebliches Problem (de Haas, 2023). So wird beispielsweise empirisch nachvollziehbar aufgezeigt, dass geschlossene Grenzen selten zu einer Reduktion der migrierenden Menschen führen. Im Gegenteil, geschlossene Grenzen zwingen Menschen mit Migrationswünschen dazu, Asylsuchende zu werden, weil dies der einzige legale Weg in das Gastland ist (Schon & Leblang, 2021) und viele Betroffene nach dem Motto ‚Jetzt oder nie' handeln. Empirisch gesehen ist die Forderung nach offenen Grenzen also vollkommen nachvollziehbar.

Nun zu den kulturellen und politischen Folgen: Spätestens seit den erheblich angestiegenen Migrationszahlen nach Europa in den Jahren 2015/2016 ist jedoch deutlich geworden, dass die Zuwanderung von vielen als Kontrollverlust und als ontologische Unsicherheit erlebt wurden (Gazit, 2018; Kaunert et al., 2022). Staatliche Grenzen haben offenbar nicht nur eine formale Kontrollfunktion, sie haben auch eine symbolische Funktion, die für manche Menschen identitätsstiftend sein kann (Cervi & Tejedor, 2022). Die Vorstellung einer offenen Grenze ist für viele Menschen kaum denkbar, insbesondere wenn das Risiko besteht, dass Menschen aus entfernteren Kulturkreisen einreisen. Zweifelsohne jedoch werden die Bedenken in der Bevölkerung von rechten und illiberalen Kräften verstärkt. Und ebenfalls ohne Zweifel sind viele der Bedenken objektiv unbegründet. So wird gemäß Umfragen der Anteil der Migranten in einem Staat in aller Regel deutlich überschätzt. Ebenso überschätzt wird der Anteil der Migranten, die vom Sozial- und Wohlfahrtssystem eines Landes abhängig sind (Alesina & Tabellini, 2022).

Gleichwohl: Werden die damit verbundenen Bedenken von der demokratischen Politik nicht aufgenommen, wird ein erheblicher Zuwachs für rechtspopulistische und illiberale Kräfte riskiert. Ich komme damit zurück auf die Vorschläge des eingangs erwähnten Politikwissenschaftlers Ben Ansell (2025). Eine angemessene Migrationspolitik, so ist seine (und meine) Meinung, muss allen drei Aspekten gerecht werden. Das heißt, wir brauchen zusätzliche Migration, wir müssen diese unter gewissen Umständen quantitativ begrenzen und wir müssen den (meisten) in den europäischen Zielländern bereits lebenden Migranten eine Perspektive anbieten.

Ohne zusätzliche Migration werden die Gesundheitssysteme, die öffentlichen Transportsysteme, aber auch andere Versorgungsbereiche in vielen europäischen Ländern selbst auf mittlere Sicht nicht funktionieren. Die demografische Entwicklung steht dagegen, es fehlen schlicht Arbeitskräfte in Bereichen, in denen die angestammte Bevölkerung nicht hinreichend bereit oder in der Lage ist, zu arbeiten.

Was also ist zu tun? Als ersten Schritt müssen wir die verschiedenen Gruppen von Menschen mit einem Migrationswunsch in die Länder des globalen Nordens unterscheiden: gut ausgebildete Menschen, Studierende, geringer ausgebildete Menschen und Asylbewerber. Grundsätzlich muss die Asylfrage von der ökonomisch motivierten Migration getrennt werden. Dies ist der zentrale Punkt, um Akzeptanz für Migration in der Bevölkerung zu erreichen, wie der schon mehrfach zitierte Migrationsforscher Hein de Haas formuliert hat:

> „… die öffentliche Unterstützung für Asylsysteme steht und fällt mit der Fähigkeit dieser Systeme, zwischen Menschen zu unterscheiden, die einen triftigen Grund haben, Schutz zu suchen, und solchen, die keinen haben. Diejenigen, deren Anträge abgelehnt werden, sollten in ihre Heimat zurückgeschickt werden. Dies erfordert, dass die Regierungen ausreichende Ressourcen in eine sorgfältige Prüfung der Asylanträge investieren. Oberflächliche ‘quick and dirty’ Untersuchungen, die durch Abschreckung und das Bestreben, hohe Ablehnungsquoten zu erzielen, motiviert sind, führen in der Regel zu einem gegenteiligen Ergebnis, da sie endlose Berufungsverfahren nach sich ziehen.“ (de Haas, 2023, S. 365; meine Übersetzung, DR)

Das heißt, die heute in Europa weitverbreitete Praxis, dass die allermeisten nicht-regulär einreisenden Migranten zwingend auf die Asylschiene ausweichen müssen, muss ein Ende haben. Wer tatsächlich verfolgt ist oder wem eine Verfolgung droht, der muss politisches Asyl erhalten.

Wer zur aber Verbesserung seiner Lebensperspektive einreisen oder nach einem Studium im Zielland bleiben will, muss damit rechnen, dass dies nach dem wirtschaftlichen Bedarf entschieden wird. Dies betrifft den Aspekt der quantitativen Begrenzung, die unter Umständen notwendig sein wird. Die Umstände, die hier zu berücksichtigen sind, beziehen sich in erster Linie auf die Aufnahmekapazitäten in einem Land. In Zeiten einer boomenden Ökonomie sind diese Aufnahmekapazitäten sicher größer als in Zeiten einer wirtschaftlichen Rezession. Weitere Aspekte, die es hier zu berücksichtigen gilt, ist die Situation am Wohnungsmarkt und die administrativen Ressourcen, die für die Immigration zur Verfügung stehen. Es gab zuletzt Jahre, in denen diese Ressourcen, etwa in Deutschland, nicht ausreichten und dies auch zu massiven Härten für die migrierenden Menschen führte. Bestehen nicht genügend Aufnahmekapazitäten, erfolgt, wie der Migrationsexperte Gerald Knaus vorgeschlagen hat, ein Verbleib in einem sicheren Drittstaat, der bereit ist, die nicht akzeptierten Menschen aufzunehmen – vermutlich gegen einen finanziellen Beitrag der europäischen Zielländer (Knaus, 2025).

Was geschieht mit den bereits in Europa oder anderen Ländern des globalen Nordens lebenden Menschen, die keinen sicheren Aufenthaltsstatus haben? Hier müssen die Bedingungen in den Herkunftsländern geprüft werden. Ernsthaft kann niemand verlangen, dass die Millionen Ukrainerinnen vor dem Ende des Krieges zurückkehren. Und ebenso ernsthaft muss bei den Millionen syrischer Flüchtlinge die Situation im Heimatland berücksichtigt werden. Niemand kann ernsthaft verlangen, Menschen in Regionen zu schicken, in denen keine Infrastruktur vorhanden ist oder in denen es regelmäßig zu bewaffneten Auseinandersetzungen kommt. Möglicherweise können finanzielle Anreize oder Aufbauhilfen diejenigen motivieren zurückzukehren, die in Europa kaum eine Chance auf Integration haben. Und wenn wir beim Prüfen sind: Auch Straftäter dürfen nicht in ein Land zurückgeschickt werden, in denen ihnen Folter oder Todesstrafe drohen. Ist letzteres nicht der Fall, sehe ich keine Begründung, straffällig gewordene Migranten jenseits von Bagatelldelikten nicht des Landes zu verweisen.

Schließlich ist zu prüfen, ob die in Europa lebenden Menschen entsprechend dem Bedarf aus- oder weitergebildet werden können. Der Fachkräftemangel in der Altenhilfe oder bei den Mitarbeitenden im öffentlichen Verkehr in Deutschland ist sicher auch durch eine Ausbildungsoffensive bei hier lebenden Migranten zu verringern.

Resilienzfördernde Klimapolitik

Das zweite große Triggerthema ist der Klimawandel bzw. die Politik, um dem Klimawandel zu begegnen. Schauen wir zunächst wieder auf den Stand der Dinge, wo stehen wir in Sachen Klimaschutz zur Mitte der 2020er-Jahre?

Das Pariser Klima-Abkommen aus dem Jahr 2015 hat bekanntermaßen die möglichst zu erreichende globale Zielmarke von 1,5 Grad Celsius über dem vorindustriellen Zeitalter vereinbart. Alle Signatarstaaten hatten sich seinerzeit dazu verpflichtet, das Einhalten dieser Marke durch Einsparen von Emissionen aus Treibhausgasen sicherzustellen. Aktuelle Klimaszenarien sehen dies jedoch kaum als machbar an. Der neueste offizielle Klimabericht der Schweiz, beispielsweise, kommt zu den folgenden Schlussfolgerungen:

> „Eine 1,5-Grad-Welt ist aufgrund der bisherigen und aktuellen globalen Treibhausgasemissionen praktisch nicht mehr vermeidbar und wird voraussichtlich in den nächsten 5 bis 15 Jahren erreicht. Eine 2-Grad-Welt würde mit heutigen und geplanten Massnahmen (…) um 2050 erreicht werden und auf dem fossilen Weg ohne Klimaschutz (…) um 2040. Eine 3-Grad-Welt würde auf dem fossilen Weg ohne Klimaschutz (…) um 2065 eintreffen. Unter den derzeit geplanten Massnahmen zur globalen Emissionsreduktion steuert die Welt auf rund 3 Grad Celsius bis Ende Jahrhundert zu." (MeteoSchweiz & ETH Zürich, 2025, S. 7)

Mit anderen Worten, wenn wie bisher weitergemacht wird in Sachen Treibhausreduktion, landen wir global in 25 Jahren bei zwei Grad und in 75 Jahren bei 3 Grad. Allerdings kann niemand sagen, ob und wie weitergemacht wird. Die aktuellen Entwicklungen sind höchst widersprüchlich. Zum einen gibt es eine politische Bewegung weg von den strikten Klimazielen und zum anderen sehen diverse ökonomische Szenarien durchaus erhebliche realistische Einsparpotenziale, etwa durch Elektroautos oder durch Solarpanels. Damit zusammenhängend ist auch nicht klar, welche fossilen Energieträger sich wie entwickeln werden. Szenarien der Internationalen Energie-Agentur zufolge ist zu erwarten, dass die Nachfrage nach Gas stark zunehmen wird, die Nachfrage nach Öl weniger stark und die Nachfrage nach Kohle erheblich sinken wird (IEA, 2025).

Eine weitere, bisher kaum abschätzbare Entwicklung muss der Nachfrage nach Elektrizität gelten. Bedingt durch die zunehmende Elektrifizierung, aber insbesondere durch den Aufbau von Daten-Zentren für Künstliche Intelligenz-Anwendungen, kann kaum vorhergesehen werden, wie sich dies auf die Treibhausgas-Emissionen auswirken wird.

Gemäß einer auf Umfragen in Ost- und West-Europa basierenden Studie nehmen die Sorgen vor der Klima-Entwicklung in der Bevölkerung zu (Kenny & Fisher, 2025). Dabei sind drei Aspekte aufschlussreich: (1) in Osteuropa nimmt die Sorge vor der Entwicklung in den letzten Jahren am meisten zu; (2) in Westeuropa existiert eine deutliche Polarisierung des Themas. bei der Wählende linker Parteien die Klimagefahr für gravierender erachten; (3) lediglich in 4 von 21 untersuchten Ländern sind mehr als die Hälfte der Befragten sehr besorgt oder extrem besorgt.

Letzteres zeigt, wie schwer es eine strikte Klimapolitik hat und auch in Zukunft haben wird. In einer Buch-Rezension hat der Wissenschaftsjournalist Philip Macnaghten auf die meines Erachtens gerade von liberalen Demokraten unterschätzte kulturelle Dimension verwiesen, welche die Klima-Politik mittlerweile hat. Unterstützt durch illiberale Politiker wird eine rationale Klima-Politik als Versuch einer elitären Steuerung des Alltags des ‚kleinen Mannes' imaginiert:

> „Die Klimapolitik kann als Trojanisches Pferd betrachtet werden, aus dem sich die typische Übergriffigkeit einer großen globalen Regierung herauskristallisiert, die den Menschen Beschränkungen auferlegt, wie sie reisen, ihre Häuser heizen, Waren kaufen und so weiter. Sie scheint den einfachen Menschen die verbleibende politische Kontrolle, Handlungsfähigkeit und Ehre zu nehmen." (Macnaghten, 2025; meine Übersetzung, DR)

In dem rezensierten Buch der niederländischen Sozialwissenschaftler Maarten Hajer und Jeroen Oomen geht es genau um diese kulturellen Aspekte. Die Autoren fordern neue Narrative, um die notwendigen Klimaveränderungen zu erreichen. Sie benennen beispielsweise die ausgeprägte ‚fossile Mentalität' in der modernen Gesellschaft, die sich folgendermaßen zeigt:

> „Beispielsweise ist die Mobilität mit dem Auto allgegenwärtig, und die Materialität des großen technologischen Systems, das wir um sie herum geschaffen haben, verstärkt ständig Erwartungen, Bestrebungen und Emotionen. Für viele bleibt es unmöglich und undenkbar, ohne Auto zu leben, da ihre Arbeit, ihre Hobbys und ihr soziales Leben dies *unbedingt* erfordern. Darüber hinaus bleibt das Auto vielleicht der wichtigste Indikator für den sozialen Status – das Ergebnis einer über hundertjährigen Automobilkultur." (Hajer & Oomen, 2025, S. 178; meine Übersetzung, DR)

Dies macht deutlich, gegen die Individualmobilität wird die Klima-Politik nicht ankommen. Sie muss es aber auch nicht. Die von Hajer und Oomen geforderten neuen Erzählungen, die wir für eine angemessene Klima-Politik brauchen, können sich diesen Umstand auch zunutze machen. Als ein E-Autofahrer und als ein Speed Pedelec-Fahrer (das sind E-Bikes, die bis 45 Stundenkilometer zugelassen sind) weiß ich beispielsweise, dass diese Fahrzeuge großen Spaß machen – das E-Auto wegen der Beschleunigung jedenfalls deutlich mehr als der vorherige Diesel und das Speed Pedelec sowieso.

Das Elektro-Auto kann, wenn die Erzählung stimmt, tatsächlich auch zahlreiche ‚traditionelle', eher mental-fossil orientierte Autofahrende, überzeugen. Ein interessanter Fall in diesem Zusammenhang ist die Popularität von Tesla, einem absoluten Neuling auf dem Automarkt vor einigen Jahren. Das Image cooler Innovation, das die Marke lange Zeit hatte, konnte offensichtlich viele Menschen überzeugen, was Tesla lange Zeit zur führenden E-Auto-Marke machte. Die Übernahme von Twitter durch Elon Musk und dann Musks Unterstützung von Donald Trump führte jedoch zu einem nachweisbar schlechten Image von Tesla, was eher liberal eingestellte Menschen von einem Kauf abhielt (Flores et al., 2025).

Um beim Verkehrsproblem zu bleiben: Eine pragmatische Politik könnte die Nutzung von Fahrrädern und E-Bikes fördern. E-Bikes haben sich während der Pandemie millionenfach verkauft und werden in vielen Fällen nur am Wochenende für Freizeitfahrten genutzt. Eine konsequente Radinfrastruktur-Politik könnte die Nutzung im Alltag attraktiver machen, beispielsweise durch die Trennung von Radwegen und Autoverkehr. Wer mit dem Rad in den Niederlanden unterwegs war, der weiß diese Trennung sehr zu schätzen – und dies ginge auch nicht zulasten des Autoverkehrs, wie von konservativer Seite regelmäßig kritisiert wird.

Eine pragmatische und resilienzfördernde Klima-Politik muss auf Anreize setzen, wie die Förderung bestimmter Verkehre, und nicht auf Verbote. Die Diskussion um das Aus der Verbrennermotoren, die in der EU und vor allem in Deutschland geführt wurde, geht an den ökonomischen

Realitäten vollkommen vorbei. (Chinesische) E-Autos werden absehbar den Markt beherrschen, dies ist einer der Punkte, wo man tatsächlich den Marktkräften trauen darf. Insofern ist es gleichgültig, wann das Verbrenner-Aus kommt und ob es überhaupt notwendig sein wird, um die Klimabelange zu fördern. Stattdessen braucht es eine klare Anreizstruktur mit steuerlichen Vergünstigungen, Annehmlichkeiten wie der Erlaubnis der Nutzung von Bus-Spuren in Städten und einer ausgebauten Lade-Infrastruktur. Auf diese Weise hat es Norwegen zu einer Quote von 98 % E-Autos bei Neuwagen im Jahr 2025 gebracht.

Eine pragmatische Klima-Politik kommt jedoch um Dilemmas und Konflikte nicht herum. Ein Thema, mit dem ich auf der links-progressiven Seite jetzt noch mehr Freunde verliere, ist die Atomkraft. Ich bin überzeugt, der globale Norden kommt ohne AKWs nicht zurecht, wenn man den Energiehunger bedenkt, der mit der De-Karbonisierung, Elektrifizierung und der Künstlichen Intelligenz in den nächsten Jahrzehnten auf uns zukommt. Dies zu schreiben, fällt mir äußerst schwer, war ich doch ein AKW-Gegner seit meiner Jugend. Natürlich weiß ich um die Thematik der Altlasten und des Lagerungsproblems, das die Menschheit für Jahrhunderte, wenn nicht länger, beschäftigen wird. Pragmatisch muss ich aber zugestehen, dass diese Problematik ohnehin besteht und nicht wesentlich kleiner wird, wenn in Zukunft auf Atomkraft verzichtet wird. Atomkraft, da weiß ich mich mit der Umweltwissenschaftlerin Hannah Ritchie einig, ist eine Option vor allem auf längere Sicht, da die Entwicklung und der Bau von Atommeilern Jahre bis Jahrzehnte in Anspruch nehmen (Ritchie, 2025). Entscheidend ist, wie sie schreibt, der Mix der Energieträger, der schlussendlich zu einer deutlichen Reduktion der Treibhausgase führen muss, selbst wenn der Energiebedarf massiv zunimmt.

In Ihrem neuesten Buch listet Hannah Ritchie die wesentlichen Ansatzpunkte auf, die meiner Ansicht nach unter einer pragmatischen Klima-Politik zu verstehen sind (Ritchie, 2025, S. 17):

- Einen Treibhausgas-vermeidenden Energieträger-Mix aus Solar, Wind, Atomkraft und Geothermie.
- Entwicklung von Batterie-Technologien zur Speicherung.
- Elektrifizierung so vieler Sektoren wie möglich: Transportwesen, Heizung, Stahlerzeugung, Kurzstrecken-Luftverkehr.
- Reduktion der Fleisch- und Milchproduktion sowie Entwicklung von alternativen Eiweiß-Trägern.
- Restaurierung von Wäldern und Ökosystemen zur Speicherung von Kohlendioxid.
- Innovation in Bereichen wie Zement- und Stahlerzeugung sowie der Entfernung von Kohlendioxid aus der Atmosphäre.

Der zuletzt genannte Punkt ist bekanntermaßen hochumstritten. Es geht um einen grundsätzlichen Konflikt, nämlich die Entscheidung, nicht primär auf die Vermeidung von Treibhausgasen zu setzen, sondern die technologische Innovation, CO_2 zurückzuholen und zu speichern sowie die Anpassung an die zu erwartenden Klima-Realitäten mindestens ebenso stark zu priorisieren.

Ein anderes umstrittenes Thema in diesem Zusammenhang ist der Einsatz von genetischen CRISPR-Technologien (‚*Clustered Regularly Interspaced Short Palindromic Repeats*‘, eine Genscheren-Technologie) um Saatgut so zu verändern, dass Pflanzen resilienter gegenüber Klimafolgen werden und gleichzeitig weniger Pflanzenschutzmittel benötigen (Kumar & Singh, 2025). Die Sicherheitsprobleme, die mit dieser Technologie verbunden sind, konnten in den letzten

Jahren erheblich reduziert werden, sind aber nicht gänzlich gelöst (Wang et al., 2025). Soweit ich diese notwendige Abwägung beurteilen kann, spricht jedoch vieles für den Einsatz, insbesondere auch in Ländern, deren Agrarerträge unter den Klimafolgen noch mehr zu leiden haben werden als dies auf der Nordhalbkugel der Fall sein wird.

Resilienzfördernde Gender-Politik

„Kamala is for they/them, President Trump is for you". Es war eine der erfolgreichsten Werbekampagnen in amerikanischen Wahlkämpfen, die Donald Trump möglicherweise entscheidende Stimmenprozente eingebracht hat (Wikipedia contributors, 2025). Die Trump-Kampagne bezog sich in dem Video-Clip auf ein Interview mit der demokratischen Präsidentschaftskandidatin Kamala Harris, in dem sie eine öffentlich finanzierte chirurgische Geschlechtsangleichung für Strafgefangene befürwortete. ‚They/them' ist ein geschlechtsneutrales Pronomen im Englischen, das von non-binären Menschen genutzt wird, im Deutschen aber kaum übersetzbar ist.

Mit der Transgender- und der Sprachthematik sind die beiden Triggerthemen im Zusammenhang mit dem Geschlecht bzw. Gender bereits genannt. Beginnen wir auch hier zunächst mit einer Übersicht über die Evidenz. Die Transgender- und die Sprachthematik haben einen kontroversen Hintergrund, der sich auf den Unterschied von ‚Sex' und ‚Gender' bezieht, was nicht direkt ins Deutsche übertragbar ist und üblicherweise als ‚biologisches Geschlecht' vs. ‚soziales Geschlecht' beschrieben wird. Dabei wird in der Regel unterstellt, das soziale Geschlecht sei formbarer und variabler, das ‚darunter' liegende biologische Geschlecht hingegen nicht veränderbar und üblicherweise zweigeteilt (weiblich und männlich). Von illiberaler Seite wird daher unterstellt, die (heterosexuelle) Zweigeschlechtlichkeit sei essenziell und nicht veränderbar, alles andere sei ‚unnatürliche' ‚woke' Ideologie.

Ausgerechnet die biologische Forschung widerspricht dieser Ansicht jedoch. Nach einer Übersicht über das geschlechtsbezogene Verhalten im Tierreich und beim Menschen kommt der Biologe Nathan Lents in einem neuen Buch zu folgenden zwei Schlussfolgerungen:

> „Erstens entspricht die jüngste Explosion vielfältiger Genderidentitäten beim Menschen der Gendervielfalt, die wir bei anderen Tieren beobachten, und daher können wir sie kaum als unnatürlich bezeichnen. Zweitens: Wenn Genderexperimente schädlich oder nur eine Marotte wären, würden sie nicht bei einer Vielzahl von Tieren beobachtet werden. Die Tendenz sozialer Tiere, mit Verhaltensweisen und sogar Anatomie zu spielen, die die Grenzen zwischen streng männlichen und weiblichen Formen verwischen, ist nahezu universell, da dies oft ein Weg zum Fortpflanzungserfolg ist. *Daher erwarten wir, dies auch beim Menschen zu beobachten*! Es wäre seltsam, wenn dies nicht der Fall wäre." (Lents, 2025, S. 278; meine Übersetzung, DR)

In dieselbe Richtung gehen übrigens auch Forschungsergebnisse aus den Neurowissenschaften, wo die Unterschiede zwischen männlichen und weiblichen Gehirnen untersucht worden sind. Offenbar sind die anatomischen und funktionellen Verhältnisse wesentlich komplexer als ursprünglich angenommen: „Diese Ergebnisse führten zu einem neuen, nicht-binären Rahmenkonzept, nach dem mosaikartige Gehirne in einem mehrdimensionalen Raum angesiedelt sind, der sich nicht sinnvoll auf ein männlich-weibliches Kontinuum oder eine binäre Variable reduzieren lässt" (Joel, 2021). Die Mosaikartigkeit basiert darauf, dass manche Eigenschaften eines Gehirns am ‚männlichen Ende' einer Verteilung angesiedelt waren, während andere desselben Menschen eher am ‚weiblichen Ende' zu sehen waren. Also, auch hier keine biologische Eindeutigkeit.

Daraus lässt sich für unsere Fragestellungen schließen, geschlechtsbezogenes Verhalten lässt sich nicht auf die Biologie reduzieren, denn dort ist es ebenso ein Spektrum (Rehmann-Sutter et al., 2023) wie in der sozialen Welt. Diversität, Übergänge, ‚*Fluidity*' sind nicht Ausnahmen, sondern die Normalität. Das heißt, grundsätzlich sollte geschlechtsbezogenes Verhalten immer so toleriert werden, wie es ausgeübt wird. Wenn Menschen sich – wie auch immer – in diesen Spektren des Geschlechts und der geschlechtlichen Orientierung identifizieren, sollte es ihnen erlaubt sein – solange sie nicht andere Menschen schädigen. Und zur Evidenz gehört auch, dass eine gender-gerechte Sprache keine negativen Folgen für die Lesbarkeit hat und sich Personen weiblichen Geschlechts besser repräsentiert fühlen (Cruz Neri & Siems-Muntoni, 2025).

Dies ist die wissenschaftliche Evidenz, doch nun kommen wir zur kulturellen und politischen Dimension. Die eingangs dieses Abschnitts berichtete Kampagne der Trump-Administration gegen die positive Transgender-Einstellung vieler Demokraten gibt schon einen Hinweis darauf, dass viele dieser Einstellung nicht mit den Normalitätsvorstellungen vieler Menschen konform gehen, was dann zu den entsprechenden Triggereffekten führen kann. Diese Normalitätsvorstellungen lassen sich in bestimmten Situationen auch nicht von der Hand weisen:

> „Nehmen wir einmal geschlechtergetrennte Einrichtungen. Toilettenräume bieten zwar ein gewisses Maß an Privatsphäre, aber eine Person mit eindeutig männlichem Aussehen in einer Damentoilette würde dennoch wahrscheinlich

> Alarm auslösen. Toiletten sind aufgrund ihrer Abgeschiedenheit und ihrer intimen Funktionen besonders gefährdete Orte. Mit der Selbstidentifizierung gibt es keine einfache Möglichkeit, eine Transgender-Frau von einem Sexualstraftäter zu unterscheiden, und obwohl es sicherlich auch andere Orte gibt, an denen Frauen von Sexualstraftätern angegriffen werden können, kann das Risiko (wie gering es auch sein mag), dass eine Frau in einer Toilette von jemandem angegriffen wird, der behauptet, transgender zu sein, nicht ausgeschlossen werden." (Young, 2025; meine Übersetzung, DR)

Umfragen zu diesem Themenkomplex in der amerikanischen Bevölkerung haben eine zunehmend kritische Haltung gezeigt, wobei die befragten Personen, die eher republikanisch wählen, nochmals deutlich kritischer waren (Gallup, 2025). Auch in Deutschland gibt es eine klare politische Trennung bezüglich Geschlechterfragen mit den zu erwartenden Polen der progressiv links Wählenden auf der einen Seite und der rechts Wählenden auf der anderen Seite (Otteni, 2025). Dies entspricht zudem den Parteiprogrammen der Grünen und der AfD, die sich explizit diesen Polen zuordnen lassen (Wallaschek et al., 2024).

Welche Gender-Politik lässt sich aus diesem Konflikt zwischen Evidenz einerseits und Normalitätsvorstellungen vieler Menschen andererseits ableiten? Mein Ansatz wäre es zunächst, die Normalitätsvorstellungen ernst zu nehmen und auf die zu erwartende weitere Liberalisierung der Vorstellungen zu setzen. Es macht keinen Sinn, Dinge erzwingen zu wollen, will man keine Reaktanz triggern.

Das heißt pragmatisch in Bezug auf die Sprache: Anpassungen dort machen, wo es anschlussfähig ist, aber auf Gender-Sternchen oder -Doppelpunkte zu verzichten. Begriffe, die alle Geschlechter umfassen (Lesende!) kann man nutzen, aber künstliche Erweiterungen, die von vielen Menschen als bemüht und schwierig auszusprechen erlebt werden, sollten vermieden werden. Nach meinem Empfinden kommen diese Erweiterungen außerhalb des akademischen Sektors ohnehin kaum zum Tragen.

In Bezug auf die Transgender-Thematik sollte klar zwischen Jugendlichen und Erwachsenen unterschieden werden. Im medizinischen Sektor gibt es seit längerem eine Diskussion um Pubertätsblocker für Kinder und Jugendliche, die sich nicht mit ihrem bei Geburt zugeschriebenen Geschlecht identifizieren. In Großbritannien hat ein umfassender Bericht, der so genannte ‚*Cass Report*', Aufsehen erregt, insofern die Evidenz für die Pubertätsblocker in Frage gestellt und eine umfassende eher psychologische Betreuung von Betroffenen empfohlen wurde (Cass, 2024). Ich halte dies aus psychosozialen und ethischen Gründen für eine gute und auch pragmatische Perspektive, zumal die mögliche Reversibilität nach einem medizinischen Eingriff immer schwieriger wird. Erwachsene hingegen sollten nach eigenem Ermessen entscheiden können, ob und wann sie sich auf den langen und durchaus beschwerlichen Weg der Geschlechtsangleichung begeben – und sie sollten alle erdenkliche medizinische, psychologische und soziale Unterstützung hierfür erhalten.

Der oben angesprochenen Toiletten-Problematik wird man wohl nur durch (zusätzliche) Gender-neutrale Einrichtungen begegnen können. Erhebliche Dilemmas sehe ich im Zusammenhang mit der Teilnahme von Transgender-Personen am Leistungssport – auch dies war bekanntermaßen ein Wahlkampfthema in den USA. Unter Umständen kann ein Malus-System die potenziellen körperlichen Vorteile ausgleichen, wenn eine als Mann geborene Person an einem Frauen-Wettkampf teilnimmt.

Zusammenfassung – Kurz-Lektion 11

- Migration, Klima und Geschlecht sind Triggerthemen in der Auseinandersetzung mit illiberaler Politik.
- Der liberale Umgang damit muss geleitet sein vom Narrativ einer inklusiven Gesellschaft, von der Evidenz, von den kulturellen und politischen Auswirkungen sowie von den Interessen der von der Politik betroffenen Menschen. Dies ist nur durch ein pragmatisches Vorgehen möglich.
- Migrationspolitik sollte sich an den wirtschaftlichen Gegebenheiten sowie an humanitären Werten orientieren. Menschen, die ihre Lebensbedingungen verbessern wollen, dürfen nicht länger auf den Asylweg gezwungen werden.
- Klimapolitik sollte auf die Vermeidung von Treibhausgasen setzen (inklusive der Nutzung von Atomkraft) und auf die Anpassung an den Klimawandel.
- Genderpolitik sollte von den Normalitätsvorstellungen der Allgemeinbevölkerung ausgehen und behutsame Anpassungen an sprachliche und juristische Notwendigkeiten vorsehen.

Am Ende: Demokratische Resilienz durch politische Zurückhaltung

Am Ende komme ich auf das Grundproblem dieses Buchs zurück: Wie erreichen wir liberal und demokratisch eingestellten Menschen unsere politischen Ziele, ohne Reaktanz und illiberale Reaktionen zu erzeugen? Ich bin überzeugt, die Resilienz erhalten wir nur, wenn wir – wo notwendig – weniger offensiv vorgehen und die kulturelle und politische Dimension der Sicherheit oder Unsicherheit in der modernen Gesellschaft als zentrales Entscheidungskriterium berücksichtigen. Gelingt uns dies, zusammen mit den anderen strategischen Maßnahmen der vorherigen Lektion, sehe ich eine große Chance, Menschen davon abzuhalten, illiberale Parteien zu wählen und gleichzeitig können wir Menschen, die von einer solchen Politik betroffen wären, besser in die Gesellschaft inkludieren.

Wir können die gesellschaftliche Anpassung nicht erzwingen, sondern müssen unsere migrationspolitischen, ökologischen und inklusiven Ziele an die Gegebenheiten anpassen und durch Zurückhaltung erreichen. Mittel- bis langfristig wird dies Erfolg haben – auch wenn kurzfristig politische Rückschläge zu verzeichnen sind. Als Soziologe und als liberaler Demokrat setze ich auf den Trend einer weiteren Liberalisierung moralischer und politischer Einstellungen – es ist eine evidenzbasierte Hoffnung.

Literatur

Alesina, A., & Tabellini, M. (2022). *The political effects of immigration: Culture or economics?* NBER Working Paper 30079.

Altundal, U. (2022). The open borders debate, migration as settlement, and the right to travel. *Critical Review of International Social and Political Philosophy*, 1–25. https://doi.org/10.1080/13698230.2022.2040202

Ansell, B. (2025). *Select and respect – How to create a UK immigration policy that can command public support*. https://benansell.substack.com/p/select-and-respect. Zugegriffen am 08.01.2026.

Cass, H. (2024). *Independent review of gender identity services for children and young people: Final report*. https://webarchive.nationalarchives.gov.uk/ukgwa/20250310143933/https://cass.independent-review.uk/home/publications/final-report/. Zugegriffen am 09.01.2026.

Cervi, L., & Tejedor, S. (2022). Borders as the ultimate (de) Fence of Identity: an ontological security approach to exclusionary populism in Italy and Spain. *KOME: An International Journal of Pure Communication InqUIRY, 10*(1), 1–18.

Cruz Neri, N., & Siems-Muntoni, F. (2025). A systematic review of the effects of gender-fair language in German as a grammatical gender language. *PsyArxiv (Preprint).* https://doi.org/10.31234/osf.io/qr8u7_v1

de Haas, H. (2023). *How migration really works: A factful guide to the most devisive issue in politics.* Penguin Random House.

Euronews. (2025). *EU borders recorded over 120,000 migrant pushbacks in 2024, says report by NGOs.* https://www.euronews.com/my-europe/2025/02/17/eu-borders-recorded-over-120000-migrant-pushbacks-in-2024-says-report-by-ngos. Zugegriffen am 13.01.2026.

Eurostat. (2026). *Category: Migration and asylum.* https://ec.europa.eu/eurostat/statistics-explained/index.php?title=Category:Migration_and_asylum. Zugegriffen am 13.01.2026.

Flores, A., Burgess, M. G., Caballero, M. D., Carrico, A. R., Miller, J. E., Suarez, C., & Vandenbergh, M. P. (2025). Liberals are less willing to buy Teslas than other electric vehicles, moderated by perceptions of Elon Musk. *Humanities and Social Sciences Communications, 12*(1), 1193. https://doi.org/10.1057/s41599-025-05242-8

Gallup. (2025). *Americans have grown more supportive of restrictions for trans people in recent years.* https://www.pewresearch.org/short-reads/2025/02/26/americans-have-grown-more-supportive-of-restrictions-for-trans-people-in-recent-years/. Zugegriffen am 09.01.2026.

Gazit, O. (2018). Van Gennep meets ontological (in)security: A processual approach to ontological security in migration. *International Studies Review, 21*(4), 572–597. https://doi.org/10.1093/isr/viy049

Hajer, M. A., & Oomen, J. (2025). *Captured futures: Rethinking the drama of environmental politics.* Oxford University Press. https://doi.org/10.1093/9780198955382.001.0001

IEA. (2025). *World energy outlook 2025.*

Joel, D. (2021). Beyond the binary: Rethinking sex and the brain. *Neuroscience & Biobehavioral Reviews, 122*, 165–175. https://doi.org/10.1016/j.neubiorev.2020.11.018

Kaunert, C., de Deus Pereira, J., & Edwards, M. (2022). Thick Europe, ontological security and parochial Europe: The re-emergence of far-right extremism and terrorism after the refugee crisis of 2015. *European Politics and Society, 23*(1), 42–61. https://doi.org/10.1080/23745118.2020.1842699

Kenny, J., & Fisher, S. D. (2025). Europeans' climate consciousness: Increased yet more politicised. *Environmental Politics*, 1–22. https://doi.org/10.1080/09644016.2025.2597649

Knaus, G. (2025, November 14). Da geht sofort was. *Süddeutsche Zeitung*, 5.

Kumar, K. R. R., & Singh, P. K. (2025). Editorial: Genome editing for climate change adaptation in agriculture: innovations, applications, and regulatory considerations [Editorial]. *Frontiers in Genome Editing, 7*. https://doi.org/10.3389/fgeed.2025.1711767

Lents, N. H. (2025). *The sexual evolution: How 500 million years of sex, gender, and mating shape modern relationships*. Mariner Books.

Macnaghten, P. (2025, August 04). Environmental politics is doomed to fail – Unless we tell better stories. *Nature*. https://www.nature.com/articles/d41586-025-02459-0. Zugegriffen am 03.03.2026.

Mau, S., Lux, T., & Westheuser, L. (2023). *Triggerpunkte: Konsens und Konflikt in der Gegenwartsgesellschaft*. Suhrkamp.

MeteoSchweiz, & ETH Zürich. (2025). *Klima CH2025 – Klimazukunft Schweiz*. https://doi.org/10.18751/climate/scenarios/ch2025/brochure/1.0/de

Noury, A., & Roland, G. (2020). Identity politics and populism in Europe. *Annual Review of Political Science, 23*(1), 421–439. https://doi.org/10.1146/annurev-polisci-050718-033542

Otteni, C. (2025). Polarized equality? Ideological and affective divides over gender equality in Europe. *Social Science Quarterly, 106*(7), e70120. https://doi.org/10.1111/ssqu.70120

Rehmann-Sutter, C., Hiort, O., Krämer, U. M., Malich, L., & Spielmann, M. (2023). Is sex still binary? *Medizinische Genetik, 35*(3), 173–180. https://doi.org/10.1515/medgen-2023-2039

Ritchie, H. (2025). *Cleaning the air – A hopeful guide to solving climate change – In 50 questions and answers*. Chatto & Windus.

Schon, J., & Leblang, D. (2021). Why physical barriers backfire: How immigration enforcement deters return and increases asylum applications. *Comparative Political Studies, 54*(14), 2611–2652. https://doi.org/10.1177/00104140211024282

Wallaschek, S., Verbalyte, M., & Eigmüller, M. (2024). Cleavage theory meets gender equality: Examining party positions in Germany. *European Politics and Society, 25*(5), 809–826. https://doi.org/10.1080/23745118.2024.2304591

Wang, Y., Phelps, A., Godbehere, A., Evans, B., Takizawa, C., Chinen, G., Singh, H., Fang, Z., & Du, Z.-Y. (2025). Revolutionizing agriculture with CRISPR technology: Applications, challenges, and future perspectives. *Biotechnology Journal, 20*(9), e70113. https://doi.org/10.1002/biot.70113

Wikipedia contributors. (2025). *Kamala is for they/them*. Wikipedia, The Free Encyclopedia. https://en.wikipedia.org/w/index.php?title=Kamala_is_for_they/them&oldid=1328007488. Zugegriffen am 09.01.2026.

Young, C. (2025). *How to navigate transgender issues in the Trump era*. https://www.persuasion.community/p/how-to-navigate-transgender-issues. Zugegriffen am 09.01.2026.

9783658506728